教育部人文社会科学研究青年基金项目（24YJC790226）资助
宁波市自然科学基金青年博士创新研究项目（2023J368）资助
国家社会科学基金青年项目（23CJL025）资助
宁波财经学院校科研基金校内联合发布项目（1320241222）资助
宁波市哲学与社会科学重点研究基地“数字经济创新与枢纽自贸区联动研究基地”资助
浙江省软科学研究基地“数字经济与开放经济融合创新研究基地”资助

双循环新发展格局背景下数字经济对经济韧性的影响研究

张 翀 著

中国财经出版传媒集团
中国财政经济出版社
·北京·

图书在版编目（CIP）数据

双循环新发展格局背景下数字经济对经济韧性的影响研究 / 张翀著. -- 北京：中国财政经济出版社，2025. 6. -- ISBN 978-7-5223-4023-4

Ⅰ. F492

中国国家版本馆 CIP 数据核字第 2025RQ7993 号

责任编辑：彭洋洋　　责任校对：徐艳丽

封面设计：卜建辰　　责任印制：张　健

双循环新发展格局背景下数字经济对经济韧性的影响研究

SHUANGXUNHUAN XINFAZHAN GEJU BEIJINGXIA SHUZI JINGJI DUI JINGJI RENXING DE YINGXIANG YANJIU

中国财政经济出版社 出版

URL：http：//www. cfeph. cn

E-mail：cfeph@ cfeph. cn

社址：北京市海淀区阜成路甲 28 号　邮政编码：100142

营销中心电话：010-88191522

天猫网店：中国财政经济出版社旗舰店

网址：https：//zgczjjcbs. tmall. com

涿州汇美亿浓印刷有限公司印刷　各地新华书店经销

成品尺寸：170mm×240mm　16 开　17. 25 印张　265 000 字

2025 年 6 月第 1 版　2025 年 6 月河北第 1 次印刷

定价：78. 00 元

ISBN 978-7-5223-4023-4

（图书出现印装问题，本社负责调换，电话：010-88190548）

本社图书质量投诉电话：010-88190744

打击盗版举报热线：010-88191661　QQ：2242791300

序　　言

在第四次工业革命呼之欲出的历史时期，数字经济的强势表现惊艳世界，但各国的发展仍面临诸多经济挑战，着力提升自身经济韧性同样不容忽视。数字经济作为一种新型经济形态，正在深刻地影响着人们的生产生活方式和公共资源的配置效率，并以数据、信息和知识等数字化内容为主要生产要素，提升了信息的流通效率并弱化其不对称性。数字经济能够有效促进资源要素在各区域之间的流动，突破区域地理距离的局限，深刻影响经济发展的空间结构和发展模式，并成为经济发展的新动能。在数字经济深刻影响着世界经济发展的同时，世界经济的关联性日益增强，各经济体所面临的不同内外部冲击正在持续扰动经济发展，且产生的连锁效应也正处于不断扩大的态势。因此，深入研究经济韧性及其与数字经济之间的关系，对于已经步入经济新常态阶段的中国转型经济高质量发展和构建双循环新发展格局具有重要意义。那么发展数字经济在中观和宏观层面是否可以强化经济韧性？数字经济强化经济韧性的主要路径有哪些？外部的影响因素将产生怎样的调节效应？对于这些问题的探究将有助于我们更清晰地认识数字经济与经济韧性之间的相关联系与时空特征，也可以在构建中国经济新发展格局的过程中为数字经济与经济韧性的相关研究提供新的研究视角和相关政策建议。

本书基于中国内地 2011—2019 年 285 个地级及以上城市层

面数据，构建了经济韧性多维度综合评价指标体系与数字经济发展综合指数，围绕上述几个研究问题分析数字经济与经济韧性之间的关系，并以投资活力、消费升级和产业结构转型升级三类中介变量研究传导路径问题。具体而言，通过社会资本投资和固定资产投资两个维度检验投资活力路径，消费需求升级和消费结构升级两个维度检验消费升级路径，产业结构高级化和产业结构合理化两个维度检验产业结构转型升级路径。在此基础上，以数字经济、创业活力和创新绩效作为门槛变量，制度环境作为调节变量，进一步分析数字经济与经济韧性的非线性关系以及外部环境对数字经济与经济韧性关系的影响，并提出相关研究假设。实证检验过程分别通过空间杜宾时空双固定模型、空间杜宾中介效应模型、门槛效应模型和空间杜宾调节效应模型进行，从多个视角分析和验证了城市层面数字经济的发展对于经济韧性的影响及其内在机理。

本书的创新点主要体现在以下几个方面：

理论研究方面，丰富了发展数字经济的结果研究和经济韧性的前因研究。本书参考已有文献，发现关于数字经济的研究重点聚焦于数字经济对创新绩效、消费升级、产业结构的影响等经济韧性子论题之中，较少考虑数字经济对经济韧性的直接和间接影响，而在数字经济时代更为关注经济的长期可持续发展，强化经济韧性是保障可持续发展的关键，通过梳理相关理论并结合中国经济发展的现实背景进行探究，为本书提供了做出边际贡献的契机。本书将经济韧性界定为经济体（包括个人、家庭、地区或国家）面对冲击时所展现的抵御能力、恢复能力和转型能力，经济韧性是经济体自身的属性并且无论冲击发生与否都会随着时间的推移而发生变化，而经济体所面对的冲击也包含外生冲击和内生冲击两个大类。随后，较为系统地构建了数字经济影响经济韧性的理论框架，明晰了两者间的具体影响机制，在理论研究中具有一定的边际贡献。

研究方法方面，在分析影响路径与外部环境的作用时拓展至空间维度。基于城市层面样本数据构建了较为系统的经济韧性综合评价指标体系，通过测算所得数字经济指数和经济韧性指数，采用多种权重矩阵所设定的空间杜宾模型检验数字经济对经济韧性及其子维度的影响，进一步处理了内生性问题并做了外生冲击检验。在此基础上，以空间杜宾模型结合中介效应模型与调节效应模型的方法，在分析数字经济作用于经济韧性的时空特征之后，进一步从直接作用和空间维度检验了数字经济影响经济韧性的传导路径与外部环境的作用，在研究方法上有一定的创新性。

研究视角方面，细致分析了数字经济影响经济韧性的异质性、具体路径以及不同外部环境的作用。本书基于异质性视角、传导路径视角和外部环境视角，证实了数字经济影响经济韧性的异质性，并通过提升投资活力、推动消费升级和优化产业结构三类路径强化经济韧性，检验了数字经济、创新绩效与创业活力作用于经济韧性的非线性特征，以及不同水平制度环境和不同类型制度环境对于数字经济强化经济韧性所产生的调节效应。本研究丰富并细化了数字经济与经济韧性相关研究的视角，为后续数字经济与经济韧性的相关研究提供了新的思路。

本书的主要研究结论如下：

第一，发展数字经济可以显著提升城市层面经济韧性水平，在新常态时期是中国应对经济冲击的重要发展方向。实证结果表明，当前中国内地城市发展数字经济有助于强化经济韧性，并且正向影响经济韧性的三个子维度——抵御能力、恢复能力和转型能力。同时，数字经济作用于周边城市经济韧性及其三个子维度的正向空间溢出效应全部显著存在，并且其效力还要大于对本地经济韧性及其三个子维度的直接促进作用。异质性检验表明，从分地区样本回归结果来看，数字经济有助于提升中国内地各地区城市的经济韧性，同时数字经济对西部地区城市经济韧性的直接效应强过东部地区城市和中部地区城市。但空间溢出效应的结果表明，东部地区城市发展数字经济可以同时强化邻近城市的经济韧性水平，而宏观看待中部地区城市和西部地区城市的数字经济发展并不存在显著的空间溢出效应。从不同层级城市回归结果来看，发展数字经济将有利于提高中国内地各类层级城市的经济韧性，但中心城市直接效应的作用强度更大，空间溢出效应检验结果表明，中国内地不同层级的城市发展数字经济均存在显著的空间溢出效应，且中心城市数字经济对周边城市经济韧性的促进作用强于外围城市。

第二，发展数字经济可以通过提升投资活力、推动消费升级与产业结构转型升级等中介传导路径提升经济韧性。实证结果表明，投资活力中介传导路径之中，基于社会资本投资和固定资产投资两个维度，发展数字经济在直接效应传导和空间溢出效应传导两个路径中均影响经济韧性水平；消费升级中介传导路径之中，基于消费需求升级和消费结构升级两个维度，发展数字经济仅在直接效应传导路径中影响经济韧性水平；产业结构转型升级中介传导路径之中，基于产业结构高级化和产业结构合理化两个维度，发展数字经济同样仅在直接效应传导路径中影响经济韧性水平。

第三，发展数字经济作用于经济韧性的影响表现出非线性特征，在差异化的创业活力水平与创新绩效水平之下，数字经济对于经济韧性的影响与城市创业活力、创新绩效正相关，即存在显著的门槛效应。实证结果表明，当数字经济作为门槛变量时，随着数字经济发展水平的提高，数字经济作用于经济韧性的正向直接效应存在边际效应递减的趋势；当创业活力作为门槛变量时，只有较高水平的创业活力才能够促进发展数字经济强化经济韧性的本地效果；当创新绩效作为门槛变量时，数字经济作用于经济韧性的积极效应随着创新绩效水平的提高而得到了加强。

第四，制度环境的优化可以提升数字经济强化经济韧性的影响效应。良好的制度环境不但能够正向调节本地数字经济作用于经济韧性的影响，还有利于数字经济空间溢出效应的发挥，强化周边城市的经济韧性，但具体制度环境指标在数字经济与经济韧性的关系之中发挥的调节作用存在差异性。实证结果表明，正式制度环境中的政府主导性在数字经济与经济韧性的直接效应中抑制了数字经济的作用；市场化水平的提高有利于数字经济的发展，在数字经济强化经济韧性的直接效应和空间溢出效应中均存在显著的正向调节作用；专利保护水平的提高在作用与效果方面与市场化水平基本一致；信息透明度在数字经济与经济韧性的直接效应中有利于本地数字经济的发展，但在空间层面信息透明度抑制了数字经济的溢出效应。非正式制度环境中的企业家创新精神与社会信任水平均在数字经济强化经济韧性的直接效应中存在显著的正向调节作用。

张　翀

2025 年 5 月

目　　录

第1章

绪　论

1.1

研究背景与问题的提出

1.1.1　研究背景

在第四次工业革命呼之欲出的历史时期，数字经济的强势表现惊艳世界，但各国的发展仍面临诸多经济挑战，着力提升自身经济韧性同样不容忽视。数字经济作为一种新型经济形态正在深刻影响着经济发展的空间结构、发展模式、生产效率、新兴产业的培育等诸多层面，其不仅在实现经济包容性发展的过程中发挥巨大的作用，还在经济可持续性发展的道路上扮演着越来越重要的角色，并成为经济发展的新动能，可以说数字经济的时代已经悄然来临。同样数字经济自身的发展阶段也正处于快速发展、不断创新与广泛应用的黄金发展时期，积极发展数字经济几乎成为世界主要经济体的共识，众多发达国家早已将发展数字经济设立为国家发展战略的主要发展方向，这也使国际上数字经济的发展在国家与国家之间以及跨国公司之间的竞争日益激烈，这也在一定程度上造就了数字经济发展速度快、创新效率高、可与传统产业融合，并不断拓宽自身可应用经济领域的特质。与此同时，以互联网为主要应用领域的信息通信技术与数字经济深度融合，逐步衍生出大数据、云计算、物联网和人工智能等高端先进的技术，这些技术与数字经济的发展相辅相成，使数字经济在自身发展的同时也在经济领域成长为驱动创新与领导经济转型的先锋力量，正积极塑造新的空间经济格局与经济地理理论。

放眼全球，数字经济亦已成为经济发展的关键驱动力量，世界各主要经济体不约而同地提高数字经济在国家经济发展中的战略地位，并不断出台配套数字经济发展的政策措施与制度保障。其中，美国商务部自 1998 年开始便不断关注数字经济的相关研究成果，美国政府更是在近年相继出台《数据科学战略计划》和《美国国家网络战略》等巩固美国数字经济技术优势地位的相关配套政策措施。日本政府更是于 1997 年便开始使用数字经济这一概念，同时在近年发布的《综合创新战略》与《第 2 期战略性创新推进计划（SIP）》等战略和计划中详细介绍了促进数字经济发展的行动方案。欧盟与英国在数字经济领域也分别发布了《欧盟人工智能战略》《通用数据保护条例》和《数字宪章》等一系列政策措施，并在《地平线欧洲》计划提案中列举了推动欧洲数字经济发展的具体措施。印度同样推出《数字印度计划》以促进社会数字化转型与数字经济的长足发展。与此同时，中国的数字经济正在迅猛发展，已然成为农业经济与工业经济之后的新型经济形态。党中央和国务院高度重视我国数字经济的发展，并在《中华人民共和国国民经济和社会发展第十四个五年规划和 2035 年远景目标纲要》中明确提出，要加快数字化发展、建设数字中国的任务。近年来，习近平总书记也多次在公开场合强调发展数字经济的重要性，并在 2021 年 12 月 8 日至 10 日的中央经济工作会议上指出要加快数字化改造，促进传统产业转型升级。在此政策背景下，2020 年中国数字经济总量达到 39.2 万亿元位居世界第二，并以高于 GDP 增长率的发展态势和 9.6% 的同比增长率位居世界第一。

在数字经济深刻影响着世界经济发展的同时，经济发展的外部大环境也时刻处于紧张气氛之中，突如其来的全球公共卫生突发事件对世界经济造成了巨大的冲击，各国的经济发展、诸多行业与企业的运营亦遭受严重损失（王永贵和高佳，2020）。然而，相比于其他诸多国家，中国经济在 2020 年遭受新冠疫情严重冲击的背景下，依然在率先走向复苏的同时实现了全年经济总量的正增长，这无疑给予全球经济以坚定的信心，并用事实印证了中国经济的无限潜力和强劲韧性。然而在突发新冠疫情、经济危机、国际冲突、自然灾害等诸多外生冲击之下，世界各经济体对于经济韧性的重视程度愈发强烈。与此同时，中国经济迈入新常态阶段后还存在着新旧动能转换和提质增效发展要求的内生冲击。因此，不断提升经济韧性成为应对内外冲击的必然选择。

当前重工业体系技术面临停滞窘境，而第四次工业革命亦尚未开启，如何转型经济发展模式使经济体保持韧性，已然成为世界各类型经济体所共同面临的重大问题。中国经济自改革开放以来发展迅猛，堪称中国经济奇迹。改革开放初期属于中国经济发展的追赶期，中国仅仅用了三十年左右的时间便奠定了西方资本主义发达国家近百年发展而来的工业化基础，实现了从建国初期的计划经济体制到中国特色社会主义市场经济体制的转变，取得了举世瞩目的成就。中国经济曾长期维持高增速，为全球经济稳定和发展贡献了独特的中国力量。然而，随着人口红利下降、资源环境压力上升以及国际贸易环境的不断恶化，以廉价产品为主要优势的外贸产业开始萎缩，大量劳动密集型产业开始向劳动力和土地等生产要素更为廉价的非洲或东南亚地区迁移。与此同时，我国经济增速逐步放缓，已经迈入经济发展新常态阶段，这也在一定程度上说明了传统粗放型经济发展模式虽然为中国经济带来了一定时期的高速增长，但其不具备可持续发展特征。由于地区主导产业的制约，技术水平的限制以及颠覆性创新能力的不足，中国过去一直处于国际产业分工中的低价值链区间之中，属于制造大国而非制造强国，同时长期的粗放式发展对于环境的破坏和资源的依赖加剧，故而中国转型经济发展模式的愿望更加强烈，并在不断进行新的尝试与突破。现阶段中国经济的发展已然不再是为了刺激经济实现短期内的高速增长，而是为了长期内的经济可持续发展，并牢牢把握产业变革的历史机遇，谋求中国在未来国际竞争中的优势竞争地位。现在以及未来一段时间的国际经济局势是风险与机遇并存的时期，伴随着科技创新更迭速度的加快，世界经济已经进入了创新空前密集的阶段，世界各经济体为应对冲击不断提升自身经济韧性，世界经济的空间结构与国际竞争格局也是时刻处于动态变化之中。视线回到中国，在如此的世界经济大环境之下，党的十八大报告中便包含了对于中国经济形势的判断，认为中国经济正处于前期刺激政策消化期、结构调整阵痛期以及增长速度换挡期的“三期叠加”经济阶段，并且未来一段时间都将处在其中，面对国际和国内错综复杂的经济局势，如何保障长期可持续发展并提升自身经济韧性成为学术界和实业界值得深入探究的研究领域。

1.1.2 问题的提出

结合当下经济全球化的历程，中国经济仍坚定不移地走在改革开放的道路上，那么必然要面对国际上各类突发事件所造成的世界性经济波动的干扰，尤其是面对还在全球肆虐的新冠疫情，而且国内经济形势同样处于错综复杂的“三期叠加”历史时期。经济辐射的影响范围也日趋扩大，“蝴蝶效应”“多米诺骨牌效应”的效果日益显著，各经济体作为世界经济的组成部分均会涉入其中，但不同经济体应对各种各样的危机与挑战所展现出的经济韧性却大相径庭，有些经济体顺应时代发展的浪潮积极探寻新的发展路径，而有些经济体则陷入经济衰退的泥潭难以自拔。

中国自改革开放以来四十余年的发展过程中，始终重视发展与安全的关系，坚持把安全发展贯穿国家发展的各个领域与全部过程之中，时刻提防经济领域的系统性风险，防范与化解干扰国家现代化发展进程的各类型风险，设立国家安全屏障也是中国经济韧性的根源之一。党的十九届五中全会首次提出“韧性城市”概念，韧性城市也是建设以人为核心的新型城镇化的要求之一，经济韧性自然囊括其中，而城市作为世界范围内生产力最为活跃、经济社会活动最为密集的经济单元之一，也是研究中国经济韧性较为合适的重要空间载体。而且中国经济凭借自身经济韧性持续不断地发展，也为世界经济注入信心与活力，尤其是在2020年度中国遭受新冠疫情最早且经济生活一度停滞的前提下，经过短期的调整后顺利走向复苏之路，最终完成了全年经济总量正增长的优异成绩就是最好的证明。由此不禁要思考近年来中国数字经济的发展是否强化了自身经济韧性？本书对此问题的探究将有助于理解发展数字经济的深层意义。

在发展数字经济已然成为国家重大战略的背景之下，近年来中国数字经济正在飞速发展，中国互联网协会发布的《中国互联网发展报告（2021）》显示，截至2020年中国数字经济市场规模已达39.2万亿元，较上年增长9.6%，数字经济市场规模在全球范围内仅次于美国位居第二，而同比增速位居世界第一，已然成为全世界数字经济发展的引领者之一。在数字经济发展的过程中，城市经济单元作为发展数字经济最关键、最重要的空间载体，也是研究数字经济较为恰当的样本。在数字经济时代，经济的发展有赖于信息通信技术的加持，数字经济将以信息基础设施与数字化知识和信息为主要生产要素和原材料，以促进知识、技术等要素在各经济单元之间的流动，大幅降低了经济单元之间的空间障碍，在一定程度上弱化了时间上的信息不对称水平，对于经济活动中的信息搜集成本、生产资料分配成本、刚性交易成本等都起到了压缩的作用，提高了供给侧的全要素生产率，扩大了需求侧的有效需求。在数字经济与传统的第一、二、三产业深度融合的过程中，有利于推进数字产业化与产业数字化格局的形成，持续培育经济的新模式、新业态和新动能，不断弱化经济体在地理区位因素等问题上所受到的影响。米勒（Millar）和格兰特（Grant）在 2019 年提出，数字经济能够帮助经济体高效调整原有经济模式，在保障宏观经济稳定的前提下尝试转型发展，促进新旧动能转换和过渡，有利于实现经济提质增效的发展要求。全球公共卫生事件的爆发使数字化技术的应用领域进一步扩散，数字经济的优势与作用也因此而得到了有效印证。数字经济可以直接影响基础设施建设，在数字化技术的推动下建设新型基础设施，并通过生产新型高科技产品影响消费行为，同时处于技术研发前沿的数字经济领域也在不断地更新自身技术，为经济新常态时期的新旧动能转换和提质增效发展保驾护航。回顾现代经济社会的发展变革脉络，历次产业革命的兴起，均是在技术进步孕育出的新兴产业不断发展壮大的过程中实现的，当新兴产业逐渐成长为新的主导产业时，在经济体内部所表现出来的正是产业结构转型升级所带来的变化。而产业结构作为经济结构的重要组成部分，当经济体遭遇突发事件引起的危机时，经济体的产业结构就是其抵御体系的关键要素之一，对于危机所造成的经济损失，不同的产业结构表现也不同，产业结构内部对于不同冲击所表现出的经济脆弱性不同，由此也是影响经济韧性的主要路径之一；投资、消费和出口作为拉动经济发展的三驾马车，对于经济量上的增长固然是同等的重要，而出口作为外向型经济的主要路径，若过度依赖外资或国际贸易发展势必弱化国家经济韧性，所受国际经济波动的冲击与影响倍增，但投资与消费无论是作为经济发展的路径还是强化经济韧性的路径都是十分关键的，投资活力在经济领域所产生的乘数效应是持续存在的，可以在短期内恢复经济活力的同时，延续技术进步所需时间与资本，加强经济体的恢复能力和转型能力；消费作为经济领域的重要一环，表示整个经济流程的完结，只有持续推进消费升级，刺激中国国内经济的有效需求，才能更好地构建以国内大循环为主体的双循环新发展格局，借以提高经济韧性。

如此看来，发展数字经济有可能以投资活力、消费升级和产业结构优化为路径影响我国经济韧性水平，而城市作为发展数字经济的重要载体，亦是国家经济体系中抗击经济冲击的关键组成部分，因此，城市经济单元作为本书的研究样本较为合适。那么城市经济的数字经济发展水平以及经济韧性如何测算？两者之间在中国的城市层面会存在什么样的关系？而这种关系或者前者对于后者的影响在不同地区、不同类型的城市样本以及外部环境之中又会存在什么样的差异？这些问题均亟需理论层面的分析和实证数据的支撑。

基于此，本书以中国大陆城市层面为基础分别测度数字经济与经济韧性指数，研究发展数字经济与经济韧性之间的关系，发展数字经济对于经济韧性的直接效应和空间效应以及传导路径和外部环境因素等方面的影响，对于中国经济新常态发展阶段的数字经济与经济韧性的经济联系和空间效应进行深入的研究。具体而言，本书的研究问题主要集中在以下几个部分：

一是中国内地城市层面数字经济发展水平以及经济韧性指数的测度。在既有计量经济学及学界相关研究的基础上，运用恰当的统计分析方法对于城市经济单元数字经济的发展水平、经济韧性指数及其空间演化特征进行客观分析评价。

二是发展数字经济对于城市层面经济韧性的影响。数字经济可以在经济体内部带来包括产业结构、投资活力、消费行为等在内的一系列变化，那么这些变化会不会影响数字经济与经济韧性之间的关系？数字经济作为新型经济形态，在城市层面除直接影响经济韧性外还有没有空间层面的经济联系？数字经济对于经济韧性会产生怎样的空间溢出效应？对于不同地区、不同类型的城市的影响是否存在不同？

三是创新创业对于发展数字经济与经济韧性之间直接效应的影响。一直以来，数字经济的产生与发展均与经济体的创新能力息息相关，而创业活力既可以是发展数字经济效果的外部表现，又是影响经济韧性的要素之一，那么在数字经济作用于经济韧性的直接效应过程中，经济体不同的创业活力与创新绩效将如何影响数字经济与经济韧性之间的关系？

四是制度环境对于发展数字经济与经济韧性之间关系的影响。制度环境是经济环境的重要组成部分，对于企业生产经营活动的有序推进以及创新能力的发挥具有关键作用，而企业既是国民经济的细胞，同时也是整个社会主义市场经济的微观基础，数字经济的发展离不开企业的支持，强化经济韧性也需要维护企业的运营。因此，制度环境的优化可以改善经济运营环境、降低生产成本和交易成本并提高生产效率与创新绩效。那么，制度环境在发展数字经济与经济韧性的关系之中可以起到怎样的作用？不同程度、不同类型的制度环境对于两者关系的影响是否具有差异性？

由于经济韧性仍属于经济领域的新兴概念，相关研究也大都处于起步阶段，理论研究范式和计量分析方法都还处于探索过程中，定量分析方法和实证数据支撑均比较匮乏，所以相关研究亟需丰富和补充。就研究意义而言，世界经济的关联程度日益紧密，各地区所面临的不同内外部冲击正在持续扰动经济发展，且产生的连锁效应也在不断加强，结合近年来数字经济发展的世界性浪潮，深入研究发展数字经济与经济韧性之间的关系，将有助于更好地理解发展数字经济的深层意义与技术变革对于经济发展的综合影响，并为疏通发展数字经济强化经济韧性的传导路径，以及优化外部环境提供研究参照。

1.2 研究意义

党的十九届五中全会提出："推动经济体系优化升级，加快数字化发展。"在各国均积极制定数字经济战略和实施数字经济促进政策的背景下，数字经济与传统产业深度融合并广泛参与经济社会的多个层面，使经济发展进入新的阶段。在此期间，鉴于国内外错综复杂的经济形势，学术界对于经济发展的研究已不再是单单关注量的增长，而是更多地将研究重心转向质的提升以及应对冲击的能力方面，于是关于经济韧性的相关研究便悄然兴起。同时，中国经济正处于提质增效发展阶段与新旧动能转换的交叉时期，且国际经济环境不断恶化，为应对内外冲击的挑战，提升经济韧性势在必行。但经济韧性仍属于经济领域的新兴概念，相关研究也大都处于起步阶段，理论研究范式和计量分析方法都还处于探索过程中，定量分析方法和实证数据支撑均比较匮乏，相关研究亟需丰富和补充。

1.2.1 理论意义

就理论意义而言，世界经济的关联程度日益紧密，各地区所面临的不同内外部冲击正在持续扰动经济发展，且产生的连锁效应也在不断加强。因此，深入研究经济韧性及其与数字经济之间的关系问题，对于已经步入经济新常态阶段的中国推进经济高质量发展和构建双循环新发展格局具有重要意义。纵览以往研究，诸多学者对经济韧性的时空演变、空间异质性以及影响因素进行了理论分析或者实证检验，主要集中在经济发展、产业多样性、产业集聚、创新能力、创业活力、政策和文化因素等数字经济相关研究的子命题之中。尽管既有文献已经对经济韧性的影响因素进行了论证，然而关于经济韧性这一话题还处于起步阶段，仍存在诸多可挖掘之处，结合近年来数字经济发展的世界性浪潮，深入研究发展数字经济与经济韧性之间的关系将有助于理解发展数字经济的深层意义。首先，本书以不完全市场、空间异质性、个体异质性、新技术革命和科学可持续发展为研究基础，通过对既有的相关文献进行梳理，而后从城市经济学、新经济地理学、绿色经济、可持续发展、经济惯性理论等视角构建主要变量的综合评价指标体系，并归纳和总结数字经济与经济韧性的构成、类型、影响机制和强化措施等理论分析内容，建立发展数字经济影响经济韧性的理论分析框架，在一定程度上丰富了发展数字经济的结果研究和经济韧性的前因研究，有助于更好地理解技术变革对于经济发展的综合影响，把握住转型发展的历史时机。其次，以创新创业为影响发展数字经济与经济韧性之间直接效应关系的关键变量，有利于系统分析发展数字经济对于经济韧性的作用机理，明确本地影响路径上的重点抓手。再次，以制度环境为全面分析数字经济与经济韧性之间关系的切入点，将既有研究的诸多理论推演部分加进了实证数据予以量化和验证，同时考虑到制度环境的直接调节作用和空间调节作用，并在中国情境中进行实证分析，将制度环境纳入分析框架之中，有利于深化对于发展数字经济影响经济韧性分析过程的理解，丰富了该领域的研究内容并为未来相关学者的研究提供参考。

1.2.2 现实意义

在新冠疫情、经济危机、国际冲突、自然灾害等诸多外生冲击之下，经济韧性的重要性日益凸显。同时，中国经济迈入新常态阶段后也存在着新旧动能转换和提质增效发展要求的内生冲击，并在一定时期之内都将处于“三期叠加”的经济发展阶段。因此，不断提升经济韧性成为应对内外冲击的必然选择，结合近年来中国数字经济的迅猛发展，数字经济正在深刻地影响着人们的生产生活方式和公共资源的配置效率，并通过城市经济单元为主要载体对于城市经济系统产生一系列的改变，数字经济以数据、信息和知识等数字化内容为主要生产要素，加强了信息的及时流通效率并弱化其不对称性，那么发展数字经济在中观和宏观层面是否可以强化经济韧性？数字经济强化经济韧性的主要路径有哪些？外部的影响因素将产生怎样的调节效应？对于这些问题的深入研究以及科学分析将有助于我们更清晰地认识中国现阶段的经济发展状况，更直观地展示发展数字经济与经济韧性之间的直接联系与时空特征，也可以在构建中国经济新发展格局的过程中为数字经济与经济韧性的相关研究提供新的研究视角和有关政策建议。本书从经济韧性的抵御能力、恢复能力和转型能力三方面构建了中国经济韧性城市级的综合评价指标体系和数字经济发展综合指数，并进行了多种对比分析及实证数据检验。首先，在城市级的经济韧性测算领域提出了新的指标构成和分析数据，继而从多条路径分析发展数字经济影响经济韧性的作用机制，并分别进行数据分析验证，为该领域的测算研究和地区行政部门的发展规划提供了实际参照。其次，在新技术革命方兴未艾的历史节点，系统研究数字经济对于经济韧性的空间溢出效应，为新常态时期中国经济的创新驱动发展战略实施与双循环新发展格局的形成提供现实建议。最后，以提高中国经济韧性为基本出发点，分别以创新创业和制度环境的调节效应与城市规模异质性和区域异质性在实证检验中做进一步分析，这对于政府部门推进区域协同发展、长期可持续发展提供了必要的实证依据，有助于政府治理过程中丰富宏观经济调控手段，结合所处地区的实际情况及特点优化自身经济韧性，在大力发展数字经济的政策环境中兼顾经济韧性建设也符合构建新经济发展格局的客观要求，并对提高中国整体的宏观经济韧性具备一定的实用价值。

1.3 相关概念界定

1.3.1 数字经济

回顾数字经济概念的发展历程，一般认为1995年由世界知名经济学家唐·塔斯考特（Don Tapscott）撰写的著作《数据时代的经济学》是“数字经济”概念的最早出处，该经济学家之后还相继出版了《数字经济：网络智能时代的希望与威胁》等相关书籍，因此被称作“数字经济之父”。1996年，尼古拉斯·尼葛洛庞帝（Nicholas Negroponte）描述了数字经济时代的伟大场景，提出信息技术与互联网的作用和价值，并认为数字经济的本质特性是依靠网络技术发展，该观点在早期的数字经济研究中影响深远。

进入21世纪以来，数字经济的概念得到进一步界定，梅森伯格（Mesenbourg）于2001年提出数字经济由电子商务、相关基础设施和业务流程构成。2006年，齐斯曼（Zysman）和纽曼（Newman）发表观点认为数字经济通过将数据信息要素化、产业化深刻影响经济格局，使工业经济向数字经济过渡。2016年，克尼克雷姆（Knickrehm）等将数字经济的概念界定为通过数字技术、数字化设备以及数字化中间产品和服务及其所制造的一系列经济产出的经济活动总称。2017年，布赫特（Bukht）和希克斯（Heeks）把数字经济的概念界定为狭义和广义两种，认为凡是利用数字技术的经济活动均在广义数字经济的范畴内，而衍生出的平台经济、共享经济等数字化服务业界定为狭义数字经济概念。

部分机构和政府相关部门也陆续提出了有关于数字经济概念的界定内容。20世纪90年代末期美国商务部便引发了《浮现中的数字经济》等研究内容。法国政府部门的相关研究机构认为数字经济是基于信息通信技术的发展而产生的经济领域，并逐渐衍生出电信业、软件业和互联网等行业。英国计算机协会提出数字经济有赖于数字技术，而并不局限于互联网领域的经济业态。澳大利亚政府指出数字经济是通过现代电子通信技术推动经济活动在世界范围内形成网络化的经济行为。2016年在中国杭州举办的G20峰会上发布的《二十国集团数字经济发展与合作倡议》中提出了官方的数字经济概念，指出数字经济以使用数字化的知识和信息作为关键生产要素、以现代信息网络作为重要载体、以信息通信技术的有效使用作为效率提升和经济结构优化的重要推动力的一系列经济活动①。综合来看，数字经济作为一种新型经济形态，其概念界定相对宽泛，贝尔福特（Barefoot）等人于2019年提出所有直接利用或间接参考数据信息指导资源配置、提升生产效率的经济行为均在其研究范围之内；帕帕斯（Pappas）于2018年提出以大数据和人工智能为代表的数字化技术在数字经济的发展中得到广泛采用；奥法雷尔（O'Farrell）和蒙塔尼（Montagnier）于2019年提出数字经济带来了一系列的新型基础设施建设，孕育了诸多新兴消费模式和经济业态，推动了颠覆性创新的突破发展。

1.3.2 经济韧性

经济韧性中的韧性（Resilience）一词源自拉丁文词根“resilire”，有跳跃或回弹的语义，最初的定义来源于物理学科，而经济韧性正是由其延伸和发展而来，在界定经济韧性的概念前，需要先界定resilience一词在经济学领域内的翻译问题。已有文献中关于“resilience”的中文翻译主要有：胡晓辉(2012)，侯俊东、肖人彬、吕军（2013），徐媛媛、王琛（2017），王琛、郭一琼（2018），张帅、王成新、李博（2019）等都将其译作“弹性”；廖敬文、张可云（2019）将其翻译为“复原力”；苏杭（2015），孙久文、孙翔宇

① 二十国集团数字经济发展与合作倡议。

（2017），陈梦远（2017），徐圆、张林玲（2019），徐圆、邓胡艳（2020），王永贵、高佳（2020），赵春燕、王世平（2021），刘晓星、张旭、李守伟（2021）等均将其译作“韧性”。本书认为在经济学领域“韧性”是更合理的翻译，首先“弹性”容易和经济学中已有的概念“elasticity”混淆，而且“弹性”或“复原力”似乎过于强调冲击后的回弹和复原过程，经常用来描述需求量或供给量对某种决定性因素变动的反应程度，主要衡量经济活动中买者与卖者在市场条件变化过程中的反应程度。虽然物理学中“elasticity”一词的含义是指物体受到外力作用后的变形，以及去除外力作用后可以恢复至初始形态的过程，与“resilience”含义尤为接近，但在经济学中已有的“弹性”含义强调的是单次冲击过程中经济体的特定指标之间的影响程度，例如需求价格弹性通常指某商品的需求量在市场上价格发生变化时的波动状况，而基于“resilience”的内涵，经济韧性应是经济体的固有属性，本质上是经济体的一种能力，独立于外来冲击而存在，从宏观层面考察经济体抵御冲击、恢复运行和转型发展的独特属性，而并非“弹性”所指冲击事件发生期间的特定指标互相所受影响的反应程度。

梳理韧性理论的发展脉络可知，在经济学领域中，一般认为雷吉尼亚（Reggiani）等于2002年率先将韧性概念纳入空间经济学的研究范畴，此后韧性作为一类分析性概念在经济学领域不断发展。但在此之前，经济脆弱性理论率先于1990年在马耳他举行的联合国贸易和发展会议（UNCTAD）上提出（任崇强，2017），作为与经济韧性关联度较高，但思维逻辑相反的经济学概念，对于更好地探究韧性理论在经济学的发展历程具有一定的价值。经济脆弱性代表经济体基于内部因素在面临外生扰动时的风险暴露程度，布里古利奥（Briguglio）于1992年首先对国家级经济体的经济脆弱性展开实证分析。布莱基（Blaikie）于1994年进行了对于脆弱性理论的专业分析，并提出了物理类、经济类与社会类三分法的脆弱性研究。1999年，吉约蒙（Guillaumont）依据联合国开发计划署（UNDP）所定义的经济脆弱性理论，认为经济脆弱性是经济体因突发外部事件所造成影响程度与生态系统的脆弱性存在差异。2002年雷吉尼亚（Reggiani）提出经济韧性概念之后，布里古利奥（Briguglio）等于2004年将经济韧性与经济脆弱性进行了同步分析，并提出经济脆弱性减去经济韧性即是经济体所承受的风险程度（见图1－1）。

2009年，布里古利奥（Briguglio）在深入研究经济脆弱性问题后将其界定为经济体内部系统的自身性质，并提出了著名的“新加坡悖论”即高收入国家也有可能存在较高的经济脆弱性问题。在世界经济研究不断发展的过程中，西蒙（Simmie）和马丁（Martin）等研究人员发现国家宏观经济运行稳定就必须具备一定的经济韧性，该能力可以有效应对世界经济的波动，减少经济危机所造成的损失，同时经济韧性的强弱源自经济体的自身固有属性和应对调整功能，而调整功能的发挥基于政策制定者采取的总量政策或结构性政策的效力，同时恢复后的经济并不完全等同于原有经济，而是在冲击过后的新环境中出现的新经济。

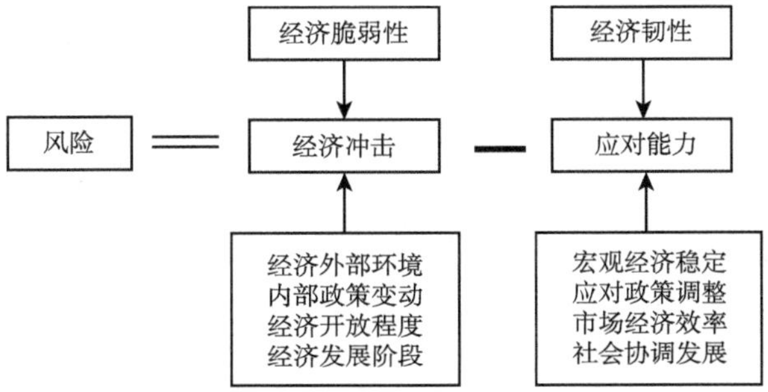

图1-1 经济脆弱性与经济韧性关系图

由于经济学领域引进韧性概念的时间不长，各类型的研究都还处于探索阶段，包括经济韧性的概念和内涵均没有权威统一的概括性解释，马丁（Martin）和法吉安（Faggian）分别于2016年和2018年提出，一般认为经济韧性是指不同经济体在应对冲击时展现出的综合反应能力。在本书中界定经济韧性的概念为经济体（包括个人、家庭、地区或国家）面对冲击时所展现的抵御能力、恢复能力和转型能力，经济韧性是经济体自身的属性并且无论冲击发生与否都会随着时间的推移而发生变化，经济体所面对的冲击也包含外生冲击和内生冲击，其中抵御能力、恢复能力表现为经济体在面临冲击时维系内部结构和功能不改变并恢复经济运行与发展的能力，转型能力是指经济体为应对冲击适应新环境、调整自身结构、转换发展动力并探索未来发展新路径、新模式的能力。每一次的冲击对于经济体来说都是危机时刻，危机是危险的时刻但也蕴含机遇，经济韧性的演化与熊彼特的“创造性毁灭”相关，每次冲击的降临都有可能打破旧经济模式而为新型经济活动开路，问题的关键在于这个过程中的“创造性活动”与“破坏性活动”孰轻孰重，而经济体自身的经济韧性正是决定二者影响力的关键因素。

1.3.3 制度环境

制度环境被认定为以制度为基本构成要素的概念，但是对于制度的理解以及制度产生的作用，一直以来存在着新制度经济学与旧制度学派两种认识，旧制度学派基于本能心理学理论，通过演化论的分析视角，研究过程中形成了社会达尔文主义，而新制度经济学则以交易成本理论为研究基础，逐渐形成了新制度经济学理论，顺利地把制度概念纳入经济学的研究范式之中，但新旧两派对于制度在经济活动中的重要性具有一致认同的主张。既然已明确制度是制度环境的基本构成要素，在经济学研究过程中，对于界定制度环境主要有两条分析路径，其一，综合制度环境指数进行宏观分析，制度环境作为宏观变量，不少文献通过综合制度环境指数的做法展开研究工作，通过制度环境代指一系列有关经济活动中的生产、交换和分配的基本政治规范、社会传统和法律规则的总称。如此来看，综合制度环境指数的内涵较为丰富、界定较为广泛，但制度与制度之间的比较分析较为困难，具体制度的作用机制难以表现出来，青木昌彦于2001年提出制度之间是互相补充、相互依存的，说明综合制度环境指数的做法相对宏观，制度之间的遮掩效应将发生重叠，难以分析具体制度的影响，研究结果也难以提出具体的政策建议，研究的现实意义将受负面影响。其二，是选取制度环境中的具体制度分类分析或单独分析，对于研究的问题可能更为贴近现实，也可对于研究意义做有益的补充。一般而言，制度环境总体可分为两大类，即正式制度环境与非正式制度环境，正式制度环境包括经济社会中已经成文的政治规范和法律法规等具体措施，对于一定范围内的行为人提供具体的制度选择和行为规范，规定了社会经济组织的行为界限和引导方向，并通过权威权力监督执行和保障，具备特定性和强制性；而非正式制度环境则包含了经济社会的价值观、信仰与传统习俗，通常是人与人之间在长期的交往过程中自发形成并流传下来的民间行为规范，在经济活动中可以产生潜移默化的影响，属于约定俗成或无意识接受的行为规范，非正式制度环境更加无形且对于当地的影响力更强烈，地域性差异明显且具有相对稳定性和长期性，对于正式制度环境来说是适当的补充。

1.3.4　创新创业

创新所涵盖的领域较为丰富，可应用于政治、经济、文化、社会、军事和科技等诸多领域，本书所研究的内容主要涉及创新在经济学领域的应用。在经济学领域，创新概念起源于上世界初期美国经济学家熊彼特所著的《经济发展概论》，熊彼特提出创新是将新的生产要素与生产条件的新组合适用于生产体系之中，共分为五种情形，分别是制造出新的产品、开发出新的生产方式、创造出新的市场、发展新的原材料或半成品及其他新的供应渠道、创造新的组织形式。熊彼特对于创新概念的界定范围比较广，总体可划分为技术性变化创新和非技术性组织变化的创新。到 20 世纪 60 年代，新技术革命的再度兴起，华尔特·罗斯托将创新概念界定至等同于技术创新，并提出“起飞”六阶段理论，技术创新开始占据创新研究的主导方向。伊诺思（J. L. Enos）和林恩（G. Lynn）分别从行为集合与创新时序的角度定义技术创新的概念，提出技术创新是综合行为的结果和商业潜力的完全商业化转化过程的不同见解。迈尔斯（S. Myers）和马奎斯（D. G. Marquis）在题为《成功的工业创新》的研究报告中将创新的概念定义为技术变革的集合，并于名为《1976 年：科学指示器》的报告中明确模仿创新和没有新知识或新技术的改进行为也属于创新概念的范畴之内。随后，厄特巴克（J. M. Utterback）界定了发明、技术与创新的不同概念，提出创新是指技术的首次应用或实际使用。缪尔赛也通过梳理创新概念的发展脉络，总结出创新是以构思新颖和成功实现为特征的非连续性有意义的事件。著名经济学家弗里德曼（C. Freeman）以经济学的视角界定创新概念的规范性，并在《工业创新经济学》中指出技术创新是技术与工艺的商业化过程，包括新产品、新技术、新过程、新服务等的商业性转化。进入 21 世纪以来，信息技术飞速发展，知识型社会初步形成，对于创新的认识与反思也在继续，出现了创新是科技与经济一体化的概念，创新被描绘成技术进步与经济应用的“双螺旋结果”。

创新能够创造新技术和新产品，满足人们经济生活的新需求或以更为有效率的方式满足现有需求，而持续创新也是经济发展的可持续路径，有利于强化经济韧性。而创业作为一项高风险高回报的经济活动，也是创新行为的应用路径之一，也可以说是创新思维活跃的领域，许多创新观点通过创业的方式得以实现，通常普通创业人员最初以信用卡贷款和抵押不动产的途径筹集创办公司的初始资金，如若还有资金缺口便会寻求亲朋好友的帮助，日后的资金需求可能与公司的发展相关，随着创业公司走上正轨的同时，快速扩张市场所需要的融资规模也会指数级上升，此时的初创公司便需要大规模的资金助力事业发展，带动社会面投资的同时，也可以起到刺激消费并激发新的有效需求的作用。有志于解决社会前沿问题的创业行为可能具备超强的爆发力，这种力量可以改进甚至淘汰现有的经济运行模式，甚至经济结构的潜能，这些强大的能力意味着创业活动有可能在为个人或组织赚取高额经济回报的同时为国家和社会做出贡献，用颠覆式的创新推动社会进步。创新与创业两者相辅相成，创业为创新的有效载体，两者在个人层面可以创造财富、积极进取，在国家和社会层面也可创造优良就业岗位，为经济的发展贡献资本，增加国家经济内涵式发展的权重而削减外延式发展的分量，在经济受到冲击时帮助寻找新的发展突围路径，并迅速调整原有经济模式恢复运行，从而在保障宏观经济稳定的同时牢牢把握最新经济机遇，最终完成经济的高质量和可持续发展目标。

1.4 研究内容

基于研究背景与研究的主要问题，本书设计了以下三个渐进的研究层级：

第一个层级是研究基础。首先，立足于时代大背景与中国的现实发展阶段，本书认为有关数字经济对经济韧性的研究是十分重要的，并由此引出了本书研究的主要问题。其次，界定了本书所涉及的数字经济、经济韧性、制度环境等主要变量的基本概念，为本书的理论分析和实证分析奠定了坚实的研究基础。

第二个层级是理论研究。首先，梳理了数字经济、经济韧性和制度环境的相关理论与文献。其次，重点分析了发展数字经济对于经济韧性的影响机理和理论框架，为后续的实证分析做铺垫。

第三个层级是实证研究。首先，对于主要研究变量进行数值测算与分析。其次，分析了发展数字经济对于经济韧性的影响以及具体的作用路径。再次，分析了数字经济、创新绩效和创业活力为门槛变量时对于经济韧性的非线性影响。最后，分析了制度环境、分类型制度环境和具体制度环境对于数字经济与经济韧性之间关系的影响。

本书具体的研究内容由如下 8 章构成：

第 1 章：绪论。本章通过阐述相关研究背景，提出主要的研究问题，接着界定相关主要概念，并论述了研究内容、研究方法以及创新点。

第 2 章：相关理论与文献综述。本章根据主要研究问题的需要，围绕发展数字经济的影响效应、强化经济韧性的主要影响因素、发展数字经济与强化经济韧性之间的关系、发展数字经济影响经济韧性的主要路径，以及外部条件与环境因素对于数字经济作用于经济韧性直接与空间效应的影响五个方面，展开相关基础理论与文献脉络的梳理，明确本书的分析逻辑，为后续章节的数据建模与实证分析奠定基础。

第 3 章：数字经济与经济韧性的机理分析及测度。本章根据现有研究与上述相关理论，阐述了数字经济作用于经济韧性的影响机理和理论框架，为下文的实证分析做铺垫。接着，通过数字经济与经济韧性的内涵、特征或表现，建立了中国内地城市层面的数字经济发展综合指标体系和经济韧性综合评价指标体系，论述了数字经济与经济韧性各自的构成要素、数据来源与测算方法，并对中国内地 285 个地级及以上城市进行数字经济发展综合指数和经济韧性综合指数的测算。最后，对于测算指数的总体样本情况和样本分类情况进行了比较分析。

第 4 章：数字经济影响经济韧性的空间效应分析。本章将发展数字经济对于经济韧性的影响作为主要研究对象，对于数字经济与经济韧性之间的关系进行梳理，并提出相关研究假设。接着，构建包含数字经济、经济韧性、经济规模、人口密度、外商直接投资、科技支出水平和人力资本水平在内的空间杜宾模型，通过多种空间权重矩阵和空间杜宾模型的效应分解，分析发展数字经济过程中经济韧性所受的直接影响和空间影响。进一步以经济韧性的三个子维度抵御能力、恢复能力和转型能力为被解释变量，对于数字经济与经济韧性之间的关系细化研究，分别构建包含以上三个经济韧性子维度的空间杜宾模型，再次确认数字经济与经济韧性间的直接关系和间接关系。最后进行异质性分析，通过不同类型研究样本的回归结果，检验中国内地城市在发展数字经济影响经济韧性效果上的不同，帮助理解发展数字经济的深层意义与现实价值。

第 5 章：数字经济影响经济韧性的传导路径分析。本章将深入研究发展数字经济作用于经济韧性的传导路径，通过梳理数字经济影响经济韧性的作用机制，结合中介效应模型与空间杜宾模型，以投资活力、消费升级和产业结构优化为主要影响路径进行直接效应与空间效应的机制检验，分别构建包含以上三类变量的空间杜宾中介效应模型，实证检验发展数字经济影响经济韧性的直接效应路径与空间效应路径，深化数字经济对经济韧性影响的实证研究。

第 6 章：数字经济对经济韧性的非线性影响研究。本章将深入研究发展数字经济对于经济韧性的非线性影响，以及创新绩效和创业活力在数字经济与经济韧性关系之中的门槛效应。数字经济的发展遵循达维多定律，发展数字经济的时机越早越有可能占据较大的市场份额，数字经济的自我膨胀性也有利于马太效应的形成，进而出现“赢家通吃”的垄断局面，弱化了发展数字经济与经济韧性之间的关系。但创新绩效与创业活力在本地所起到的间接效应可以直接影响发展数字经济所产生的作用效果，将创新绩效与创业活力作为门槛变量加入数字经济与经济韧性的直接效应模型之中，将丰富数字经济与经济韧性的直接关系研究。

第 7 章：制度环境对于数字经济与经济韧性关系的调节效应分析。在前期研究内容的基础之上，本章重点把握中国现实情境中的外部环境因素特征，以制度环境作为切入点分析不同外部环境因素的影响效果。通过建立制度环境影响数字经济与经济韧性的空间调节模型，并以总的制度环境指数、正式与非正式制度环境指数以及各类具体的制度环境作为调节变量，尝试剖析在不同的制度环境水平之下，发展数字经济对于经济韧性的不同影响，以验证不同维度和不同类型制度环境对于数字经济与经济韧性之间关系的调节效应。

第 8 章：研究结论与政策建议。本章以总结全书研究结论为主，并提出具有现实价值的政策建议以及由研究所带来的启示和研究展望。

全书的研究框架如图 1－2 所示。

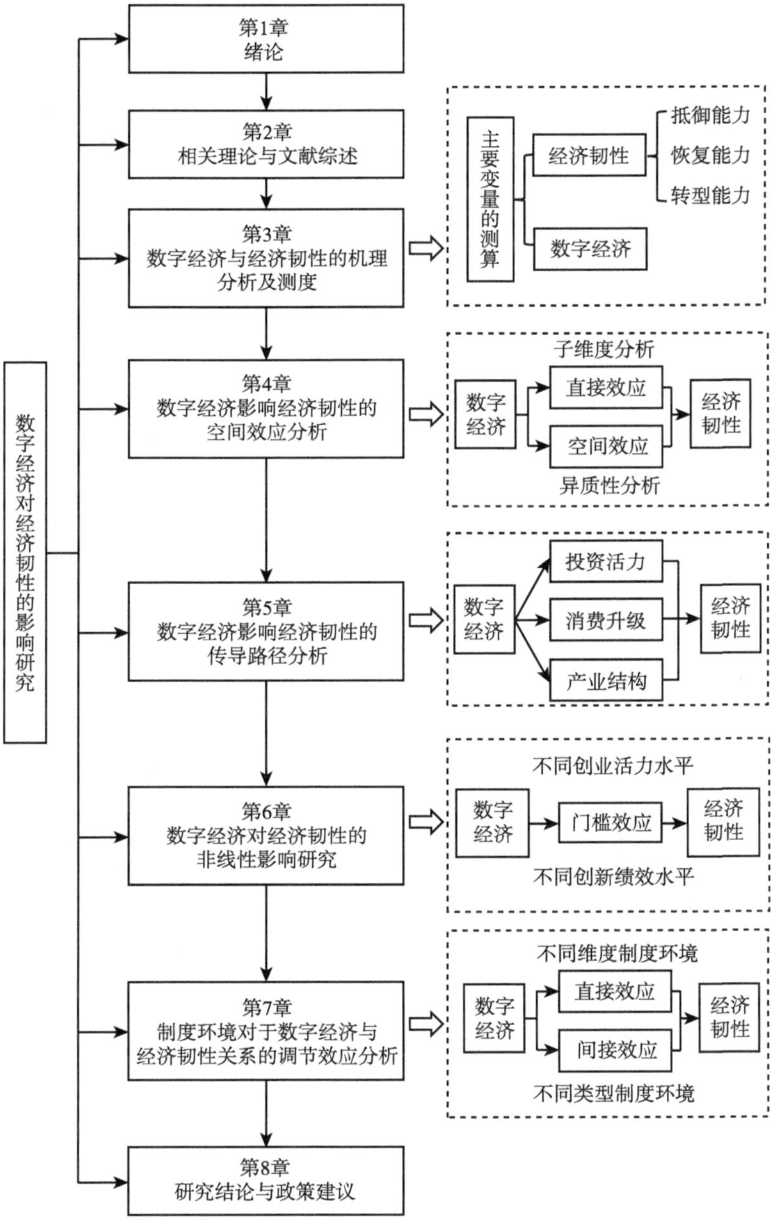

图 1－2　研究框架

1.5 研究方法

本书将借鉴已有的研究成果，通过文献归纳、对比分析以及数量分析等方法作为指导，根据上述研究思路及研究内容进行主要研究工作。

（1）文献综述法：通过梳理数字经济相关研究和进展，以及韧性理论在不同学科之间的发展脉络，探寻数字经济与经济韧性的研究起源和进程，结合国内外期刊、著作与本书研究内容的关联，综合比较了数字经济与经济韧性的不同分析视角、影响因素研究和测度研究，整理了国内外学者的最新研究成果，为本书相关实证研究的展开寻求突破，并对相关概念进行深入的演化分析与内涵解读，进而确定本研究的分析视角、测算方法与外部影响因素。

（2）对比分析法：通过构建数字经济指标体系和经济韧性综合评价指标体系，测算了中国内地 285 个地级及以上城市 2011—2019 年的数字经济发展指数与经济韧性综合指数，基于时间和空间两个维度展开对比分析，其中空间维度还包括东部、中部和西部的异质性研究，个体层面还包括城市类型等异质性研究。

（3）实证研究方法：基于相关理论分析，构建多种计量模型以回归数字经济与经济韧性的测算数据，实证研究数字经济对于经济韧性的影响及机制，采用客观赋权的熵值法等途径测算数字经济发展指数和经济韧性综合指数，并运用 Excel、Stata16.0 和 ArcGIS 等计量软件完成固定效应模型、门槛效应模型等的数据分析和回归。通过空间权重矩阵和空间自相关检验确定空间计量分析模型，在直接效应的基础上进一步分析数字经济对于经济韧性的空间溢出效应和外部影响因素在空间层面的调节作用。

全书的技术路线如图 1 – 3 所示。

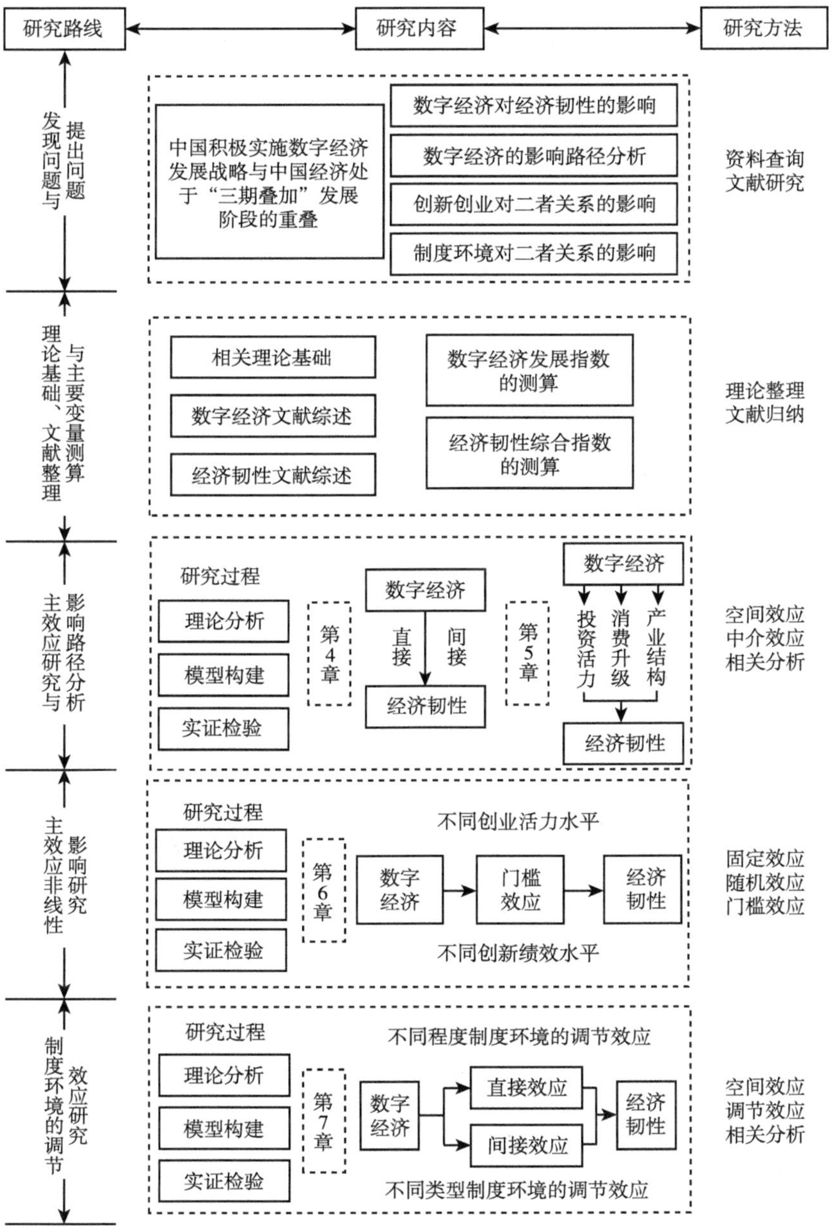
研究路线
研究内容
研究方法
发现问题与提出问题
中国积极实施数字经济发展战略与中国经济处于“三期叠加”发展阶段的重叠
数字经济对经济韧性的影响
数字经济的影响路径分析
创新创业对二者关系的影响
制度环境对二者关系的影响
资料查询
文献研究
理论基础、文献整理与主要变量测算
相关理论基础
数字经济文献综述
经济韧性文献综述
数字经济发展指数的测算
经济韧性综合指数的测算
理论整理
文献归纳
主效应研究与影响路径分析
研究过程
理论分析
模型构建
实证检验
第4章
数字经济
直接
间接
经济韧性
第5章
数字经济
投资活力
消费升级
产业结构
经济韧性
空间效应
中介效应
相关分析
主效应非线性影响研究
研究过程
理论分析
模型构建
实证检验
第6章
不同创业活力水平
数字经济
门槛效应
经济韧性
不同创新绩效水平
固定效应
随机效应
门槛效应
制度环境的调节效应研究
研究过程
理论分析
模型构建
实证检验
第7章
不同程度制度环境的调节效应
数字经济
直接效应
间接效应
经济韧性
不同类型制度环境的调节效应
空间效应
调节效应
相关分析

图 1－3　技术路线

1.6 边际贡献

本书认为发展数字经济有利于把握产业革命的历史机遇，并在未来的国际竞争中谋取优势竞争地位，而面对国际和国内错综复杂的经济局势，研究如何保障经济长期可持续发展并提升自身经济韧性具有理论意义和现实价值。因此，为探究数字经济对经济韧性的影响以及外部环境因素的作用，本书的边际贡献主要体现在以下几个方面：

第一，就理论研究方面而言，丰富了发展数字经济的结果研究和经济韧性的前因研究。本书参考已有文献，发现关于数字经济的研究重点聚焦于数字经济对创新绩效、消费升级、产业结构的影响等经济韧性子论题之中，较少考虑数字经济对于经济韧性的直接和间接影响，而在数字经济时代更为关注经济的长期可持续发展，强化经济韧性是保障可持续发展的关键，通过梳理相关理论并结合中国经济发展的现实背景进行探究，为本书提供了做出边际贡献的契机。本书将经济韧性界定为经济体（包括个人、家庭、地区或国家）面对冲击时所展现的抵御能力、恢复能力和转型能力，经济韧性是经济体自身的属性并且无论冲击发生与否都会随着时间的推移而发生变化，而经济体所面对的冲击也包含外生冲击和内生冲击两个大类。随后较为系统地构建了数字经济影响经济韧性的理论框架，明晰了两者间的具体影响机制，在理论研究中具有一定的边际贡献。

第二，就研究方法方面而言，在分析影响路径与外部环境的作用时拓展至空间维度。基于城市层面样本数据构建了较为系统的经济韧性综合评价指标体系，通过测算所得数字经济指数和经济韧性指数，采用多种权重矩阵所设定的空间杜宾模型，检验数字经济对于经济韧性及其子维度的影响，并处理了内生性问题、完成了外生冲击检验。在此基础上，以空间杜宾模型结合中介效应模型与调节效应模型的方法，在分析数字经济作用于经济韧性的时空特征之后，进一步从直接作用和空间维度检验了数字经济影响经济韧性的传导路径与外部环境的作用，在研究方法上有一定的创新性。

第三，就研究视角方面而言，细致分析了数字经济影响经济韧性的异质性、具体路径以及不同外部环境的作用。本书基于异质性视角、传导路径视角和外部环境视角，证实了数字经济影响经济韧性的异质性，并通过提升投资活力、推动消费升级和优化产业结构三类路径强化经济韧性，检验了数字经济、创新绩效与创业活力作用于经济韧性的非线性特征，以及不同维度和不同类型制度环境对于数字经济强化经济韧性所产生的调节效应。丰富并细化了数字经济与经济韧性相关研究的视角，为后续数字经济与经济韧性的相关研究提供了新的思路。

第2章

相关理论与文献综述

本章通过回顾相关基础理论，梳理有关数字经济与经济韧性的相关理论与现有文献，明确本书研究的逻辑关系和基本研究观点，发掘现有研究的不足之处，以期为本书的理论分析探寻恰当的切入点，并为后续的实证研究内容寻得理论支撑。本章内容的具体安排如下：2.1为相关基础理论；2.2为数字经济相关研究综述；2.3为经济韧性相关研究综述；2.4为文献评述。

2.1 相关基础理论

本节主要从理论层面阐述本书后续分析所依据的基础理论，其中经济增长相关理论包括有效需求理论、内生经济增长理论和增长极理论；产业结构相关理论包括产业结构理论的演化和雁行模式理论；最后介绍了制度经济学相关理论。

2.1.1 经济增长相关理论

经济增长理论不断丰富和发展的过程其实就是现代经济学的发展史，两百多年前亚当·斯密（Adam Smith）的《国富论》为经济增长理论奠定基础，认为经济增长归功于劳动生产率的提高和生产成本的降低，并提出分工促进经济增长的观点、市场规模限制劳动分工的假说和绝对成本理论。随着经济增长理论的不断发展，整个过程可以大致分为三个阶段，即古典增长理论、新古典增长理论和内生增长理论。早期的经济增长研究将其定性为量的概念，研究重点在于经济体量的增长，而近来经济学领域的研究已经由经济增长转向经济发展方向，尤其是经济高质量发展问题，经济发展相较于经济增长包含较为复杂的质的概念，是体现经济社会总体发展水平的综合概念，在经济增长的基础上还包括经济结构、制度结构等与经济韧性交叉的研究领域，在经济韧性研究理论较为匮乏的情况下，对部分相关基础理论的回顾有助于梳理本书的理论基础。

（1）有效需求理论。有效需求包括消费需求和投资需求，其对于就业水平和国民经济收入有较大的影响。有效需求概念最早出现于 19 世纪 20 年代，英国经济学家马尔萨斯（T. R. Malthus）在其著作《政治经济学原理》中指出有效需求的不足可能导致经济危机的爆发。至 20 世纪 30 年代，梅纳德·凯恩斯（Maynard Keynes）认为商品总需求不足是经济危机的主要原因，其继承和发展了有效需求理论，并成为就业理论的原理和凯恩斯理论的核心，当时正处于经济大萧条时期，经济停滞与大量失业的原因在于总需求不足，为解决此问题凯恩斯有效需求理论强调投资和消费的重要性，并逐渐衍生出投资乘数理论和消费乘数理论。投资乘数理论明确了投资对于经济增长过程中国民收入提升的作用，投资量的增加可以在国民经济收入的增加中扩大数倍，而国民收入的上升在消费倾向较为稳定的情况下可以带动消费，而消费水平的上升在消费乘数效应的作用下，同样可以带动国民收入的提高并增加就业岗位，如此带来的经济总量是初始资金的数倍，乘数效应通过投资链和消费链带动经济的良性循环，也体现出投资与消费在经济中的重要地位。

（2）内生经济增长理论。1920 年，新古典经济学家马歇尔（Marshall）在研究经济增长问题时强调了企业及其经济外部性的重要作用。1934 年，熊彼特（Schumpter）同样认为企业追求利润最大化对于经济增长的作用，并提出经济增长是由生产要素与生产条件等内生要素推动，而内生要素组合出的新生产方式对于创新也有积极作用。内生经济增长理论又称现代经济增长理论，其基础是哈罗德（Harrod）和多马（Domar）提出的 Harrod－Domar 经济增长模型，该模型认为经济增长水平取决于决定投资水平的社会储蓄率和资本与产出之间的生产效率，由于固定技术系数的局限性假设，Harrod－Domar 经济增长模型并不具备长期的社会现实性。尽管斯旺（Swan）和索洛（Solow）于 1956 年对其进行了修正，但技术进步仍是推动经济增长的外生因素，长期来看，人均经济增长趋近于零。

20 世纪 80 年代中期，以罗默（Romer）和卢卡斯（Lucas）为代表的经济学家致力于分析经济体系的内部要素如何构成经济长期持续增长的主要原因，即内生经济增长理论。罗默（Romer）在补充阿罗（Arrow）于 1962 年所提出的“干中学”模型的基础上，通过技术的外部性和知识溢出效应研究经济长期增长问题，将技术进步内生化并提出 Arrow－Romer 模型。1988 年，卢卡斯（Lucas）沿着宇泽弘文（Uzawa）于 1965 年所提出的内生化人力资本的分析思路继续研究经济增长的相关问题，认为人力资本的外部性对于经济的长期增长具有重要作用并建立了 Uzawa－Lucas 模型。内生经济增长理论通过将技术、人力资本和知识等变量内生化建立广义的资本概念，并试图解决资本边际收益递减问题，同时还强调技术和知识在经济长期增长中的重要作用，而经济的长期增长与可持续发展是经济韧性的重要组成部分。

（3）增长极理论。增长极理论是经济学领域中区域经济概念的理论基础，也是经济不平衡发展的理论依据之一。增长极理论是法国经济学家弗朗索瓦·佩鲁（Francois Perroux）于 1955 年首次提出的，他认为经济增长由部分经济增长点或增长极所引领，以增长极为中心所产生的支配效应带动经济整体增长，若将经济空间类比为力场，增长极便是力场中的推进性单元。在经济领域中，弗朗索瓦·佩鲁（Francois Perroux）认为增长极是指由带动地区经济增长的主导产业和与其相关的创新型、技术型企业在产业维度上联系密切所形成的经济增长点。其实，弗朗索瓦·佩鲁（Francois Perroux）所提出的增长极理论属于初级阶段，所涉及的经济空间主要指产业关联性，暂时还不具备地理空间的内涵，关于经济单位的划分也不是地理空间的区位划分，而是产业之间的相互作用关系，这种关系体现在经济高增速、大规模和强关联的推进型产业促进被推进型产业的非竞争性合作发展的过程中，推进型主导产业的地位便是增长极。在发展经济学领域不断总结研究非平衡增长理论的前提下，阿尔伯特·赫希曼认为增长极将通过聚集投资等途径产生规模经济优势，加速经济结构二元分化的形成，但增长极在产生极化效应的同时也会产生涓滴效应，且最终涓滴效应将大于极化效应。1966 年，法国经济学家布德维尔（Boudeville）将增长极理论引入空间经济学领域，在不平衡发展理论与增长极理论的融合过程中考虑资金和人力资本等生产要素流动的观点，为地理空间的城市经济中心成为增长极铺垫理论基础，经济中心城市在资本、人才和技术等经济要素的聚集中逐渐成为增长极，如此，增长极或经济发达地区将在经济增长至一定阶段时，出现经济扩散效应从而带动周边地区的经济增长，弥补经济发达地区与经济欠发达地区之间的发展差距。增长极的出现打破了地区原有空间结构与产业结构的平衡状态，伴随增长极的进一步发展，经济结构在产业与空间层面出现分化现象，在国家层面实现经济平衡发展难度较大，理想的发展路径是通过经济增长极向周边地区或关联部门传导，在经济扩散效应与乘数效应的交互作用下，对经济整体的发展产生有益的推动作用。

增长极具体可分为两种类型，在产业层面上，增长极是与创新型、技术型企业高度相关的推进型产业，其通过辐射上下游产业，带动产业链升级而成为产业发展的核心，具体体现为创新型主导产业或新兴战略型产业；在空间层面上，增长极是区域中心城市，其通过经济扩散效应带动周边城市的经济增长、产业结构升级，在一定程度上实现区域协同发展。

2.1.2　产业结构相关理论

产业是社会分工和生产力发展的产物，是指具备某种共同属性的企业经济活动的集合。产业是社会分工的产物，其内涵随着生产力的发展不断丰富，外延也在持续延伸。就概念界定而言，产业是指具备共同属性的企业经济活动总和，在产业领域划分上包括了生产领域、流通领域等。产业结构是指国民经济中产业与产业之间在时间、空间和层次等方面的相互关系，以及产业内部生产要素等的构成。广义上的产业结构是产业之间在生产规模上的比值与联系，狭义上的产业结构由一般分工与特殊分工的分化发展而来。具体到各地区的产业结构则指地区经济中不同类别和发展功能的产业之间的经济体量比值和相互联系，地区产业结构是地区经济内部各经济要素联系和作用的结果，是更大范围内经济空间布局在地区所形成的特定组合，通常以产值结构、劳动力结构和投资结构等形式体现。同时，由于地区之间的异质性，不同地区经济内部的产业结构一般不同，这与地区经济优势和其在更大范围内的经济空间布局要求有关，但可以通过地区主导产业或产业组合的不同对地区产业结构进行分类。

（1）产业结构理论的演化。产业结构理论要追溯至威廉·配弟（Willian Petty）和弗朗斯瓦·魁奈（Francois Quesnay）等人的研究思想，随后1940年克拉克（C. G. Clark）在国民收入和劳动力流动假说的基础上提出配第—克拉克定律，该理论成为产业结构转型升级的基础理论之一。产业结构转型升级是低附加值产业过渡至高附加值产业的动态渐进过程，经济体在自身发展过程中随着人均收入上升，其范围内的工作人群将出现由第一产业逐次逐级向更高层次产业过渡的演化路径。同时，该地区产业结构会发生明显变化，第二产业、第三产业在GDP中所占比重逐步提高。配第—克拉克定律论述劳动力转移推动产业结构转型升级的原因是收入（附加值）差异，随着国民经济的发展人们趋向于更高收入的产业。西蒙·史密斯·库兹涅茨（Simon Kuznets）在配第—克拉克定律的基础上，提出“库兹涅茨人均收入影响论”，通过人均国内生产总值研究各产业总产值和总劳动力的变动规律，进一步证明了产业结构变动的总趋势。霍利斯·钱纳里（Hollis B. Chenery）将产业结构的演进划分为初级生产品时期、工业化时期和发达经济时期三个阶段，综合反映产业结构的演进规律。伴随着第一产业的比重下降以及第三产业的飞速发展，产业结构演变出现新的观点。宫崎（Miyazaki）提出传统的农业、工业和服务业的产业结构划分已无法体现产业结构的发展趋势，并将产业结构重新划分为物质生产产业、网络产业和知识服务产业。马克卢普（F. Marchlup）在其著作《美国的知识生产和分配》中首次提出四大产业的分类构想，并从传统的第三产业中剥离出第四大产业即信息产业，并论述了信息产业在国民经济中的重要地位。马克·尤里·波拉特（Marc U. porat）在马克卢普（F. Marchlup）的研究基础上继续发掘，测度以四大产业结构划分的美国经济中的劳动力转移，发现刨去信息产业的传统三大产业之间的产业结构演化趋势明显弱化，由此得出近现代第三产业快速扩张是信息产业崛起的成果，并认为产业结构演化的阶段可分为农业化时期、工业化时期、信息化时期。

（2）雁行模式理论。雁行模式理论依托技术差距论，指国际贸易之中创新型国家向模仿型国家发展贸易，在国际的产业结构分工中形成相继发展的模式。国际贸易的具体实践中，通常发展中国家先是从发达国家引进技术生产产品，待时机成熟再将产品生产模块向更不发达的国家转移，在国家产业结构的分工之中也依次产生梯度。该理论由日本学者赤松要提出，并对"二战"之后的日本经济复苏和亚洲新兴经济体的发展具有一定的意义和指导作用。但该理论认为，后进模仿型国家的经济发展主要依靠由发达国家转移而来的产业和技术，始终处于垂直分工型产业结构的底部，难以实现跨越式发展，后进国家无法赶超发达国家。根据雁行模式理论假设，在国际的产业转移与贸易过程中，核心技术拥有国的地位是稳固的，而这一假设在当前新兴产业革命方兴未艾的大环境中与现实明显不符，在数字经济时代，数字技术不断取得新的突破，昔日成熟技术所造就的核心技术产业国际分布格局已经受到严重的冲击，即将重新洗牌。同时，发达国家因传统技术的剩余价值和产品存量问题对于新技术的渴望不及发展中国家强烈，发展中国家在数字经济时代存在赶超发达国家的历史机遇，所以雁行模式理论应用在数字经济时代的国际产业转移和贸易结构的变迁分析中还有待检验。

2.1.3　制度经济学相关理论

制度经济学是以制度为研究对象的经济学分支，一直以来存在着新制度经济学派与旧制度经济学派两种认识。旧制度经济学著作以美国经济学家凡勃仑的《有闲阶级论》为代表，批判资本主义制度与自由市场经济制度的缺陷和局限性，并强调制度改良对于调整资本主义经济关系的必要性。新制度经济学起源于英国学者科斯（Ronald Coase）的著作《企业的性质》，在制度分析中引入边际分析法，在经济学分析中通过边际成本概念指出企业和市场在经济活动中的不同作用，并提出交易成本理论。科斯认为，灯塔制度、消费纠纷、环境污染等现实问题的根源在于产权的界定不清晰以及产权的变迁，而明晰产权的方式或处理纠纷的制度选择，即取决于利益当事人之间的相互协调与制度选择的边际交易成本。交易成本指完成一笔交易要花费的成本，包括买卖过程中所花费的全部时间与谈判、获取准确市场信息和经常性契约等行为的全部货币成本。交易成本属于制度成本中的一个类型，主要发生在交易的过程中，具体包括谈判、信息、界定和控制产权、拟定和实施契约、监督管理、制度结构变化的成本等。交易成本理论的根本论点在于解释企业的本质，认为企业机制是人类为提升经济效率所产生的组织体，交易成本也泛指为促成交易而产生的一切成本，不同的交易往往涉及不同的交易成本，因此很难进行全部列举。交易成本理论的基本思想可以概括为组织或个人为降低交易成本，以交易作为分析单位，研究区分不同交易的特征要素，在面对具体的交易时合理选择组织机制协调完成交易，以期完成提高经济效率和利润最大化的目标。交易成本理论在新制度经济学中具有重要地位，属于三大核心理论之一，诺贝尔经济学奖得主威廉森（Oliver Eaton Williamson）将新制度经济学定义为交易成本经济学。

2.2 数字经济相关研究综述

数字经济理论是研究数字化技术的应用能否以及如何影响经济活动的理论，而在数字经济自身的发展过程中，三大定律起到了重要的指导作用，分别是梅特卡夫法则、摩尔定律和达维多定律。梅特卡夫法则由计算机领域的先驱罗伯特·梅特卡夫（Robert Metcalfe）提出，主要观点可以概括为网络效应的外部性，即网络的价值与网络节点数量、用户数量正向相关且具有边际效应递增的指数关系，网络的价值等于网络节点数量或网络用户数量的平方。梅特卡夫法则可以佐证数字经济的规模效应，基于互联网发展的数字经济并不会像传统经济产物一样由于使用者数量的增加而贬值，与此相反，数字经济的价值会随着使用者数量的增加而实现指数级的上升，这也印证了数字经济的巨大潜能。摩尔定律由业内人士英特尔创始人戈登·摩尔（Gordon Moore）长期观察总结的经验发展而来，在一定程度上揭示了信息技术发展的速度。摩尔定律可以概括为三个版本，一是集成电路芯片上的集成电路数量每 18 个月翻一番；二是微型处理器的性能每 18 个月提升一倍且价格下降一半；三是单位价格的计算机性能每 18 个月翻两番。三个版本的核心内容没有太大变化，但后两种由于货币价值的波动性不如第一种的认可程度高。达维多定律由英特尔高级主管和副总裁威廉·H. 达维多（William H Davidow）提出，主要观点认为若企业想在产品市场占据主导地位必须率先开发出新一代产品，而任何企业在自身产业领域都必须通过持续更新自己研发的产品才能巩固企业地位。最早将新技术或新产品推进市场的企业可以占据最大的市场份额，所获利润也最丰厚，而作为新技术或新产品的跟随者进入市场的企业，其所获利润将远不如第一家企业，所以领军企业只有自己淘汰自己的产品才能维持所获市场份额。这也体现了数字经济领域中的马太效应和长尾理论，即百分之八十的利润由百分之二十的主流市场提供，而百分之二十的利润由百分之八十的异质化市场供给（二八定律）。在主流市场的竞争中会呈现优势积累而导致的赢家通吃现象，同时，数字经济的发展具有信息传播和储存成本低、消费者数量大且需求差异性明显等特征，数字经济企业可以满足异质性市场的多样化产品需求，在大量的个性化产品生产与消费的过程中形成长尾市场，通过激发有效需求拓展市场与提高效益。

2.2.1　数字经济测度的相关研究

学术领域分析数字经济的相关文献主要集中在数字经济的测度、数字经济的影响效应等方面，下面将分别进行归纳研究。

数字经济的飞速发展吸引了国内外众多机构和学者对其展开研究，伴随着新型基础设施建设的推进，企业的数字化转型以及数字社会、数字政府的建设，数字经济所涵盖的范围越来越大，对于数字经济的发展规模越来越难以衡量。一方面是由于数字经济的核算没有统一的测算方法，数字产品和数字产业的界限并不十分清晰；另一方面数字经济与传统经济的融合持续深入，在部分领域存在重叠，核算方法难以对其进行辨别而导致结果存疑。现有研究主要将数字经济的测算方法分为三类：一是直接测算法，即在界定数字经济范围的前提下直接估算数字经济的规模。该方法最早由美国商务部提出，1998 年，马格里奥（Margherio）在研究信息技术与电子商务对美国经济增长的影响时，发现信息产业对于美国 GDP 的贡献持续上升。2003 年美国商务部基于产业分类标准以 SNA 核算体系估算出美国 2002 年的数字经济规模约为 1.17 万亿美元。2008 年，康铁祥（2008）以增长核算为基础测算框架估计中国数字经济规模。2020 年，彭刚和赵乐新通过将数字经济分为数字经济基础层与数字经济融合层的方法测算中国数字经济在 GDP 中的比重。二是指标体系法，即建立多维度的数字经济评价指标体系测算数字经济的发展水平。通过构建综合评价指标体系的方法测算数字经济较为全面，美国商务部、欧盟、经济合作与发展组织、世界经济论坛等国家机构或组织先后提出了各自关于测算数字经济的指标体系。中国研究数字经济的相关指标体系起步较晚但也做了一些探索，近几年也有部分学者和机构提出了适用于中国情境的指标体系，2017 年，张雪玲和焦月霞通过互联网、移动电话和宽带用户数、信息和通信技术产业增加值占比和电子商务等指标构建数字经济测算指标体系，以熵值法赋权计算我国数字经济发展水平。2020 年，刘军等通过数字化、信息化以及互联网发展水平测算我国省级层面的数字经济发展状况。此外，还有中国信息通讯研究院、赛迪顾问和腾讯“互联网 +”等机构也同样提出过相关指标体系。三是卫星账户法，即构建数字经济卫星账户测算数字经济规模。经济合作与发展组织（OECD）以数字化转型的本质阐述数字经济，在此基础上提出可以对接 SNA 中心体系和独立运行核算的数字经济卫星账户框架。美国经济分析局（BEA）借鉴已有的旅游卫星账户和艺术类卫星账户，通过投入—产出表测算了美国 2006—2016 年的数字经济规模，并发现数字经济以 5.6% 的年增长率远超 1.5% 的总体经济增长率。2019 年，杨仲山和张美慧基于广义数字经济概念以数字交易的特征为核心设立数字经济卫星账户。2019 年，向书坚和吴文君在中心框架的基础上设计中国数字经济卫星账户，并测算了 2012—2017 年数字产业的产值及其占比。

2.2.2 数字经济的影响效应研究

在全球主要经济体均力推数字经济发展的浪潮中，中国的数字经济也进入了快速发展时期。随着数字经济发展的持续推进，发展数字经济对于经济体长期可持续发展的作用开始显现，并主要集中在以下几个方面。

（1）宏观经济方面。数字经济已然成为农业经济与工业经济之后，伴随着互联网和数字技术发展起来的更为公平和高效的新型经济形态，其中既有大数据、云计算、物联网、区块链和人工智能等基于数字技术的新型经济业态，还包括电子商务、移动支付、智慧农业、智慧医疗和智能制造等数字技术与实体经济深度融合所形成的新型经济模式。研究人员发现数字经济的发展提升了社会治理与民生服务的水平，推动了我国经济发展方式的转型，有利于实现经济发展提质增效的发展要求。裴长洪等（2018）以政治经济学的分析方式研究认为数字经济是更高级和可持续的经济形态，并以信息通信技术为核心手段，从全方位推动经济社会走向新的发展，同时提出传统经济学理论在数字经济时代所面临的挑战。宋洋（2019）认为，数字经济以信息为关键生产要素且具备降成本性、高成长性和强扩散性等本质特征，能够在我国经济转型高质量发展路径时，从外在表现与内生动力两个维度助力目标的实现。刘淑春（2019）分析认为，数字经济的发展与实体经济的融合已然成为我国经济转型高质量发展的强大动力，提升关键核心技术、建设重大战略平台、打造世界级产业集群、加强数字技术与传统产业的深度融合是发展数字经济的主要路径，而破除制约数字经济生产力提升和系统环境构建的政策制度屏障则是深层次的问题。荆文君和孙文宝（2019）从宏观和微观两个维度研究数字经济对于经济发展路径的影响，并以数字经济的增长模式为基础认为在新的经济环境之下，数字经济主要通过生产要素、全要素生产率和资源配置效率的提升优化宏观经济发展路径。丁志帆（2020）通过微观、中观和宏观三个层面研究数字经济推动经济高质量发展的内在机理，微观层面数字经济促进企业扩大规模、市场价格和供需实现动态均衡，中观层面数字经济有利于产业结构转型升级，宏观层面数字经济将助力创新驱动发展战略提升全要素生产率。祝合良和王春娟（2020）认为，数字经济的发展已成为世界主要国家的重大战略选择和中国经济高质量发展的驱动力，理论上数字经济通过创新导向、降低成本、高效配置和规模经济等方面优化宏观经济发展路径。郭晗和廉玉妍（2020）认为数字经济是中国经济发展的重要动能，而数据已经成为经济高质量发展阶段的重要生产要素，并从宏观、中观和微观等视角论述理论逻辑。张鸿等（2020）提出数字经济是中国经济转型发展的必由之路，并从理论、实践、路径和政策等角度进行分析，发现数字经济有利于优化经济结构、创新发展模式、增强经济动力，通过质量、效率和动力三条路径实现经济转型发展目标。杨佩卿（2020）从理论层面分析数字经济的内在价值，认为发展数字经济不仅与中国新发展理念高度契合，还是中国经济转型高质量发展的动力源泉。

综合来看，目前学术界关于数字经济影响宏观经济发展的相关研究还以理论探讨为主，相关的数量分析、模型构建与实证分析较为匮乏。

（2）投资方面。数字经济的发展对于投资领域产生了重要的影响，同时投资也属于经济数字化转型发展的关键要素。田珍和葛顺奇（2017）研究发现，数字经济通过构建全球虚拟商业网络和国际生产网络的新秩序和协调机制等途径影响效率需求型和资源寻求型投资，并对大型跨国企业的投资决策产生革命性影响。詹晓宁和欧阳永福（2018）认为，数字经济的发展使跨国公司的投资模式转向轻海外资产、非股权投资增多、服务业投资比重上升和区位决定因素变化等特征，世界范围内对外直接投资表现出低增长且伴随大幅波动的发展趋势，同时数字技术和新兴制造技术正逐渐成为全球资本最为看重的区位决定要素。董有德和米筱筱（2019）通过投资引力模型阐述数字经济的发展对于直接投资的影响，研究发现数字经济的发展与对外直接投资呈现正相关关系，东道国的数字经济发展程度、数字基础设施建设水平和信息技术水平的提升均正向影响中国对其的直接投资强度。齐俊妍和任奕达（2020）以“一带一路”合作伙伴为研究样本，实证分析东道国数字经济发展与中国对外直接投资的关系，发现数字经济发展水平已成为中国对外直接投资规模和区位选择的关键。兰虹等（2020）认为传统基建带动经济增长的乘数效应已然收窄，而数字经济发展所形成强势产业集群对于新基建构成了有效需求，有利于引领中国经济转型高质量发展。

（3）消费方面。中国具备超大的市场规模和内需潜力，要形成国内国际双循环新发展格局必须促进消费升级，那么数字经济又可以起到什么作用呢？马品香（2020）认为，数字经济的发展在居民消费领域呈现出城乡收入差距减小、网络营商体系趋于完善、网络消费丰富且边际成本递减、消费结构优化和消费升级加速等新特征，这主要是得益于数字技术促进了生产方式与居民消费的循环、改善了居民消费和决策以及优化了消费循环升级的路径。张峰和刘璐璐（2020）提出，数字经济时代传统消费的形式、内容、模式和思维等层面都在积极向数字化消费转型，此举有利于升级消费体验并推动循环经济的发展。韩文龙（2020）研究认为数字经济的发展改变了消费的内涵，使居民消费表现出个性化、多样化和虚拟化的新特征，消费模式转型数字化和平台化进一步激发了新的消费需求。郝承尧等（2020）认为数字经济的蓬勃发展具备很强的网络效应，通过带动农村消费升级和传统农业经济的转型发展改善了中国的消费环境，并已经发展成为经济新动能。张昭昭（2020）基于我国数字经济的发展对于城镇和农村居民消费规模的拓展与品质的提升展开研究，得出数字经济对于农村居民的消费扩容效应和提质效应更强的结论，且存在显著的区域异质性，研究发现经济欠发达地区的提升效果更为明显，这也从侧面验证了数字经济对于改善乡村消费环境和地区之间消费差距的作用，进而有利于区域协调发展并实现循环经济。

（4）产业结构方面。张于喆（2018）认为数字经济属于融合型经济，已经成为经济转型发展的驱动力和全球新一轮产业竞争的制高点，中国经济想要实现由追赶到引领的地位变化，就需要以数字经济驱动产业结构迈进中高端领域。王梦菲和张昕蔚（2020）提出，数字经济有别于传统工业经济的时代特征包括协同生产模式和创新的网络效应两个部分。陈小辉等（2020）基于数字经济与传统的第一、二、三产业深度融合过程中的异质性可能对产业结构造成的影响展开分析，发现中国数字经济的发展对于产业结构升级存在边际效应递增的推动作用。李春发等（2020）通过数字经济作用于制造业转型升级的内在机制进行深入研究，认为数字经济改善了价值分配和转移的需求，并以弱化产业链分工之间的具体边界作为主要作用机制。吕明元和苗效东（2020）提出，数字经济时代对于大数据的广泛应用有利于加速实现制造业结构的高级化与合理化目标。余文涛和吴士炜（2020）认为，发展数字经济所形成的平台经济有助于改善金融市场和技术市场的资源错配现象，原因在于平台经济导致市场竞争加剧以及各产业专业化程度都有所提高。姚战琪（2021）发现数字经济时代数字贸易有助于提升出口技术复杂程度，而出口技术复杂程度是创新能力的一种具体表现形式，还实证检验了数字贸易作用于产业结构转型升级的间接效应。陈晓东和杨晓霞（2021）通过关联熵和耗散结构理论分析认为，发展数字经济有助于中国产业结构转型升级且存在阶段性特征，其中数字产业化是推动产业结构转型升级的基础性先导因素，而产业数字化是推动产业结构转型升级的主要力量。

（5）创新创业方面。阿西莫格鲁（Acemoglu）和雷斯特雷波（Restrepo）于2018年提出，互联网的发展和数字技术的应用将通过弱化劳动力在时间和空间层面的壁垒，进而丰富劳动力的就业和择业选择并优化劳动力的资源配置效率。布林约尔松（Brynjolfsson）和希特（Hitt）于2000年提出互联网的发展丰富了商品交换的渠道，拓展了商品交换的空间并大幅提高了经济运行效率，有助于加速技术进步。2018年，研究人员发现数字经济时代的大数据应用可以高效整合市场信息，并为企业拓展新产品创意的来源，形成消费导向型生产模式，并通过决策路径可视化等途径帮助新产品研发工作的展开。2019年，莎拉·凯斯勒认为数字经济有利于商业模式的创新，数字经济时代形成了以数字化技术为核心驱动力的数字经济平台等新型生产和分工协作模式，为生产和分工增加了灵活性，并衍生出了与传统就业模式不同的网约车司机和外卖送餐员等新型工作岗位。陈晓红（2018）以数字化新技术的融合与新一轮信息技术的跨越式发展为基础，研判了数字经济发展过程中技术交叉融合的关系和应用创新的趋势。张昕蔚（2019）发现技术变革促进产业组织变革有助于拓展创新资源配置的时空范围，并通过分析数字经济背景下创新资源配置和创新组织变革两个方面，以创新生态系统演化的视角分别总结了政府主导型和平台主导型创新生态系统的运行模式。温珺等（2019）以截面数据样本研究数字经济对于区域创新能力的影响，认为发展数字经济可以提高区域创新能力，并且提升作用对于技术含量高的创新类型效果最优，从侧面证明数字经济的发展推动颠覆性创新的进步而非模仿性创新。赵涛等（2020）实证检验了发展数字经济助力中国转型经济高质量发展的主要路径是提高了创业活跃度，而激发大众的创业活力也是数字经济赋能经济高质量发展的重要理论机制。

2.3

经济韧性相关研究综述

2.3.1　韧性理论的跨学科应用

韧性理论来源于物理学领域，其在工程力学中表示物体在塑性变形和断裂过程中吸收能量的能力，物体发生脆性断裂所需能量越大则代表物体的韧性越强。韧性理论跨学科应用的开端其实就透露着经济学的身影，20世纪70年代霍林（Holling）首次将其引进生态学研究领域时，用以描述生态环境在遭遇自然灾害或人为破坏后维持体系均衡或自我修复至稳定状态的能力，此概念被界定为“工程韧性”，而韧性的强弱则采用抵御突发事件的能力与整体恢复至均衡水平的速度综合考量，其突出的重点是稳定性与有效性，分析过程更倾向于关注体系经受外生冲击的扰动能够恢复至均衡水平的能力，此研究方向接近于经济学领域里的市场的自我纠错机制学说。

此后，其应用范围持续扩展至土壤学、气候学、社会学、灾害学、城市学、组织行为学、心理学、材料科学、网络科学以及经济学等多个学科领域。在生态学进一步细化的土壤学中，佩顿（Paton）于1978年应用韧性理论分析土壤在经受外部环境的影响后恢复土质和抵御侵害的能力。在气候学与社会学的交叉研究中，蒂默曼（Timmerman）于1981年在社会系统的研究中加进韧性理论，并分析了气候变化对其的影响；格雷厄姆（Graham）于1999年则提出，社会韧性是社会系统在应对扰动过程中，维持自身结构、功能与特征的能力；艾格（Adger）于2000年通过归纳总结已有研究，分析了生态韧性与社会韧性的关联和差异；卡尔（Carl）于2006年在气候学研究过程中提出，气候系统韧性是极端气象的冲击对气候系统所产生的影响程度及恢复能力。在灾害学与城市学的跨学科领域，韧性理论在应用突发灾害与加强应急管理的研究中十分关键，托宾（Tobin）于1999年通过研究发现强化城市社区韧性能够降低突发灾害所造成的影响；布鲁诺（Bruneau）等人于2003年以多维视角剖析城市韧性在突发地震灾害时的反应能力和恢复能力。在组织行为学领域，康福特（Comfort）是第一位引入韧性理论的学者，并详细分析了系统在冲击过后的功能非线性恢复和适应性动力学组织过程；2001年，佩顿（Paton）和约翰斯顿（Johnston）重点研究了管理变革对于加强组织行为韧性的优势与不足；2017年，麦卡锡（McCarthy）等人提出组织韧性是其面对冲击与压力时能够正常运转的能力。心理学领域的学者将研究的重点关注对象锁定为弱势群体，分析他们在突发恐怖袭击事件等各种逆境中心理韧性的适应能力和恢复能力（刘玉兰，2011）。在材料科学领域，2008年，坎贝尔（Campbell）提出材料韧性是其在进行形变过程中可以容纳和排出外力的阈值大小。网络科学领域则提出，系统韧性是其正常状态发展到崩溃边缘的阈值。

1996年，霍林（Holling）再次定义"生态韧性"概念，即基于原有结构与功能且具备同一性质的体系，可以恢复均衡状态所能经受的外生冲击极限数量。生态韧性概念的内涵拒绝了工程韧性中的单一均衡假设，接受多重均衡思维认为体系经过外生冲击后可能恢复至不同于初始状态的稳定水平，韧性理论中新思维的融入与经济学研究中的多重均衡理论相近。2002年，雷吉亚尼（Reggiani）提出，韧性理论是理解复杂空间系统演化路径的一个潜在有效工具，韧性理论被定义为系统吸收冲击而其基本功能组织不发生灾难性变化的能力。这一理论在其他非生态系统，尤其是在社会经济学体系中进行研究应用将具有非常大的发展潜力。2003年，鲍德温（Baldwin）等人在新经济地理学的研究中引进韧性理论，并根据新思维的指引给予空间经济学中的多种集聚效应以合理的形成机制。随后，与经济学研究更为贴合的"适应性韧性"概念得到快速发展。马斯特恩（Masten）和卢瑟（Luthar）等研究人员指出，早期的"适应性韧性"即指个人或组织在面对逆境、冲击时维持核心功能运转的适应性能力，其指出了韧性所代表的动态调整功能。生态经济学中也有适应性韧性的观点，佩林斯（Perrings）于2006年提出，生态经济体系的韧性是指市场冲击和环境变化对于自身资源配置功能的影响。2008年，马科斯（Marcos）和麦考利（Macaulay）则提出，生态经济系统在面对威胁与冲击的情况下，依然能够维护核心功能运转即代表其韧性。直至现在，韧性作为一种分析性概念在经济学领域持续发展，不断取得新的研究成果。随着科学研究的持续发展，学科交叉融合现象日益普遍，同时也极大地推动了科学进步，至 2021 年 1 月“交叉学科”已经正式成为中国第十四个学科门类，在全球不确定性因素长期笼罩的大环境中，韧性理论将可能涉足更多的学科领域，为学科之间的综合性科学发展助力。

2.3.2　经济韧性理论的分析视角

韧性理论正式涉及经济学领域的时间并不长，理论分析体系也不存在统一的架构，与很多学科的分析逻辑都存在相似之处，下面将对经济韧性理论的分析视角进行梳理。

均衡理论分析视角的经济韧性和早期工程韧性的思维逻辑接近，提出经济韧性代表经济体面临外部危机与内部矛盾的挑战时，所表现出的恢复原有经济增长水平或保持内部结构不被破坏的能力。该理论视角假设各类经济体均具备原始的均衡状态，而外部冲击或内部矛盾的出现会试图打破这种局面，经济体韧性的强弱将左右最终结果。经济韧性将恢复经济体的原有运行方式，向着均衡状态前进，韧性较强的经济体会受到较小的影响并较快地恢复均衡状态，而韧性较弱的经济体由于自身的抵御能力和恢复能力都比较低，会在较大的损失中长期处于恢复状态而达不到均衡水平。从演化理论的分析视角出发，同样的外生冲击对于不同韧性水平的经济体产生的影响具有明显的差异性，韧性对于经济体的发展可能出现时滞效应。2006 年，格雷厄姆（Graham）等人提出经济韧性的差距就表现在不同经济体遭遇冲击后，通过自身恢复机制重新回到均衡状态的速度差异上面。2009 年，彭德尔（Pendall）等人认为经济危机对于经济体的冲击具有时滞效应，应注意经济体的动态演化过程。2010 年，西蒙（Simmie）等人研究发现经济冲击对经济体造成的影响有可能改变其内部原有的结构和状态并使其动态恢复至新的均衡水平。2010 年，克里斯托弗森（Christopherson）等人将研究的重点放在冲击发生之前及之后的较短时间段内，通过截面数据分析不同经济体恢复经济增长的程度。2012 年，芬格尔顿（Fingleton）等人提出经济体应对危机的过程中，韧性机制将使经济体开启恢复功能直至经济体达到之前的均衡水平。其实，从均衡理论分析视角研究经济韧性是存在一些问题的，以长期发展的眼光看待历次经济危机及各种外生冲击对于经济体的影响，冲击过后经济系统内部都有可能发生结构性变化，就算恢复至冲击前的稳定状态或经济增速，但从本质来说经济体并没有完全回到从前的发展道路，对于下次冲击来临时的韧性表现也具有不确定性。这与物理中工程力学对于物体的形变定义韧性有所不同，在物体达到形变临界值之前的力确实没有造成质的变化，但经济体在冲击过后的改变并不是能够完全量化的，也并不具备唯一的均衡状态，同时经济体是动态发展的，具有自适应能力和持续演化的能力，所以均衡理论的分析视角无法解释经济韧性研究中的空间异质性现象。因此，马丁（Martin）于2012年提出应重点培育经济体应对冲击过后的长期可持续发展能力，冲击所带来的破坏可能是“毁灭性破坏”也有可能是“创造性破坏”，后者会将经济体引向新的发展路径而彻底打破原有的均衡。随后，马丁（Martin）等人于2015年又进一步提出具体的经济韧性机制响应过程，本书在其基础上进行了适当的调整（见图2－1），体现了破坏与恢复循环进行，而在外部环境变化的同时经济体也在相应地改变，其内部结构与功能在此过程中不断演化，并逐步升级自身经济韧性以应对未知的冲击挑战。

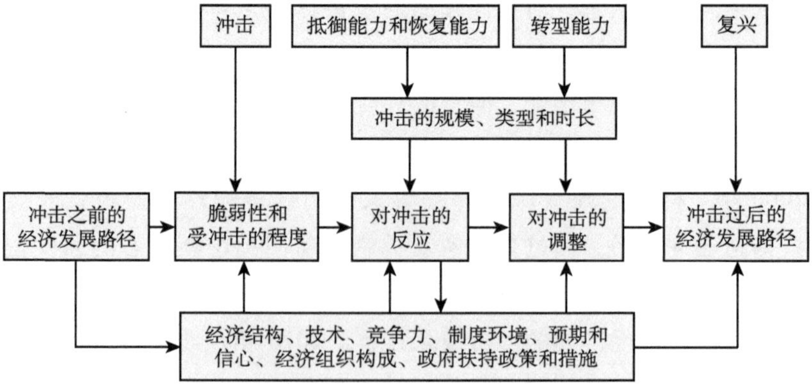

图2－1　经济韧性应对机制

演化理论视角看待经济韧性是经济体自身的固有属性，其源自内部结构所赋予的冲击应对能力，而不是取决于具体的外部冲击行为或事件，周围环境的改变有可能影响到经济体的内部结构但并不是绝对的，经济韧性也长期处于动态演化过程之中。演化理论否定了均衡状态，没有可以永久保持不变的稳定系统，而稳定的标准也在变化。因此，特定时刻经济体的应对能力并不是其经济韧性的全部内容。演化理论视角更为关注冲击所能给经济体带来的新机遇，肯定了冲击所能给经济韧性带来的良性变化，经济体可以不断升级自身的自适应能力，通过产业结构转型升级等途径主动打破原有发展过程中的路径锁定局面，走向新的发展道路，迈入新的经济发展阶段。演化理论分析视角的经济韧性取决于经济体自身及其持续演化过程，其通过产业结构转型升级、制度环境、政策调控以及技术进步等途径，释放并不断调整先进的生产力以应对不确定性因素可能产生的冲击。还有部分学者重点研究了经济体系在较长时期的持续变化过程。2005 年，卡朋特（Carpenter）提出，经济体可以通过外部环境得到前沿知识与先进技术，以此帮助提升自身经济韧性。2008 年，希尔（Hill）研究发现经济体经历冲击的洗礼，在不改变原有经济结构的情形下依然可以探索与冲击发生前不同的新经济发展模式。2010 年，西蒙（Simmie）和马丁（Martin）认同以演化的分析视角研究经济韧性问题，提出韧性理论对于理解区域发展不平衡现象具有很高的研究价值，经济韧性包括了经济体的适应能力，因为它是经济体适应竞争、市场、技术、政策和相关条件的变化与冲击的应对能力，这些要素随着时间的推移塑造了该经济体韧性演化的动能与结构性调整。同时，在前人的相关文献中探索性提出演化理论分析视角的理论框架，规定经济体演化进程包括重构、开发、维持与释放四个阶段（见图 2 - 2），该模型框架由内部两个小循环组成，其一即为经济体的重构时期，重新进行资源配置与开发直至稳定；其二便是经济体在锁定状态下固步自封，积蓄力量直到释放阶段。在演化理论的分析视角中韧性理论架起了经济学与地理学之间的桥梁，使经济韧性的研究开始着眼于长期中不同冲击对于经济体可持续发展的动态影响，以及经济体内部发展不均衡的问题。

在西方经济地理学研究人员之中还存在一种网络分析视角，采用网络密度、关联程度和经济效率等途径研究经济韧性，通过经济体的知识网络研究其内部产业结构转型升级的原因。2011 年，内夫克（Neffke）认为，经济体的知识网络具备核心区域，越是接近该区域的部分越能够长期可持续发展，反之，越是远离该区域的部分则会依次衰退直至完全淘汰。2014年，克雷斯波（Crespo）提出，知识网络的衰退将导致经济体的发展路径锁定问题，而强大的知识网络则能够帮助其摆脱发展路径锁定而持续探索新的经济发展道路。2019 年，贺灿飞等人发现出口贸易韧性的空间网络节点之间表现出高—高、低—低的集聚特征，由此可能会出现“强者恒强、弱者恒弱”的局面。2019 年，贺灿飞和陈韬从需求侧分析关联度高的经济结构对于出口贸易韧性的影响机制，发现两者之间存在负相关关系，高度关联的网络结构将使经济体受到直接和间接干扰的概率增大，并通过阻碍产品质量改进等方式导致韧性减弱。2020 年，俞国军等人以访谈的方式搜集数据，通过案例分析的方式研究产业集群韧性，认为经济体内部的创新是强化韧性的关键动能，而关系网络和多元化市场结构也对经济韧性具有显著影响。

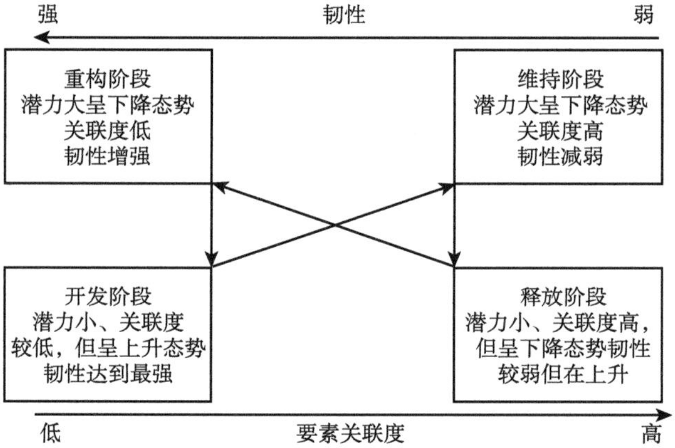

图 2－2　经济韧性循环演化四阶段

2.3.3　经济韧性界定的相关研究

国外学者对于经济韧性的研究要早于国内，韧性理论在经济学研究中应用的时间并不长且不同学者之间采用的分析视角存在差异，导致经济韧性还未形成统一的定义。2002 年，雷贾尼（Reggiani）等人正式将韧性概念纳入经济学的空间维度进行分析，以西德地区劳动力市场中的就业率变化为指标进行韧性研究，并提出经济韧性的初步含义即经济体抵御冲击并恢复原有运行模式的能力。从此，经济韧性作为一类分析方向在经济学领域不断进行深入研究，特别是出现全球性经济危机的历史时刻。2003 年，伯克斯（Berkes）等人对经济韧性的定义进行了补充，提出经济体的韧性除了遭受破坏后的恢复能力还应具备探索新发展道路的能力。2004 年，罗斯（Rose）对于经济韧性的研究对象进行了细分，指出经济韧性在公司层面、家庭层面、市场层面以及宏观经济层面都可以发挥作用，定义经济韧性是经济体应对灾害等突发事件的原生性适应能力，其可以帮助减少一些潜在的经济损失，经济韧性可以分为静态韧性和动态韧性，静态经济韧性是指经济体吸收损失或缓解冲击的能力，而动态经济韧性则是冲击过后的系统恢复能力，同时还强调经济韧性不同于冲击发生前的预防措施，而是专指冲击发生时及之后的状态和应对措施。2006 年，布里格利奥（Briguglio）定义的经济韧性是一个经济体从外部不利冲击的负面影响中恢复或调整的自我培养能力，其可以用来解释某些经济脆弱性较高的国家为何能够达到相对较高的人均 GDP 水平，并提出经济韧性在不同的经济层面可以有多种定义。2007 年，福斯特（Foster）认为，经济韧性的概念是指经济体面临外生冲击时的预测能力、筹划能力、调整能力和恢复能力。2007 年，马丁（Martin）和桑利（Sunley）以产业系统应对外生冲击的不同表现探索经济韧性的内涵，研究发现经济体的自组织系统能够通过分布式或分散式的控制、强大的正负反馈循环和高水平的冗余多样性保障其较强的韧性与稳健性。

2007—2009 年的环球金融危机给世界上的诸多国家和地区造成了相当程度的经济破坏，引发多家大型跨国金融机构倒闭或被当地政府接管，严重的损失也激发了学术界对于经济韧性的研究热情，为何不同国家或地区在环球金融危机中的表现大相径庭，研究人员开始考虑以不同经济体之间的韧性差异为分析视角进行新的研究。2008 年，彭德尔（Pendall）等人同步分析了经济发展与经济韧性发展的进程（见图 2 - 3）。在开发阶段，经济体通过相对优势积攒资本发展韧性，持续一段时间后，经济体内部组成部分的关联程度上升，经济模式开始进入锁定状态，面对外生冲击的应对能力减弱，一旦出现危机将产生一系列连锁效应导致经济停滞甚至没落，但经济体原有模式的锁定也由此解除，即将步入探索新发展道路和运营模式的重构阶段。

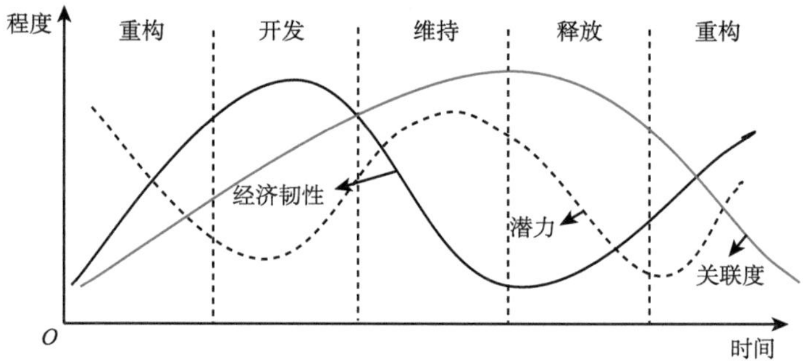

图 2-3 经济韧性循环过程

2008 年，希尔（Hill）认为，经济体经受危机后的复原能力存在明显的差异是经济韧性不同的表现。2009 年，詹姆斯（James）研究发现，不同经济体遭遇外生冲击可能走向不同的道路，部分经济体陷入衰退的泥潭难以自拔，而另一部分则及时调整实现了转型发展。2009 年，恩斯特林（Ernstson）通过对比美国波士顿与英国利物浦等城市，发现技术革命同样对不同经济体产生了差异性冲击，所以经济韧性应当能够为经济体提供转型发展的功能。2010 年，道利（Dawley）对冲击过后的韧性恢复采用了多重均衡的思维进行探讨。2010 年，哈德森（Hudson）提出，经济韧性作用机制是指经济体长期动态调整自己以应对未知的或已知的冲击事件。2010 年，派克（Pike）等人发现，经济体的发展模式受制于过去的内部僵化的结构，而经济韧性可以帮助其摆脱经济结构锁定。2010 年，西蒙（Simmie）和马丁（Martin）主张以演化理论分析的视角看待经济韧性，认为其是一个持续的过程，是经济体适应竞争、市场、技术、政策等的变化和应对能力，这些变化随着时间的流逝也成为经济韧性演化的部分动力，应用到城市或地区层面通常指其经济结构的稳定程度，韧性强的经济体应当具备成功转型的能力，而不是恢复均衡发展路径或锁定在旧结构之中，提升经济韧性取决于经济体的行为，其可以通过学习、创新和调整得到持续发展。正如 2006 年拉姆洛根（Ramlogan）和梅特卡夫（Metcalfe）指出的那样，经济是基于知识并由知识驱动的，知识从来不会静止不动，而是不断变化。2010 年，马里奥·波尔斯（Mario Polèse）从城市层面分析经济韧性，提出较强经济韧性的城市通常关注培养自给功能，并包括高水平的人力资本、巨大的市场潜力、高比例的新兴产业、结构多样性以及宜居性等特征。2010 年，马丁（Martin）认为，经济韧性是经济体稳定发展的保障，其内部组织、技术、制度等的相互影响可能造成发展锁定的局面，也可能创造出新的发展模式。2012 年，伯纳德（Bernard）等人认为经济韧性是经济体的重要属性，而构成经济体的企业、组织与机构不断变化以适应新的经济环境，该过程中新知识的创造、获取和商业开发成为经济韧性的部分动能。2012 年，马丁（Martin）提出了由四部分构成的经济韧性分析框架，它们分别是经济体的敏感程度、恢复能力及速度、再组织及适应能力、转型经济发展模式的能力。2013 年，肖（Shaw）等人认为经济体的韧性使经济体在面对危机时，激活系统或组织结构的调整，帮助整体抵抗冲击、转型发展。2014 年，切利尼（Cellini）等人将经济韧性划分为经济体内涵式发展的内生经济韧性与遭遇危机时维持经济运行的外生经济韧性。2015 年，波斯玛（Boschma）提出了多维定义经济韧性的思路，认为经济体应对外部突发冲击与内部持续的结构性矛盾等问题均处于经济韧性的能力范畴之内，对于经济韧性应综合考量。2017 年，哈辛克（Hassink）等人研究认为经济韧性是经济体遭遇危机时转型发展道路的机制来源，并分析了恢复发展和转型发展对于经济体的不同意义。2017 年，布里斯托（Bristow）和希利（Healy）通过研究 2008 年环球金融危机期间欧洲各国的经济韧性表现，认为具备更强创新能力的经济体韧性同样更强。2018 年，本东尼奥（Bondonio）和格林鲍姆（Greenbaum）分析美国经济对于突发自然灾害的经济韧性表现后认为，尽管所有的县级经济体都受冲击影响产生了经济波动，但经济规模较大的经济体抵抗力更强。2018 年，韦伯（Webber）等人提出经济发展模式对于经济韧性的重要影响，而产业结构是决定经济发展模式的关键因素。2020 年，研究人员以 2008 年中国汶川地震为冲击事件研究受灾地区的经济韧性表现，通过 DEA 模型和 Malmquist 指数分析认为服务业与农业经济韧性表现强于工业经济韧性。

随着经济韧性在学术界受到越来越多的关注，国内学者在近几年也开始了对于经济韧性的探索性研究。胡晓辉（2012）以文献述评和展望的形式论述了经济韧性的内涵，以演化理论、适应性理论和政策规划等视角梳理了其研究进程和分析方法，认为经济韧性的研究概念模糊、实证匮乏、研究方法单一，并提出应从多维度研究经济韧性问题，增加研究方法尤其是实证分析和情景化政策分析。苏杭（2015）对于韧性理论的发展脉络进行了细致的梳理，并在其中探索经济学思维的影子，总结经济韧性的概念和内涵。彭翀等（2015）在探讨韧性理论时将其分为工程、经济、生态和社会四类，以属性、过程和能力为视角归纳研究方法和技术，总结了当时主要的研究成果。孙久文和孙翔宇（2017）、陈梦远（2017）分别论述了经济韧性的研究进展，提出经济韧性是指超出冲击事件本身的经济体固有关键属性。曾冰和张艳（2018）界定了经济韧性的概念内涵并评述了最新研究内容。陈作任和李郁（2018）以东莞市樟木头和常平镇的对照案例研究了产业演化对于经济韧性的重要作用效应。胡晓辉和张文忠（2018）以类似的研究方法分析了山东枣庄和辽宁阜新，提出制度演化是研究经济韧性的新视角。李连刚等（2019）将探索更有发展道路的能力作为适应性能力的组成部分并入经济韧性的恢复功能。杜志威等（2019）以我国珠三角地区为研究对象分析了多样性产业结构和创新能力对于经济韧性的作用。郭将和许泽庆（2019）以门槛效应研究了产业多样化、创新水平和经济韧性的关系。王永贵和高佳（2020）指出经济韧性是权衡经济体抵抗风险、恢复损失和调整发展的能力。张秀艳等（2021）认为经济韧性是指经济体对冲击的敏感度、恢复能力和防御能力，代表着经济体的稳定性和适应性。刘晓星等（2021）以系统性风险的视角测算中国宏观经济韧性，并提出经济韧性是经济体内部对于外界冲击的抵抗能力。

2.3.4 经济韧性测度的相关研究

关于经济韧性测度的相关研究，在不同学者的长期探索中逐渐形成了三种主流的测度方法，分别是基于核心变量的敏感度指数法、综合指标体系法和反事实估计法。

（1）敏感度指数法。敏感度指数法分析的关键在于选定经济体的某一核心指标用以度量冲击发生时的敏感性程度，该方法一般是进行单核指标测度，以就业率、GDP 等反映宏观就业程度和经济水平的指标较为常见。敏感度概念由医学和生物学的研究方法引进经济领域斯密特（Smit）于 2000 年首先将敏感度加进脆弱性研究领域，认为敏感度代表某系统应对外部冲击的反应程度。随后，敏感性分析作为重要的经济分析方法在经济体防范风险、应对不确定性、认证经济政策等方面均得到广泛应用。2012 年，马丁（Martin）以英国为研究对象，采用不同地域在经济危机期间的就业率敏感度与全国数值的差异为经济韧性的测度值并分析了其发展历程。2015 年，布雷克曼（Brakman）通过经济体的失业率敏感度和 GDP 敏感度综合测算经济韧性。2016 年，埃雷丁（Eraydin）将土耳其国内各地区应对经济危机时的 GDP 敏感度与全国数据的变化作为其经济韧性。2016 年，马丁（Martin）等人将经济体应对冲击的时间分为衰退期与恢复期两个阶段，以英国作为研究样本进行实证分析，并通过其各地区就业率的敏感度差异代表经济韧性。2017 年，伯盖克（Bergeijk）通过经济体国际贸易量的敏感度计算其经济韧性。此外，亦有研究通过我国东北地区资源型城市在经济面临危机时的 GDP 敏感度测算其经济韧性。敏感度指数法测算经济韧性的数据可获得性更强，计算也并不困难，但核心指标的设定将造成经济体内其余变量的边际贡献被忽视的情形出现，导致最终的研究结论存疑。

（2）综合指标体系法。综合指标体系法基于经济韧性的理论分析，从影响经济韧性的不同方面筛选多种指标，通过熵值法、算术平均法、层次分析法、因子分析法等常用途径确定指标权重，再综合测算经济体韧性程度。2006 年，布里格里奥（Briguglio）率先采用综合指标体系法计算经济韧性，并提出经济韧性至少具备三种能力，即从危机中迅速恢复的能力、承受冲击的能力和避免冲击的能力，为了准确测算经济体的韧性，构建了分别以政府负债率、失业率、通货膨胀率表示宏观经济稳定程度，政府规模与自由贸易表示微观经济效率，政治制度与法律法规表示治理体系，收入差距、教育水平和健康状况代表社会因素的多维度综合评价指标体系。随后，卡特（Cutter）等学者与波利塞（Polese）等学者先后于 2010 年和 2015 年以现有的经济韧性指标体系为基础，探索其余维度的指标组合并给出了自己的依据和理由。2016 年，格拉齐亚诺（Graziano）和里齐（Rizzi）以意大利各地区为研究样本，采用主成分分析法从经济、社会和环境三个角度构建经济韧性的多维指标体系。2017 年，亦有研究人员以我国东北地区部分城市的经济适应能力、经济维持能力和经济转型能力建立了经济韧性评价体系。2018 年，研究人员更是将经济韧性的测算维度丰富至六维。张乐（2014）以经济敏感度与适应能力为出发点，通过综合指标体系法测算了 2000—2011 年浙江义乌的经济韧性。刘江艳（2014）在构建经济韧性综合指标体系时设定了创新力维度。殷为华（2019）基于中国长三角城市群，从抵抗、恢复、重新定位和复苏四个维度探析研究对象的韧性指数。何剑和张梦婷（2017）在前人研究的基础上设立包括经济发展结构等内容的指标体系。钟琪等（2010）通过经济体的内部结构、外部环境和历史时期三个方向设定经济韧性测算体系，研究结论认定了应急保障与人均收入的显著作用效力。张明斗等（2020）和张振等（2019）均以东北地区城市经济韧性为研究对象，通过多维度指标体系研究不同类型、不同规模、不同地域的城市经济韧性差异。但综合指标体系法也并不是完美的，不同学者对于指标的选取、分析维度的设定以及指标权重的计算方法等各有不同，现阶段学术界并不存在公认的最佳指标体系，以至于不同学者的测算结果无法比较分析，但与其他经济韧性测算方法相比，综合指标体系法的综合性较强，结果也更为全面。

（3）反事实估计法。反事实估计法基于凡尔登定律，以时间和空间的滞后影响与真实经济的反事实结果的差异测算经济韧性，该方法类属于敏感度指数法的进一步延伸，首先要做的就是设定经济体在无冲击影响下基准状态时所选定的核心变量的预期水平，若经济体受到冲击扰动造成核心变量真实值与预测数值出现差异，那么产生的缺口数据便作为经济韧性实际表现的反向数值，二者成反比关系，缺口越大表明经济韧性越差。2012 年，芬格尔顿（Fingleton）等研究人员都采用了反事实估计的 GMM－SL－SAR－RE 模型进行经济韧性的测算研究，一般选定反事实估计的就业率或 GDP 为核心变量。徐圆和张林玲（2019）、徐圆和邓胡艳（2020）均以中国城市经济韧性为研究样本，将经济韧性的反应时间划分为抵御期和恢复期，以 2008 年环球经济危机为冲击事件，通过未发生危机的 GMM－SL－

SAR - RE 反事实估计法测算经济韧性，并得出产业结构多样化和提升城市创新能力将有利于提升经济韧性的结论。冯苑等（2020）将中国十一个城市群的经济韧性在时间维度分为抵御期和恢复期，并在应对冲击维度通过 shift - share 方法分成产业结构和竞争力两个部分，综合所有维度以实际经济和预期经济的缺口测算经济韧性。与以上两种经济韧性测算方法相比，反事实估计法可以说是敏感度指数法的延伸与发展，进一步考虑了 GDP 与就业率变化的时空滞后效应，但是测算数据所涉及的指标层面依旧较少，经济体的韧性指数测度过程欠缺综合考量。

2.3.5　经济韧性的影响因素研究

在全球经济一体化的历史发展阶段，为应对持续不断的各类经济冲击，经济体的发展轨迹已不再是持续增长的平滑曲线。伴随着学界对经济韧性研究的不断深入，研究内容也开始出现由理论定性分析向数据定量分析过渡的趋势，而必要的数据实证分析可以为国家制定长期经济政策、企业规划未来发展战略等提供具有实践价值的参考。目前，关于经济韧性实证分析的文献基本可划分为两大类，一类是经济韧性的测度分析，另一类是经济韧性的影响因素研究。本小节主要介绍影响因素方面的研究内容。

（1）产业结构。不同国家与地区之间的产业结构差异较为明显，并且产业结构与经济发展、稳定就业之间的关系密切，因而学者们在对经济韧性影响因素研究的过程中，往往将产业结构作为重要的切入点加以分析。当经济体遭遇突发事件引起的危机时，经济体的产业结构就是其抵御体系的关键组成部分，对于危机所造成的经济损失，不同的产业结构表现不同，由此引发了产业结构多样性与主导型产业结构的差异性分析，产业结构内部对于不同冲击所表现出的经济脆弱性不同，但不同产业之间确实存在一定程度的关联，冲击对于经济体产生的影响会在不同的产业之间传递，而具备多样性产业结构的经济体能够将危机造成的经济损失由产业间的传递而形成分散效应，不至于对单一产业形成毁灭性的打击而有利于经济体的整体性恢复，经济韧性得以体现；但是，拥有主导型产业结构的经济体，一旦主导产业短期内遭遇巨大冲击，又没有传递冲击的路径与分散风险的渠道，将对经济体造成十分严重的后果，出现经济停滞甚至衰退的情形。2010 年，西蒙（Simmie）和马丁（Martin）在研究区域经济系统的韧性时，便将产业结构因素考虑在内，并将具备差异性产业结构的地区进行对照分析以确定其重要作用。2011 年，德斯罗歇（Desrochers）通过实证分析发现，经济体受外部危机影响时，多样性产业结构与专业化程度高的产业均可以保证其拥有较高韧性。2011 年，戴维斯（Davies）以欧洲各国为研究样本、2008 年环球经济危机为冲击事件，认为以金融业为主导产业的国家的经济韧性较强，而以制造业等为主导产业的国家的经济韧性相对较弱。对于主导产业不同所产生的韧性差异，2011 年，格雷泽（Glaeser）以 20 世纪中期的美国纽约和底特律为研究对象，发现只重视发展重工业的经济不会长久，虽然早期可以形成规模效应快速发展，但由此造成的环境污染问题、工业比例失调以及高昂的退出成本等，都将成为沉重的转型负担而导致较弱的经济韧性。2015 年，华纳（Warner）等人在研究美国的经济韧性问题时得出与格雷泽（Glaeser）一致的结论。2012 年，纳瓦罗·埃斯皮加斯（Navarro Espigares）等人探究经济体的产业结构与其经济韧性的重要关系时，发现多样性产业结构在危机时刻将起到“缓冲器”作用。2012 年，马丁（Martin）提出不同类型的产业本身就具备不同的经济韧性，它们对于冲击的反应差异共同构成经济体的韧性。2014 年，卡罗（Caro）采用 VECM 模型和 STAR 模型探究产业结构对于经济韧性的作用。2015 年，博什玛（Boschma）同样赞同多样性的产业结构可以分散风险以提高经济韧性。2015 年，拉格拉维纳（Lagravinese）通过研究 1970—2011 年意大利面临危机的经济表现得出，第二产业占比越大越不利于增强经济韧性，但高端服务业恰恰相反。2016 年，夸德拉多罗拉（Cuadradoroura）等人研究西班牙经济韧性时发现，提升生产率、产业专业化程度与活力将有利于增强经济韧性。2018 年，安哥拉（Angulo）等人同样基于西班牙的研究数据得出高端服务业可以提升经济韧性的结论。

（2）技术创新。20 世纪 80 年代出现新增长理论以来，经济增长理论也过渡至新经济增长理论，人力资本和技术进步等方向开始受到广泛关注，内生增长模型更是得到了广泛的认可。新经济增长理论提出技术进步是经济增长的核心，由此技术创新对于经济韧性的作用理应得到关注。创新能力对于经济体的可持续发展是十分关键的，同时，比较普遍的看法是技术创新对于经济韧性存在积极影响。具备较强创新能力的经济体，在面对各种冲击时均能表现出经济韧性中所包含的高水平转型能力，以适应新的经济环境、挣脱自身结构性困局并努力实现新的发展。2010 年，查普尔（Chapple）和莱斯特（Lester）认为，经济体的创新能力有利于经济韧性的提升，二者间是正相关关系。2010 年，克拉克（Clark）以美国和欧洲各国为研究对象，提出拥有更多可以推动创新的小微企业的国家经济韧性更强。2014 年，卡罗（Caro）为探寻意大利南北地区的经济韧性差异进行了深入的研究，发现引起两地韧性差异的不仅是它们的产业结构还包括人力资本存量问题，而这正是影响创新能力的关键要素。近年来，信息技术革命对于我们生活水平的提高、生产效率的拉升、经济效益的增长都做出了诸多贡献，而数字技术便是其中的重要一环。2017 年，阿什莫尔（Ashmore）等人发现在农村地区推广数字技术有利于社会韧性的整体提升，而社会稳定可以提高经济韧性。2017 年，伊丽莎白·罗伯茨（Elisabeth Roberts）等人同样以农村地区为研究标的，认为数字技术可以帮助提升经济韧性。2018 年，西汀雅克（Sitinjak）等人认为数字化技术有助于构建智慧城市，通过提升社会服务水平和政府工作效率而有利于增强经济韧性。2019 年，德马蒂尼（Demartini）等人以未来工业的发展为切入点探究数字技术的影响力，提出数字技术在改进生产效率和可持续发展方面的积极作用有助于加强经济韧性。

（3）社会资本。社会资本最早由社会学家提出并被广泛使用，不同学科对其存在不同的解释，因此社会资本也没有严格的概念界定，一般来说主要包括社会关系、社会网络、社会信任、社会融资以及互惠性规范等内容。但在经济韧性的影响因素研究过程中，社会资本究竟扮演的什么样的角色还没有定论。2002 年，艾德勒（Adler）等人提出社会资本能够推动经济体的多元化发展而有利于增强经济韧性。2009 年，艾格德尔（Agder）同样认为社会资本与经济韧性正相关。2014 年，克雷斯波（Crespo）分析发现社会资本对于经济韧性的影响，取决于经济体内部社会网络节点的关联程度，关联程度强则有利于经济韧性的提升。2007 年，豪瑟（Hauser）

等人则认为社会资本的积累将使经济体形成认知锁定，减弱了经济韧性。2009年，哈辛克（Hassink）以韩国大邱为研究对象进行分析，认为其社会资本的积累导致了后期产业结构升级的失败，严重的认知锁定致使政府也无能为力，最终产业陷入衰败并致使经济滑坡。2017年，哈辛克（Hassink）通过对中国的分析认为，社会资本过剩将不利于经济体对于新发展方式的探索，减弱了经济体的转型能力而不利于经济韧性。

（4）制度与政策。制度与政策在一定程度上代表了政府的行政能力，对于经济韧性无疑会产生重要的影响。当突发事件降临，国家或地区的应急管理行政能力将在很大程度上影响最终的直接经济损失，但行政力量具有两面性，强有力的政府在危急时刻的资源调配方面将更为高效，而宽松的政策环境和适当的经济干预对于经济的良性引导也将大有裨益。2008年，斯瓦斯通（Swanstorm）通过案例分析和理论推演的方式探究了行政力量的两面性，其一，过度的政府力量渗透在经济领域容易造成体制僵化而不利于产业结构转型升级；其二，强大的政府对于经济体摆脱危机并引导其转型发展的作用更为显著。2010年，惠特尼（Whitley）对美国、德国和北欧国家进行对比分析，发现制度创新有利于经济韧性的提升，政府制定政策僵化容易锁定发展模式而不利于经济韧性。2015年，博什玛（Boschma）同步分析了制度和产业结构对于经济韧性的影响，认为制度环境可以通过推动多样性产业结构间接促进经济韧性，同时也可以直接强化经济韧性。2017年，布朗（Brown）和格林鲍姆（Greenbaum）指出政府制定的长期发展规划、政策与战略将为经济体提升经济韧性助力。通过以上文献回顾可以发现行政力量对于经济韧性的巨大影响，同时政府也要理性对待经济领域的问题，恰当使用行政手段并找准角色定位。

（5）宗教与文化。2017年，比林顿（Billington）等人提出传统文化与宗教信仰对经济韧性存在潜移默化的影响，多样性的文化和多元化的信仰充分体现了社会的包容性与开放性，人的潜能易于得到最大程度的激发，有助于创新精神的发展而提高经济韧性。2010年，沃尔弗（Wolfe）认为传统文化是开发经济发展新模式的动力来源，文化力量有助于经济体内部形成凝聚力而打破资源约束、实施创新发展。2011年，格雷泽（Glaeser）通过对美国纽约和底特律的社会文化进行对比分析，发现文化相对闭塞的底特律人大多希望后代能够子承父业，在工厂做些稳定的工作，长期如此导致创新型人才极度短缺而经济韧性衰弱；而纽约文化丰富又开放，培育了大批的创新型人才，雄厚的人力资本是驱动创新的重要筹码，表现出较强的经济韧性。2013 年，威廉姆斯（Williams）等人以希腊各城市的经济韧性为研究标的，发现社会文化中富含企业家精神的地区，其经济韧性中的恢复能力和转型能力更强。2015 年，赫金斯（Huggins）研究发现了社会文化在经济韧性表现中的重要地位，丰富的文化有利于培养具有企业家精神的创新型人才，由此经济韧性也相对较强。

2.4 文献评述

本章在回顾相关基础理论的前提下，分别对数字经济和经济韧性的现有文献进行了系统梳理。其中，学术领域对于数字经济的相关研究文献主要集中在数字经济的测度和数字经济的影响效应等方面。现有研究主要通过三种方法对数字经济的规模或发展水平进行测度，分别是直接测算法、指标体系法和卫星账户法，横向对比分析后本书认为，通过构建综合评价指标体系的方法测度数字经济发展水平更为全面合理。在发展数字经济影响宏观经济的相关文献中，归纳整理的主要观点可以概括为数字经济的发展提升了社会治理与民生服务的水平，推动了中国经济发展方式的转型，有利于实现经济发展提质增效的发展要求，但该部分研究目前在学术界还以理论探讨为主，相关的数量分析、模型构建与实证分析较为匮乏。而发展数字经济对经济体长期可持续发展的具体影响效应可以归纳整理为以下几个主要方面，分别是投资方面、消费方面、产业结构方面和创新创业方面，本书将在此基础上继续深入研究发展数字经济的影响效应，以期能够厘清本书所研究主题的逻辑脉络，并为发展数字经济的深层意义提供文献支撑。

本章关于经济韧性的文献梳理从经济韧性的界定入手，自韧性理论出现以来就受到了诸多研究领域的高度关注，物理学、生态学、土壤学、气候学、社会学、灾害学、城市学、组织行为学、心理学、材料科学、网络科学以及经济学等多个学科均对其进行了不同程度的研究应用，并将其分为生态韧性、工程韧性和适应性韧性等不同类型，而经济学领域引进韧性理论的时间不长，各类型的研究都还处于探索阶段，包括经济韧性的概念和内涵均没有权威统一的概括性解释，一般认为经济韧性是指不同类型经济体在其应对冲击时展现出的综合反应能力。经济韧性的分析视角主要包括均衡理论分析视角、演化理论分析视角和网络分析视角，当下学者更倾向于接受经济韧性的演化理论，认为经济韧性与冲击无关且经济体并不存在均衡状态。国外学者对于经济韧性的研究要早于国内，经过一段时间的科学研究后初步显现出经济韧性的理论研究范式和实证分析方法，其结合了经济脆弱性、经济敏感性、发展模式锁定和路径依赖等诸多研究成果但仍处于发展阶段。系统梳理现有经济韧性类文献后可以发现，目前关于经济韧性实证分析的文献基本划分为两大类，一类是经济韧性的影响因素研究，另一类是经济韧性的测度分析。其中，经济韧性的影响因素研究主要集中于产业结构、技术创新、社会资本、制度与环境、宗教与文化几个层面，但依然存在诸多可供挖掘的研究内容，而关于经济韧性的测度分析则主要有敏感度指数法、综合指标体系法和反事实估计法，其中反事实估计法类属于敏感度指数法的进一步延伸，虽然不同的测度方法各有特色，但相互比较之下综合指标体系法所测算的结果考虑更为全面。国内学者对于经济韧性的研究相对较晚且目前仍处于起步阶段，起初以各类最新的研究进展分析为主，逐渐开始了中国情境下的实证分析类研究，其中以产业结构多样性对经济韧性的影响研究居多。尽管既有文献已经对经济韧性进行了一定程度的论证，然而关于经济韧性这一话题的研究还处于起步阶段，因此拓展经济韧性的前因研究，并与数字经济的相关作用合理联系将成为现有研究成果的有效补充，具体来说体现在以下两个方面。

一方面，现有研究缺乏对于数字经济影响经济韧性的相关研究，参考已有文献可以发现，关于数字经济的作用研究主要聚焦于数字经济对创新绩效、消费升级、产业结构的影响等经济韧性子论题之中（张勋和谭莹，2019；戚聿东和褚席，2021；马香品，2020），较少考虑数字经济对于经济韧性的直接和间接影响，而在数字经济时代，经济体的发展更为关注长期性和可持续性，强化经济韧性便是保障可持续发展的关键，因此，梳理相关理论并结合中国经济发展的现实背景进行探究，为本书提供了做出边际贡献的契机。

另一方面，现有研究较少涉及外部环境要素对于数字经济与经济韧性的影响。事实上，可以影响数字经济作用于经济韧性效果的因素很多，经济体内部的结构要素十分重要，但经济体的外部环境要素同样可以发挥重要作用。涉及经济韧性的外部环境要素有很多，如创新绩效、创业活力、制度环境及其具体制度指数等，而这些外部环境要素将对于数字经济与经济韧性的关系起到什么作用还有待检验。

第 3 章

数字经济与经济韧性的机理分析及测度

要检验数字经济与经济韧性之间的关系及影响路径等研究问题，首先就要解决数字经济影响经济韧性的理论框架与二者的测度问题，在目前的经济学相关研究领域之中，对于数字经济发展水平和经济韧性综合指数的测算尚未出现公认的测度方法，无论是直接测算法、卫星账户法、敏感度指数法、反事实估算法还是综合指标体系法都不存在统一的标准。在现有文献中，部分学者采用中国数字普惠金融发展指数等表示数字经济的发展水平，GDP 或就业率的波动代表经济韧性程度，但指标过于单一对于数字经济与经济韧性的测算将造成经济体内其余变量的边际贡献被忽视的情形出现，导致研究过于片面而缺乏说服力。本章将通过梳理数字经济与经济韧性的内涵、特征与表现，提出数字经济与经济韧性的构成要素，建立数字经济与经济韧性综合评价指标体系与测算模型，对中国城市层面数字经济发展水平和经济韧性进行测度，最后对测算结果进行数量分析和总结。

本章节内容的具体安排如下：3.1 为数字经济影响经济韧性的机理分析；3.2 为数字经济与经济韧性指标体系的构建；3.3 为数字经济指数与经济韧性指数的测算及分析。

3.1 数字经济影响经济韧性的机理分析

学术界一般认为经济韧性是指经济体应对冲击的综合能力，而根据实际经济周期理论的观点，经济体所面临的冲击一般可以分为预期未来生产率变动所形成的投资与消费波动而造成的总供给冲击与总需求冲击，且无论什么冲击均有可能导致经济波动和就业不充分等不利于经济发展的情形出现。其中，总供给冲击大致可以归纳为五种类型：其一包括地震、洪水、干旱等不可抗力所导致的自然环境中的不利冲击；其二是各类生产要素价格升降所形成的冲击；其三是政治动荡和战争等破坏正常经济秩序的冲击；其四是政府制定政策的过程中对于市场行为的影响所产生的冲击；其五可以概括为技术冲击。为了更好地应对各种类型的冲击以尽量弱化其对于经济体所造成的影响，不断强化经济韧性势在必行，强化经济韧性旨在促进经济的可持续发展与协调发展，因此数字经济可以充分利用数字技术，通过降低生产成本、提高生产效率、形成增长极并产生空间溢出效应协调经济发展等方式对经济韧性产生积极影响。

首先，数字经济促进经济韧性水平提升的关键是通过数字技术转型经济发展方式。数字经济是推动新兴产业形成与发展的加速器，是实现创新驱动经济发展和高科技成果商业化的重要抓手，数字经济还可以增加经济内涵式发展的权重而削弱外延式发展的分量，在经济受到冲击时帮助寻找新的发展突围路径，并迅速帮助原有经济模式恢复运行，从而在保障宏观经济稳定的同时牢牢把握最新发展机遇，促进经济的可持续发展与协调发展。经济可持续发展的主要原因在于稳定的经济增长水平，而这取决于总体投资水平和消费水平以及资本与产出之间的生产效率，数字经济相比于农业经济和工业经济更有利于生产效率的提升。数字技术是数字经济最重要的生产手段，数字经济主要通过数字技术将知识和信息数字化并进行分析识别，引导经济社会加速完成资源配置和生产经营活动。伴随着移动互联网和物联网等的普及，数字技术广泛应用到经济社会的众多领域，帮助数字经济发展的同时提高了供给侧的生产效率，改善了需求侧的有效需求，这也有利于总体投资水平和消费水平的提升，促进了经济增长的可持续性发展趋势，也激发了经济增长的新动能。内生经济增长理论强调技术和知识在经济长期增长中的重要作用，而这也正是数字经济的优势所在，由此数字经济将通过推动经济内生增长转型经济发展方式。同时数字技术和数字化的知识信息在流动性上更易于突破空间的限制，导致数字经济的发展削弱了各类经济活动的空间界限，网络效应的出现也相对弱化了地区间的信息不对称性，并且伴随数字经济的发展，中国内地已经在一定的空间范围内形成了数字经济集聚现象，而集聚所带来的结果是数字经济发展中心正在逐步壮大成为更广阔空间范围内的经济增长极，同时数字经济助力创新驱动发展战略的实施将不断刺激技术创新和科技进步，并通过数字网络进一步突破空间维度的传播壁垒，从而形成较强的扩散效应。依据新经济地理理论和索洛余量理论的观点，经济增长极的形成以及技术扩散效应的优化，均有利于在数字经济强化经济韧性的过程中形成空间溢出效应，所以数字经济对于经济韧性的影响效果将通过空间溢出效应进一步得到提升。

其次，数字经济强化经济韧性的主要路径是提升投资活力、促进消费升级和优化产业结构。投资作为经济发展的“三驾马车”之一，对于经济体的可持续发展起到重要作用，也是数字经济影响经济韧性的主要路径之一，数字经济可以通过优化市场投资方向、推进新型基础设施建设、促进农业数字化与工业数字化转型进而提高生产效率，根据实际经济周期理论的观点，经济的繁荣大多来源于生产效率的提升，而投资所带来的乘数效应还将在空间维度产生溢出效应，促进经济增长极的形成并加强区域经济的协调发展，由此数字经济将通过提升投资活力路径正面影响经济韧性；数字经济也可以通过消费升级效应影响经济韧性，数字经济相比于农业经济和工业经济突破了生产要素的限制并且规模效应更优，不同于农业经济时代和工业经济时代的劳动力、土地和资本等传统生产要素，数字化知识和信息等数字经济的关键生产要素具备可复制性、可共享性与低成本性无限供给的特征，根据这些特征，数字经济可以优化经济运行过程中的要素资源配置，激发消费者的有效需求并升级消费结构，在保障经济增长动力的前提下转型经济高质量发展模式，促进经济发展的可持续性与协调性，稳步提升经济韧性；数字经济还可以通过产业结构优化效应影响经济韧性，产业结构的优化符合产业结构的演化方向以及经济发展的合理要求，数字经济相比于农业经济和工业经济具备更强的融入性，数字经济的进程可以分为数字产业化和产业数字化两个组成部分。数字产业化属于数字经济发展的前期模式，高新技术企业通过数字技术可以研发出新的产品和服务模式，将它们通过商业化手段进行推广并占据一定的市场份额，通过形成新行业并壮大为新产业的过程提升产业结构的高级化程度。产业数字化可以描述为传统产业的数字化转型，是传统产业在数字技术的支持下，以数据为关键生产要素赋能产品生产和销售，深度开发产品价值和发展方向，全面升级产业链条，提高传统产能和生产效率所贡献的新增产出，生产成本也得以压缩，有助于产业结构的合理化，数字经济优化产业结构符合产业结构理论的演化方向，并通过破解国际分工中的雁行发展模式提升原有的经济韧性程度。

最后，数字经济作用于经济韧性的效果将受到外部环境因素的影响。外部环境因素的影响在本书的研究中总体可以划分为两类：一类是不同的创新创业水平，另一类是不同的制度环境水平。根据创新理论的观点，创新能够创造新技术和新产品，满足人们经济生活的新需求或以更为有效率的方式满足现有需求，持续创新作为推动经济转型可持续发展的路径，对于强化经济韧性将产生积极影响，而创业作为创新行为的应用路径之一，也可以说是创新思维活跃的领域，许多创新观点通过创业的方式得以实现，创业作为创新的有效载体，两者相辅相成，均有利于提升数字经济强化经济韧性的效果。再根据新制度经济学的观点，经济运行过程中合理的制度安排将致力于引领长期导向的经济发展，这与促进数字经济的发展并强化经济体自身转型能力的目标趋于一致。交易成本理论指出，在经济活动中面对具体的交易时，良好的组织协调机制有利于提高经济效率，而经济效率的提升不但是发展数字经济的目标之一，而且也是数字经济转型经济发展方式的表现，所以良好的制度环境将对于发展数字经济影响经济韧性的效果产生积极的影响。

由此，本书以发展数字经济和强化经济韧性的重要性为研究背景，探究发展数字经济对于经济韧性的影响为主要分析方向，基于有效需求理论、内生经济增长理论、增长极理论、新经济地理理论、创新理论和交易成本理论等理论框架，利用空间效应模型研究数字经济影响经济韧性的直接效应和间接效应，并通过提升投资活力、促进消费升级与优化产业结构分析主要影响路径，同时以数字经济、创新绩效和创业活力为门槛变量分析数字经济对于经济韧性的非线性影响，最后探究了不同制度环境对于数字经济作用于经济韧性效果的影响。

综上，数字经济影响经济韧性的相关作用机理如图 3－1 所示。

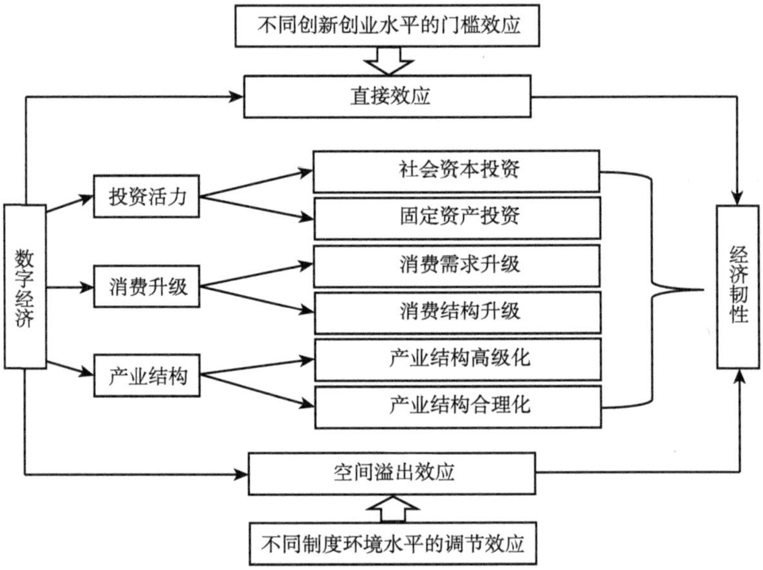

图 3－1　数字经济影响经济韧性的作用机理

3.2

数字经济与经济韧性指标体系的构建

3.2.1　数字经济的内涵与特征

数字经济的出现是信息技术革命后电子计算机与互联网技术不断发展的结果，数字经济是基于数字化技术的经济形态，而数字化技术的发展正是源于互联网技术的不断进化。如此看来，数字经济的起源可以追溯至以互联网为代表的信息通信技术，追溯至 20 世纪 40 年代，研究人员在微电子领域取得重大技术突破，并由此在集成电路的基础上发明了电子计算机，人类的信息处理能力得以大幅度提升。到 1969 年美国四所大学的电子计算机成功连接，并组成取名为阿帕网（ARPA）的世界首个计算机网络，此事标志着计算机网络的首次成功应用。20 世纪 80 年代，微型处理器与大规模集成电路的出现、软件系统的变革推动信息通信技术的发展，伴随着 TCP/IP 协议的建立和私人计算机的普及，逐步形成了世界范围内的因特网，数字经济产生和发展的技术基础互联网开始应用，信息通信技术开始向更多经济活动蔓延。20 世纪 90 年代互联网技术日趋成熟，信息技术与网络技术的融合使互联网具备信息交换简单快捷的通信优势，互联网开始广泛应用于商业领域，进一步促进互联网的普及与发展，由于互联网用户的大量涌入，梅特卡夫法则开始显现，互联网用户所产生的网络数据已经超出当时终端技术的处理能力，于是在加速发展信息通信技术的同时互联网的经济价值开始显现，孕育出了新的生产要素与商业模式。互联网经济的出现为 20 世纪 70 年代的世界性经济停滞和通货膨胀提供了新的经济发展思路，部分具备超前眼光的机构发现了互联网的广阔前景和巨大商机，为互联网行业提供了大量的融资，产生了最早一批互联网巨头企业，也验证了达维多定律。互联网巨头企业大多是美国企业，它们不仅带动美国经济在此后的一段时期之内持续高速增长，还创造了低通货膨胀与低失业率并存的经济增长奇迹。虽然互联网经济泡沫在 21 世纪初破裂，导致了互联网企业的破产清算浪潮和行业萎缩，但是数字化技术的发展和互联网的普及依然是经济发展的主要路径，互联网行业经过一段时间的蛰伏和调整后迎来了新的发展时期，以苹果、谷歌、亚马逊等为代表的企业成长为新的互联网巨头。2008 年世界性金融危机爆发，若依然采用过去依靠投资房地产开发等基础设施建设和放宽贷款进行超前消费的传统刺激经济复苏方式，可能会造成较大的后期经济影响，所以在积极复苏经济的同时，各国也都在探寻新的经济发展路径。信息通信技术再次迎来高速发展机遇，信息技术已经不再是单一的技术条件而被固定地使用在生产过程中，信息也已经成为生产要素并作为一类基础性原始材料改变了经济系统的运行模式，传统的生产方式和产品交换问题能够实现数据化和网络化，衍生出的较为典型的新型经济业态包括：电子商务、数据挖掘与分析、网站开发与网络信息管理等，已然打破了长久以来商业交易中的实物和实地等条款的局限。而 5G/6G 技术、大数据和云计算等技术的快速发展将共同推动互联网与传统产业的融合，如此可以实现新产品、新业态、新产业的持续涌现，供给侧结构性改革得以进行，基于移动互联网技术的智能手机作为供给端高质量产品的代表，正在逐步取代传统电子计算机成为新的互联网终端和消费终端，需求侧也在这一过程中得以扩大规模和更加便捷，如此也有利于扩大有效需求和消费升级。从企业的视角观察，随着数字技术的应用和推广，传统企业的集中批量生产模式开始向私人定制等个性化生产模式转变，工业领域也逐步从自动化阶段过渡至数字化与智能化制造时期，生产效率更为高效、产品种类更为丰富、产品质量更为完善。伴随互联网发展而来的数字化技术在与经济社会深度融合的过程中正式开启数字经济时代，而数字经济也将为经济发展贡献新动能。

数字经济在经济发展和技术进步的加持下，与传统经济的融合正在持续加深，这对于数字经济的准确划分增加了难度，但也在不断丰富数字经济的内涵，而数字技术的应用是其区别于传统经济的基础，可以说数字经济是由数字化技术革命延伸至经济社会各个领域所造就的新型经济形态。数字技术的不断发展推动创新驱动经济发展模式的进程，深入挖掘了社会生产力的潜能，促进知识型社会的出现，加速现代企业组织的管理变革。数字经济以创新驱动作为微观经济发展的基础，数字产业化和产业数字化形成了数字经济的中观力量，并进一步发展至影响经济总量和经济结构的宏观经济形态，数字经济体系与农业经济、工业经济不同，是前所未有的经济变革，使人类经济迈进了新纪元。

数字技术是数字经济最重要的生产手段，数字经济主要通过数字技术将知识和信息数字化并进行分析识别，引导经济社会加速完成资源配置和生产经营活动。伴随着移动互联网和物联网等的普及，数字技术广泛应用到经济社会的众多领域，帮助数字经济发展的同时提高了供给侧的生产效率，改善了需求侧的有效需求，促进了经济增长的高质量发展趋势，也激发了经济增长的新动能。根据中国信息通讯研究院的观点，数字经济的关键生产要素是数字化的知识和信息、核心驱动力为数字技术的创新、重要载体是现代信息网络。数字技术与实体经济的深度融合有利于激发经济活力，持续出现的经济新业态、新模式将促进传统产业的数字化转型，推动产业结构转型升级，产业结构作为经济结构的重要组成部分也是经济体抵御冲击的重要防线，如此，数字经济在凝聚经济新动能、引领经济新发展的同时还可以强化经济韧性。

数字经济的进程可以分为数字产业化和产业数字化两个组成部分。数字产业化属于数字经济发展的前期模式，高新技术企业通过数字技术可以研发出新的产品和服务模式，将它们通过商业化手段进行推广并占据一定的市场份额，逐渐形成新行业并壮大为新产业的过程，主要包括互联网、信息通信业、软件服务业等。产业数字化可以描述为传统产业的数字化转型，是传统产业在数字技术的支持下，以数据为关键生产要素赋能产品生产和销售，深度开发产品价值和发展方向，全面升级产业链条，提高传统产能和生产效率所贡献的新增产出，生产成本也得以压缩，主要可以分为农业数字化、工业数字化和服务业数字化，进一步还可细分为电子商务、数字金融、数字贸易和数字会展等，产业数字化所带来的经济增量已经成为数字经济的重要组成部分。

数字经济的发展遵循梅特卡夫法则、摩尔定律和达维多定律，随着用户数量的激增和市场份额的扩张，数字经济产生了源源不断的数字化知识和信息，不同于农业经济时代和工业经济时代的劳动力、土地和资本等生产要素，数字化知识和信息作为数字经济的关键生产要素具备可复制性、可共享性与低成本无限供给的特点，数据特征打破了传统经济模式中生产要素不足制约经济增长的限制，如此，数字经济将为经济可持续发展提供理论基础和可能。同时，在现代经济社会，伴随着移动互联网和物联网的发展，个人和机构的智能化终端为社会提供了海量的各类数据，逐渐发展成为新的战略资源并蕴藏着未知的知识与能量，也为数字经济的发展提供源源不断的动力，而云计算和人工智能等数字技术的不断进步也正在深入挖掘大数据的潜在价值，进一步深化了数据作为战略性资源的重要性，共同推动数字经济的发展。数字经济的发展将成为优化现代经济社会结构的重要力量，在数字化技术不断更新换代的大背景下，数字经济还推动了以高速光纤网络、高速无线网络、5G/6G 基站和集成电路等为代表的新型基础设施建设，激发了大众新一轮的投资热情；而数字经济与传统产业的深度融合使数字化技术扩散应用至人们生产、生活和消费的多个环节，便利了人们的生产生活，也进一步促进消费升级；数字经济通过产业数字化推动传统产业转型升级，促进数字经济范式的出现，催生新业态、凝聚新动能、引领新发展，从生产、分配和消费等过程中慢慢渗透至整个经济社会，并产生系统性和革命性的影响。

数字经济既然是与农业经济和工业经济不同的新型经济形态，与传统经济相比也表现出明显的自身特征。

一是数字化。数字经济时代信息的重要性日益凸显，而如何使知识和信息数字化也是数字技术发展的关键，20 世纪 40 年代克劳德·艾尔伍德香农（Claude Elwood Shannon）提出了信息熵并证明了采样定理为数字化技术奠定了理论基础。数字化一般指通过模数转换器将任何连续变化的输入转化为一连串分离的单元，即将大量复杂多变的信息（如声音、图像、文字、颜色等）转换为可以度量的一串数字，综合起来形成数据并建立合适的数字化模型转变为一系列二进制代码，在电子计算机中用 0 和 1 表示进行统一处理。数字化的知识和信息可以压缩和复制、易于保存和传输，必要时还可以进行加密处理以保证数据传输和分析的安全性避免泄密。在数字经济模式的运营过程中，所有知识和信息都要进行数字化加工和处理，在生产经营的各个环节都有数字技术的应用，数字技术加速数字经济的发展，促进经济社会转向数字化、智能化，为全面提升社会生产效率、压缩生产成本指明发展方向。数字化技术使经济活动的分工更为精细、精准，所受地理空间的限制得到缓解，新产品、新技术的流通渠道更为丰富，在生产、销售和售后服务等各个环节高效匹配供需两侧，省略大量中间环节，明显提高了生产效率和产品流通效率，实现设计、生产、营销和售后的闭环管理，压缩时间成本和交易费用，在宏观层面也提高了全社会的资源配置效率。

二是网络化。数字化的知识和信息是数字经济正常运行并发挥功效的关键生产要素，而这些生产要素的流通渠道集中在互联网领域，互联网是现代信息通讯网络的主要组成部分，数字经济也就具备了网络化特征。互联网发展至移动互联网阶段，数字经济的网络化程度加深，经济活动也在逐步突破时间和空间的制约，通过互联网公共空间和企业自主研发的网络平台等组成复杂的网络空间系统，在可持续扩张的网络空间系统中经济活动可以加强联系和互动能力，个人与个人、个人与机构、机构与机构之间的经济活动得以串联起来，形成网络化的经济运营机制和方式，整体经济空间得到了拓展，数字经济在数字技术溢出效应的作用下形成网络化特征，实现收益递增和规模经济，并通过新型基础设施建设等途径在地理空间形成溢出效应，加强了空间维度的经济联系，经济活动的流动机制也更为顺畅，经济网络内的资本、劳动力和技术等生产要素在数字技术的加持下实现优化配置，相互补充。物联网的出现开启了万物互联时代，物体间的跨界互联进一步推动数字产业化的进程，影响着互联网行业的发展模式，也扩大了数字产业的规模。此外，数字经济以网络化的交易模式弱化了交易过程中的信息不对称性，有利于降低信息获取成本、资源匹配成本、制度性交易费用和资金的专用性，并加强经济体之间的交流与合作。

三是平台化。数字经济以数字技术为手段、互联网为载体使经济活动开始从实体形态向虚拟形态转移，从地理空间向网络空间过渡，这主要是大型电子商务平台企业持续推动线下经济与线上经济深度融合的结果，而数字化平台战略竞争也成为数字经济的主流商业模式。数字经济通过数字化技术影响了企业的决策模式，市场份额的竞争由新产品、新技术的点状竞争过渡至更为综合、更为持久的平台战略竞争，行业内部生态系统的构建逐渐成为数字经济类企业之间的核心竞争力，平台发展模式更是成为大部分互联网企业的主要发展路径，全球市值前 100 的互联网企业超过 60%选择了平台化的运营模式，中国也涌现出一批如阿里巴巴、腾讯、京东、百度、小米等优秀的数字经济平台型企业。随着数字技术应用至各行各业，衍生出的新型经济模式如 O2O、P2P、众包众筹、共享经济等也基本采用平台化发展道路，平台化运营模式已经成为数字经济发展的主要商业模式，并持续推动云计算和云平台的发展。平台化的发展模式同时影响到企业的内部，由于平台型企业内部分散化的管理架构，使企业组织结构也由传统的金字塔型趋于更为扁平化的管理结构，企业内部各部门之间的联系得到加强，企业的决策落实也将更为精准，管理结构的变革也有利于管理成本的降低和管理效率的提高。从产业的角度观察，数字经济的平台化发展模式正在加速产业之间的融合发展。在供给侧，众多优秀的数字经济平台型企业通过多种路径串联起三大产业，并融合出多种新兴产业和新兴业态，与过去相比产业之间的界限正在消散；而在需求侧，数字经济平台化的商业模式可以依托平台实现设计、生产、营销和售后的循环运营，整个流程消费者都可以参与其中，比如依据消费者的需求进行个性化定制、销售环节对于需求的准确定位，以及售后问题的采集和处理并反馈至设计环节进行改进，形成以消费者为中心的商业模式，有效需求驱动供给的发展路径，发展而不盲目扩张，满足需求侧多层次、多样性的需求。

3.2.2 经济韧性的内涵与表现

本书将经济韧性的概念界定为经济体（包括个人、家庭、地区或国家等）面对冲击时自身经济体系保持原有模式恢复运行或转型发展的能力，并具体划分为抵御能力、恢复能力和转型能力。经济韧性是经济体自身的属性并且无论冲击发生与否都会随着时间的推移而发生变化，韧性概念本源于物理学领域，物理材料基于自身元素、分子式、内部组成结构和外部形态表现出不同的韧性程度，类比至经济学领域，不同经济体的发展模式、经济结构和特征不同也会表现出不同的经济韧性，而经济韧性并不是遭遇冲击才产生的，而是在应对冲击的过程中才显现出来。经济韧性是经济体长期运行而形成的自身属性，经济体在发展的进程中对于发展道路的选择、经济结构的调整和系统特征的改变都是自身经济韧性属性的成因，并且经济体的韧性不论冲击发生与否一直存在，只是存在强弱之别。同时，经济体所面对的冲击也包含外生冲击和内生冲击两类，不同类型的经济体应对不同的冲击时，两者所表现出的应对能力差异可以体现经济韧性的强弱差别。例如，中国东部地区市场经济发达、资本实力雄厚、技术储备丰富，在面对新兴产业革命、国家现代化高质量发展要求和世界性经济冲击时，相较于中国中西部地区的劳动密集型和资源密集型加工产业和传统工业所受到的冲击波动较小、回旋余地更大、发展路径更丰富，可以展现出综合实力更强的经济韧性。一般情况下，经济体在应对冲击的过程中所展现的经济韧性可以划分为抵御能力、恢复能力和转型能力。

抵御能力是指经济体系基于自身资源禀赋、要素基础和结构状况等条件抵抗冲击、减少损失、应对变化的能力。当自然灾害、战争等非经济类不可抗力外部冲击或市场环境、政策调整等内生冲击出现时，在经济体没有面临强烈的经济运行模式的改变或发展路径需要重新选择的前提下，经济体与经济体之间若在恢复能力和转型能力一定的情况下，经济系统在受到冲击之后以原有经济运行状态为目标继续发展，此时经济韧性抵御能力的不同便表现在经济体从受到冲击到完成继续发展目标的时间快慢和损失大小，经济体具备用时短和损失小的特征便视为具备较强的抵御能力（见图3－2）。在现实中，经济韧性的抵御能力往往在经济体遭遇外生非经济性冲击时表现出更大的重要性，因为这种情形之下，并不要求经济体对原有经济发展路径做出重大调整，而原有经济模式的运行也正处于稳定发展状态，并没有达到市场的饱和，也还不需要创造新的发展路径，抵御能力便是帮助经济体维持原有稳态经济继续发展的能力。

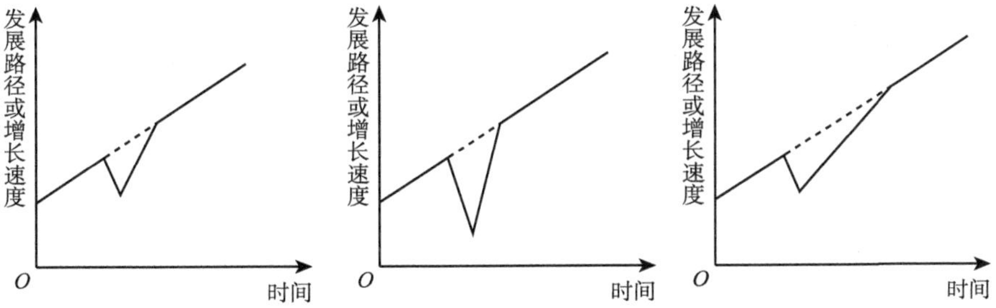

图3－2　经济韧性抵御能力的表现

恢复能力是指经济体系在经受冲击后整合已有资源、维持原有经济运行模式的能力。经济体基于自身经济韧性在冲击过后的恢复过程中将表现出强弱不同的恢复能力，经济体的恢复能力不足时，便会表现为原有经济发展路径或经济增长速度在冲击过后无法完全恢复，恢复过程出现中断情形甚至陷入经济衰退的泥潭，主要表现为3种情形（见图3－3）。若经济体努力恢复经济增长速度至原有经济发展路径的水平，但经济发展路径无法延续，说明经济体为尽快从冲击过程中走向复苏，选择了低效率的经济增长方式延续增长势头，往往是以压缩成本、薄利多销等方式在低端产品市场或低成本领域进行竞争，进而形成低成本和低效率的经济发展路径；若经济体无法实现经济发展路径的转型升级，长期以低成本、低效率的方式维持经济增长速度也是难以为继的，发展路径一旦锁定在低端市场或产业链的下游区域将难以实现路径突围，由于自身技术水平和人力资本储备的限制，在产品和价格等多个方面都无法与高技术区域抗衡，难以涉足中高端产品市场，将逐步丧失维持原有经济增长速度的能力，经济发展进而走向衰退。

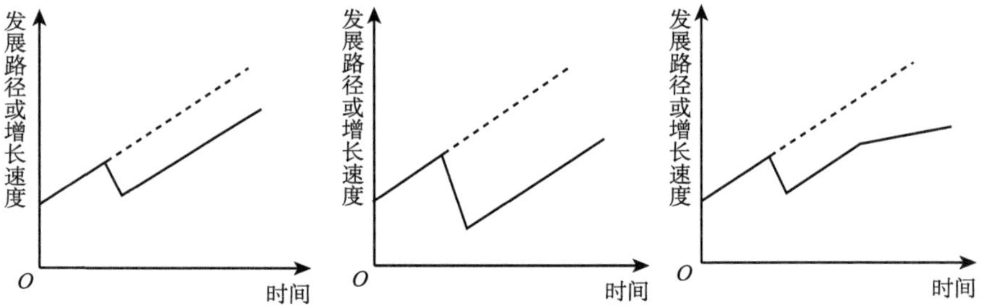

图 3－3　经济韧性恢复能力的表现

转型能力是指经济体经受冲击后，在新的发展环境中主动调整经济结构、转换发展动力，通过创新探索未来发展路径并创造新型经济发展模式的能力。转型能力一般是在原有经济发展路径受冲击影响需要进行重大变革时所表现出来的，所受冲击也往往属于非不可抗力的市场或政策冲击以及经济周期性波动。经济体在冲击过后的恢复过程中可能出现中断，或即使恢复至原有经济运行模式也已经不再符合冲击过后的经济环境与发展要求，这时便需要经济体调整内部经济结构，通过产业结构转型升级等途径实现经济增长速度的复苏，以更有效率的经济发展路径适应冲击过后的经济环境和发展要求。经济韧性的转型能力可以帮助经济体建立新的稳态经济，冲击过后，经济体的发展路径和经济增长速度可以评判转型能力的强弱。若经济体的发展路径选择要比原有经济模式低端，便不在经济转型发展的考虑范围之内，尚属于经济韧性恢复能力的范畴。若经济体在冲击过后与原有经济增长速度持平，但所处产品市场走向高端化或产业链向上游转移均是经济体转型能力的体现，若在发展路径的选择上转型成功且经济增长速度更快，则体现出经济体在应对冲击过程中具备较强的转型能力（见图 3－4）。

综上所述，经济韧性是经济体面对冲击时自身经济体系保持原有模式恢复运行或转型发展的能力，属于经济体自身的固有属性，无论冲击发生与否一直存在，只是在应对冲击的过程中展现出来，具体可以划分为抵御能力、恢复能力和转型能力三种类型。从短期来看冲击对经济体所造成的影响，经济韧性更多以抵御能力和恢复能力帮助经济体应对临时的危机和非系统性风险，原有的经济发展路径尚可保留，稳态经济也未被打破，所在市场也还没有饱和。但长期的经济冲击与波动持续影响经济体的发展时，经济韧性应对冲击的转型能力将表现得更为重要，此时若没有意识到冲击过程所带来的新发展机遇，适时调整经济结构和发展路径以适应冲击过后的经济环境和发展要求，把握新产业革命、新技术革命的发展方向，满足绿色经济、可持续经济、高质量经济的发展要求，向着信息化、数字化、智能化经济运行模式靠拢以实现创新驱动经济发展，而是恢复原有经济发展路径，甚至为了短期的经济增长逆向选择向下发展，依靠要素增长和政策倾斜的方法继续粗犷的发展路径，并主要通过政府直接干预投资、扩大低端产品市场份额等方式维持经济增长，倘若盲目恢复或转型失败的话，在长期看来经济增长势必将难以为继，甚至有逐步走向衰退的风险。

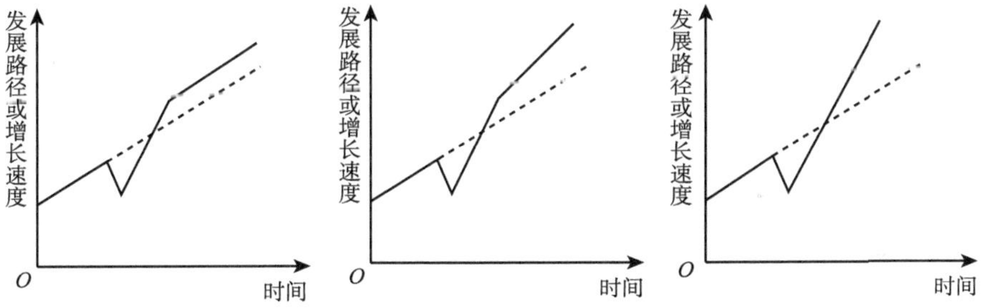

图 3－4　经济韧性转型能力的表现

3.2.3　数字经济发展综合指数的构成

数字经济的飞速发展已经引起学术界和政府部门的重视，为了深入研究发展数字经济的作用和意义，相关研究人员和机构展开了对于数字经济的测度分析。美国发展数字经济起步较早，相关研究也处于领先地位，美国商务部通过划分国内经济形式中数字经济的范围，以数字化对于经济的影响程度推算数字经济的规模和发展水平。经济合作与发展组织（OECD）在《衡量数字经济》一书中，以 38 个具体指标组成了数字经济的测算要素。欧盟通过发布《欧盟数字经济与社会报告》提出其成员国在人力资本、网络连接、数字技术商业应用、数字技术集成和数字化公共服务等方面的经济与社会数字化水平。从国内看，国家信息中心提出的信息社会指数（ISI），通过研发投入指数、固定宽带支付能力指数、移动电话指数和创新指数等14个指标构建信息经济指数，反映了数字经济的发展潜力。中国信息通信研究院所编著的《中国数字经济发展白皮书》中采用信息消费规模、电子信息产业进出口总额、移动宽带用户数、固定宽带用户数、移动互联网接入流量、物联网终端用户数、云计算服务和大数据投融资等指标测算数字经济指数（DEI）。

目前，关于数字经济的测算可供借鉴的文献资料并不丰富，根据数据层次和研究范围的不同，测算数字经济发展水平的指标体系也各具特色，学术界、国际组织和政府部门之间也不存在统一的指标体系，已有的研究也大多将数据的来源设定在国家层面或省级行政区划，以城市经济单元作为数字经济发展测算研究样本的文献还比较少，为科学合理地测算中国城市层间的数字经济发展指数，本书参照赵涛等（2020）的做法，综合评估数据的可得性，遵循研究的规范性、有效性和精简性原则构建数字经济发展综合指数（DIGIT），指数由五个正向二级指标构成，分别为互联网普及率、互联网相关从业人员就业比重、互联网相关产出、移动互联网用户数和数字金融普惠发展指数，如表3-1所示。

表3-1　数字经济发展综合指数

一级指标	二级指标	指标补充说明	权重	指标属性
数字经济发展综合指数	互联网普及率	每百人互联网用户数	0.199	正向
	互联网相关从业人员就业比重	计算机服务和软件从业人员占比	0.201	正向
	互联网相关产出	人均电信业务总量	0.193	正向
	移动互联网用户数	每百人移动电话用户数	0.202	正向
	数字金融普惠发展水平	中国数字普惠金融指数	0.205	正向

资料来源：国家统计局发布的《中国城市统计年鉴》，WIND、EPS、CNRDS和中经网数据库等，作者对其进行了整理和分析。

3.2.4　经济韧性综合评价指标体系的构成

本书将经济韧性界定为经济体在发展过程中所形成的自身固有属性，

并非经济冲击发生时才具有的能力，只是在应对冲击的过程中展现出来，经济韧性也会因经济体的内部特征和经济结构的不同而展现出不同的应对能力，应对能力不仅存在强弱之分，为应对不同的经济冲击也存在不同的类别。若基于某种决定性指标，通过其在冲击前后的变动幅度反映经济韧性，测算结果不够宏观难以展现经济体的整体经济韧性，且造成经济体内其余经济变量的边际贡献被忽略的情形出现，故采用衡量经济体有关抵御能力、恢复能力和转型能力的综合性指标构建经济韧性的综合评价指标体系进行测算更为合理。本书依据不同城市的具体特征，兼顾相关数据的可获取性及经济韧性相关属性，参考国内外学者的现有研究成果，构建经济韧性综合评价指标体系。本书设定了由抵御能力、恢复能力和转型能力 3 个一级指标组合构成的多维度综合评价指标体系，其中抵御能力包括：经济增长、社会发展、产业结构和外资依赖 4 个二级指标；恢复能力包括：安全稳定和生态环境 2 个二级指标；转型能力包括：研发能力和人才保障 2 个二级指标。概括来讲，总共 8 个二级指标，二级指标下共设有 24 个三级指标，其中包括正向指标 14 个，负向指标 10 个，如表 3－2 所示。

表 3－2　　经济韧性综合评价指标体系

一级指标	二级指标	三级指标	指标补充说明	权重	指标属性
抵御能力	经济增长	GDP 增长率		0.0430	正向
		人均 GDP		0.0421	正向
		工资收入水平	在岗职工平均工资	0.0426	正向
	社会发展	人口增长率		0.0429	正向
		国民储蓄净值	居民人民币储蓄存款余额	0.0426	正向
		居民价格消费指数		0.0431	负向
	产业结构	第二产业产值占比		0.0429	负向
		采掘业从业人员占比		0.0430	负向
		高科技产业从业人员占比		0.0431	正向
	外资依赖	外贸依存度	货物进出口总额占 GDP 比重	0.0370	负向
		利用外资情况	外商直接投资占 GDP 比重	0.0431	负向

续表

一级指标	二级指标	三级指标	指标补充说明	权重	指标属性
恢复能力	安全稳定	失业率		0.0430	负向
		金融机构贷款余额		0.0431	负向
		政府债务与 GDP 之比	财政支出减财政收入占 GDP 比重	0.0430	负向
		财政自给率	财政收入与财政支出之比	0.0419	正向
	生态环境	一般工业固体废物综合利用率		0.0427	正向
		单位 GDP 能耗	电能消耗量比 GDP	0.0431	负向
		单位二氧化碳排放量	工业二氧化碳排放量比 GDP	0.0431	负向
转型能力	研发能力	R&D 投入强度	R&D 经费投入占 GDP 的比重	0.0405	正向
		万人发明专利授权量		0.0353	正向
		研发人员比重	R&D 人员占就业人员比重	0.0365	正向
	人才保障	教育支出	人均教育支出	0.0422	正向
		人才培养	每十万人口高等学校在校生数	0.0387	正向
		医疗保障	人均医院床位数	0.0417	正向

资料来源：作者综合整理后得出。

抵御能力指经济单元基于自身资源禀赋、要素基础和结构状况等条件抵抗冲击、应对变化的能力。对于抵御能力的测算通过 4 个二级指标完成，分别是经济增长、社会发展、产业结构和外资依赖。经济增长代表经济单元的整体经济发展水平，GDP 增长率、人均 GDP 和工资收入水平分别从宏观和微观两个视角考察了经济形势，若经济单元的经济形势良好，根据经济惯性理论的观点，其代表了具备一定发展潜力的经济增长水平。社会发展基于经济单元的未来考虑，城市的发展离不开人口充盈的支撑，无论是务工人员还是高端人才都是城市可持续发展的组成部分，而对于构成一座城市中的万千家庭，必需的家庭储蓄与合理的居民价格消费指数均是其维护稳定的基础。产业结构作为经济单元中结构要素的重要组成部分，以第二产业 GDP 占比、采掘业从业人员占比和高科技产业从业人员占比测量，以城市经济单元视角考虑，第二产业 GDP 比例过高则表示其经济结构较为单一，以采掘业为代表的传统行业从业人员占比过高则说明其过度依赖自身资源禀赋而欠缺可持续发展能力，但高科技产业从业人员所占劳动力的比例较高则代表了产业结构的多样性与高级化。外资依赖程度同属经济结构的组成部分，通过外贸依存度和利用外资情况加以考量，在经济全球化的趋势下我国经济开放程度逐步提升，但所受世界经济的波动和不确定性的冲击同样也在提升，若外贸依存度过高、利用外资额度过大，将会在遭遇外部冲击时因面临外贸依赖、外资路径依赖的局面而遭受更大的影响和损失。

恢复能力指经济单元经受冲击后整合已有资源、维持原有经济运行模式的能力。对于恢复能力的测算通过安全稳定和生态环境 2 个二级指标进行，根据风险控制理论的观点，经济体减小或控制风险发生的可能性对于维持经济运行具有积极意义，就业问题一直都是关乎民生与经济稳定的重要指标，经受冲击的经济单元若失业率大幅上升则难以恢复原有经济模式，反之则表明经济单元具备较强的恢复能力，而金融机构贷款余额、政府债务占 GDP 的比值与财政自给率均代表经济单元所承担的风险状况，若经济冲击与较高的杠杆率刺破了经济泡沫，高额的贷款和政府债务、较低的财政自给率将导致经济单元难以实现自我恢复。生态环境基于绿色经济、循环经济的发展理念，以经济单元的环境治理能力反映其可持续发展能力与冲击过后的恢复能力，通过一般工业固体废物综合利用率、单位 GDP 能耗与单位二氧化碳排放量综合测算，对于二氧化碳排放量的控制有助于我国走绿色发展的道路，助力碳中和发展目标的实现，一般工业固体废物综合利用率的大小和单位 GDP 能耗的高低在一定程度上可以体现资源循环型经济的发展水平，循环经济以节约资源与循环利用为特征，如此可以在经济体应对冲击的恢复阶段供给提前储备的资源和物资。

转型能力指经济单元经受冲击后，在新的发展环境中主动调整经济结构、转换发展动力，通过创新探索未来发展路径并创造新型经济发展模式的能力。对于转型能力的测算通过研发能力和人才保障两个二级指标进行，根据创新理论的观点，研发能力是经济单元适应冲击并突破原有路径、探索新型经济发展模式的核心力量，而 R&D 投入强度、万人发明专利授权量与研发人员比重是研发能力强弱的主要表现形式。同时，保障人才就是保障创新，人才保障离不开教育和医疗的重要支撑，人均教育支出与高等学校在校生数量可以准确反映经济单元的高等教育水平与未来的发展潜力，而人均医疗床位数可以衡量经济单元的医疗保障覆盖程度，解决人才工作与生活的后顾之忧则有助于提升经济体未来发展的内生动力。

3.3 数字经济指数与经济韧性指数的测算及分析

3.3.1 数据来源

本书的研究区域为中国内地，即不包括香港特别行政区、澳门特别行政区和台湾地区。考虑到数据的可获得性，重点选取了中国内地285个地级及以上城市（包括地级市、副省级城市、计划单列市和直辖市），其中包括：北京市、天津市、上海市、重庆市，安徽省的16个城市，福建省的9个城市，甘肃省的12个城市，广东省的21个城市，广西壮族自治区的14个城市，贵州省的4个城市，海南省的2个城市，河北省的11个城市，河南省的17个城市，黑龙江省的12个城市，湖北省的12个城市，湖南省的13个城市，吉林省的8个城市，江苏省的13个城市，江西省的11个城市，辽宁省的14个城市，内蒙古自治区的9个城市，宁夏回族自治区的5个城市，青海省的1个城市，山东省的17个城市，山西省的11个城市，陕西省的10个城市，四川省的18个城市，新疆维吾尔自治区的2个城市，云南省的8个城市，浙江省的11个城市，各省级行政区内部所涉及的具体城市名称在本书附录中详细列出。

数字经济发展综合指数与城市经济韧性综合评价指标体系的各项指标的原始数据主要来源于《中国城市统计年鉴》，部分省（市、地区）的统计年报，WIND、EPS、CNRDS和中经网数据库等，对于无法直接从官方获取的数据以及官方公布数据报表中的部分缺失数据，本书采用相关指标替代或估算的方法予以补齐。

3.3.2 测算方法

本书运用熵值法对2011—2019年，中国内地285个地级及以上城市

（包括地级市、副省级城市、计划单列市和直辖市）的数字经济发展综合指数与经济韧性综合评价指数按年度分别进行测度。

熵值法由信息熵概念发展而来，在信息熵的概念中，熵是对不确定性的度量。信息量越大，熵值越小，不确定性越小；信息量越小，熵值越大，不确定性越大。根据熵的特性可以判断指标体系中的每个指标的离散程度和对综合评价的影响，并最大程度地弱化指标体系中的人为主观因素，属于客观赋权方法。因此，在对城市数字经济综合发展指数和城市经济韧性综合评价指数进行指标赋权时，采用熵值法计算各项指标权重，可以为各城市的数字经济指数和经济韧性指数综合评价提供依据，具体计算步骤如下：

第一步，对数据进行标准化处理，假设共有 m 个研究对象需要综合评价，每个研究对象有 n 项评价指标，可形成原始数据指标矩阵 $X=(x_{ij})_{m\times n}$，x_{ij}为第 i 个研究对象的第 j 项指标值，Y_{ij}为对应的标准化后的指标值，综合指标体系内所含全部指标在进行计算之前，均需要根据指标属性完成标准化处理以增强其可比性，并在一定程度上消除异常值的影响，计算公式如下：

正向标准化公式：

$$Y_{ij} = \frac{x_{ij} - x_{ijmin}}{x_{ijmax} - x_{ijmin}} \tag{3.1}$$

负向标准化公式：

$$Y_{ij} = \frac{x_{ijmax} - x_{ij}}{x_{ijmax} - x_{ijmin}} \tag{3.2}$$

其中，x_{ij}表示第 i 个对象的第 j 项指标原数据，x_{ijmin}表示第 i 个对象的第 j 项指标的最小值，同理 x_{ijmax}表示的是相应指标最大值。

第二步，计算第 j 项指标的熵值 Q_j，计算公式如下：

$$Q_j = -K \cdot \sum_{i=1}^{m} x_{ij}\ln x_{ij}(j = 1,2,\cdots,n) \tag{3.3}$$

其中，K 为常数且 $K>0$，ln 是取自然对数，通常令 $K=\frac{1}{\ln m}$，且 $Q_j \geqslant 0$，$0 \leqslant Q \leqslant 1$。

第三步，计算第 j 项指标的差异系数 Z_i，计算公式如下：

$$Z_j = 1 - Q_j \tag{3.4}$$

第四步，计算第 j 项指标的权重系数 W_j，计算公式如下：

$$W_j = \frac{Z_j}{\sum_{j=1}^{m} Z_j}(j = 1,2,\cdots,m) \tag{3.5}$$

第五步，计算各对象的综合评价指数 S_i，经过正向标准化或负向标准化的值 Y_{ij}分别与每项指标的熵值权重 W_j 相乘，累加得到第 i 个对象的综合评价指数数值（即本书第 i 个城市的数字经济综合发展指数或经济韧性综合评价指数），计算公式如下：

$$S_i = \sum_{j=1}^{m} W_j \times Y_{ij}(i = 1,2,\cdots,n) \tag{3.6}$$

3.3.3 测算结果

根据源数据使用熵值法赋权，通过上文所建立的城市经济韧性综合评价指标体系和数字经济发展综合指标体系，计算得出 2011—2019 年中国内地城市数字经济发展指数和经济韧性综合评价指数。理论上，数字经济发展指数与经济韧性综合指数的测算结果均应处于 0 和 1 之间，并且越接近 1 则表示数字经济发展水平越高或经济韧性程度越强，根据这一分析思路和各城市数字经济发展指数与经济韧性综合指数的差异，如表 3－3、表 3－4 所示，本书运用相等间隔法将中国内地城市的数字经济发展水平和经济韧性程度各分为五个等级（分别包括弱数字经济、较弱数字经济、中等数字经济、较强数字经济和强数字经济；弱经济韧性、较弱经济韧性、中等经济韧性、较强经济韧性和强经济韧性）。其中，本书所涉及 35 个中心城市的数字经济发展指数与经济韧性综合指数已在本书附录中的附表 A1 与附表 B1 中列出，其余外围城市的数字经济发展指数与经济韧性综合指数在本书附录中的附表 A2 和附表 B2 中列出。

表 3－3　　数字经济测算分级标准

数字经济分级	一级	二级	三级	四级	五级
	弱数字经济	较弱数字经济	中等数字经济	较强数字经济	强数字经济
指数区间	[0, 0.141)	[0.141, 0.264)	[0.264, 0.387)	[0.387, 0.510)	[0.510, 1]

资料来源：国家统计局发布的《中国城市统计年鉴》，WIND、EPS、CNRDS 和中经网数据库等，作者对其进行了整理和分析。

表 3－4　　经济韧性测算分级标准

经济韧性分级	一级	二级	三级	四级	五级
	弱经济韧性	较弱经济韧性	中等经济韧性	较强经济韧性	强经济韧性
指数区间	[0, 0.444)	[0.444, 0.494)	[0.494, 0.544)	[0.544, 0.594)	[0.594, 1]

资料来源：国家统计局发布的《中国城市统计年鉴》，WIND、EPS、CNRDS 和中经网数据库等，作者对其进行了整理和分析。

3.3.4　样本总体分析

中国内地 285 个地级及以上城市 2011 年至 2019 年的数字经济发展指数总体水平由 0.079 上升至 0.248，数字经济正处于蓬勃发展的阶段，根据中国内地各城市历年的数字经济发展指数平均值来看，深圳市的数字经济发展指数最高，为 0.574；其次为北京市，数字经济发展指数为 0.437，可以看出即使是数字经济发展的头部城市，其数字经济的发展程度也存在差距，综合来看深圳市属于强数字经济城市，北京市属于较强数字经济城市，但从整体趋势上看，中国的数字经济处于逐年上升的趋势之中（见图 3－5）。经济韧性方面，中国内地 285 个地级及以上城市 2011 年至 2019 年的经济韧性综合指数总体水平由 0.474 缓慢上升至 0.495，经济韧性正处于稳步提升的阶段，根据中国内地各城市历年的经济韧性综合指数平均值来看，深圳市的经济韧性综合指数最高，为 0.608；其次为北京市，经济韧性综合指数为 0.598，可以看出经济韧性综合评价靠前的城市，其经济韧性综合程度虽然也存在差距但并不明显，综合来看深圳市与北京市均属于强经济韧性城市，从整体趋势分析，中国的经济韧性处于逐年缓慢提升的趋势之中（见图 3－5）。

从测算过程所构建的指标体系可以看出，经济韧性综合评价指标体系更为复杂和全面，在此将对于经济韧性综合评价指标体系做进一步分析，总体来看 2011 年至 2019 年中国内地的经济韧性表现得并不突出，将经济韧性综合指数的子维度抵御能力、恢复能力和转型能力进行对比分析发现，中国内地经济韧性在研究期间表现并不突出的原因可能在于，应对冲击的过程还是以抵御冲击和冲击过后的恢复为主，转型能力在经济韧性中的占比不足，相较于抵御能力和恢复能力，转型能力还没有上升到应对冲击的主要力量层面且能力较差，各子维度水平如图 3－6 所示。

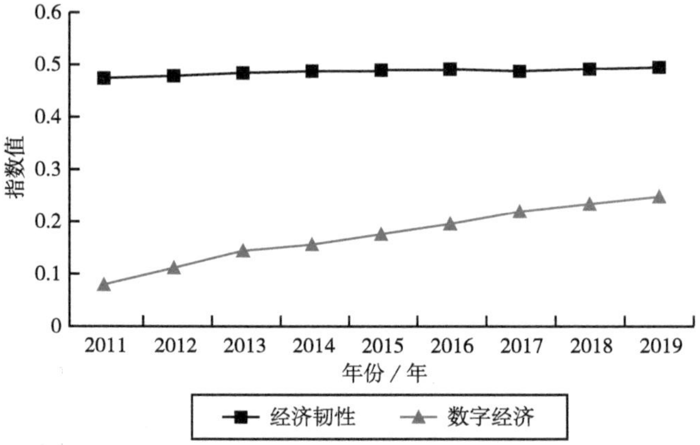

图 3－5　2011—2019 年数字经济发展指数与经济韧性综合指数总体趋势示意图

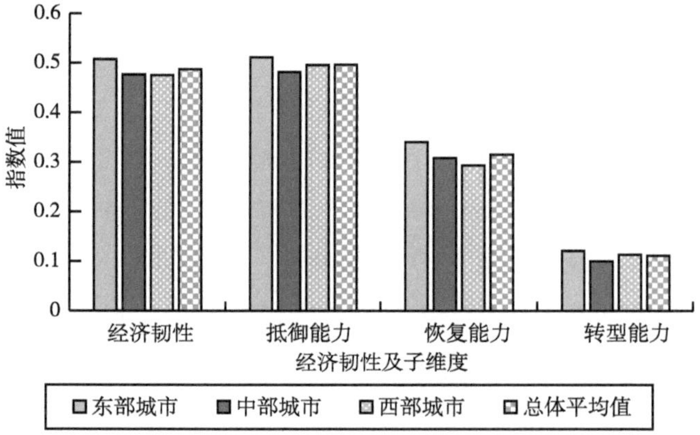

图 3－6　经济韧性及子维度总体水平与分区域水平

观察经济韧性综合评价指标体系的二级指标水平，如图 3－7 所示，其中经济增长、研发能力和人才保障处于总体水平较低的范围，具体数值基本处于 0.2 和 0.3 之间，一方面的原因可能在于中国经济发展进入新常态阶段后，正处于转型高质量发展的三期叠加阶段，其中既有经济增速换挡的主动降速，又有经济结构调整的被动降速共同导致，而研发能力和人才保障总体水平较低则共同限制了中国内地经济韧性中的转型能力，导致转型能力在现阶段的中国经济韧性子维度之中弱于抵御能力和恢复能力。二级指标总体水平较高的是社会发展、产业结构、外资依赖、安全稳定和生态环境。中国的国民储蓄始终保持世界前列，而国家对于人民币币值稳定和控制通货膨胀所做的努力都是中国具备较高经济韧性抵御能力水平的原因。生态环境指数较高在一定程度上带动了中国经济韧性的恢复能力水平，这既得益于绿色发展、低碳发展和循环经济等新发展理念，也与降低传统制造业、采掘业的比例，支持高科技产业发展，持续推动产业结构转型升级有关，产业结构作为经济结构的重要组成部分，对于经济韧性的抵御能力维度至关重要，也与经济韧性的恢复能力有关，产业结构的关联性强，在冲击过后的恢复过程中就可以节约时间、提高效率，外资依赖与安全稳定均有关于风险的控制，经济运行的风险越小恢复能力越强，而未来经济韧性的重心在于促进经济体应对冲击时的转型能力，从二级指标的总体水平可以看出当前中国内地城市的整体研发能力较弱、人才保障水平较低，越是经济韧性综合指数排名落后的城市，其研发能力和人才保障水平越低，这对于大部分落后城市来说也成为其强化自身经济韧性的最大阻碍，依靠经济增长等所维持的经济韧性抵御能力势必难以为继，对于经济韧性的提升还需回到强化转型能力的路径上来。

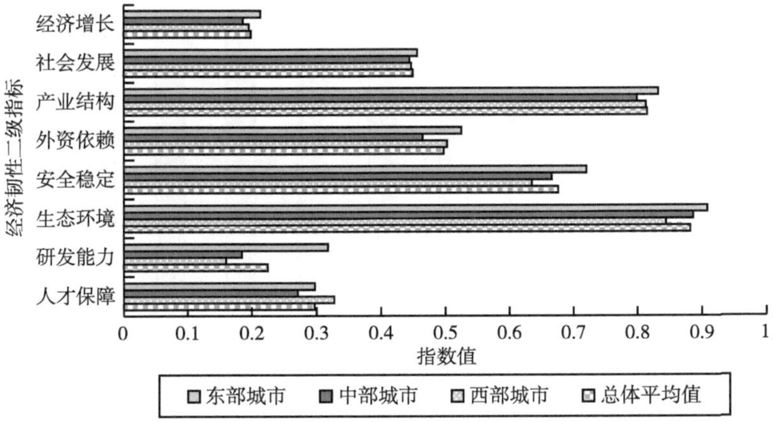

图 3－7　经济韧性二级指标总体水平与分区域水平

观察各等级数字经济城市所占比例，如图 3－8 所示，2011 年至 2019 年各等级数字经济城市所占比例有了明显的变化，总体由低数字经济发展水平城市占比最高变为较低数字经济发展水平城市占最大比例，数据显示，2011 年中国内地城市低数字经济发展水平城市所占比例为 92.28%，到 2019 年较低数字经济发展水平城市所占比例为 75.44%，自 2015 年开始较低数字经济发展水平城市占比最高，所占比例达到 68.77%，至 2016 年低数字经济发展水平城市占比接近不足 3%，所占比例为 2.46%，到 2017 年低数字经济发展水平城市完全消失，在此期间中等水平和较强水平的数字经济城市持续增加，而强数字经济发展水平城市所占比例基本保持不变，数字经济发展的总体水平再次得到提升。从各等级经济韧性城市所占比例可以发现（见图 3－9），2011 年至 2019 年期间各等级经济韧性城市所占比例变化幅度要小于数字经济城市所占比例，其中自 2011 年以来中等经济韧性城市所占比例上升较为明显，较低经济韧性城市所占比例得到收缩，数据显示，中国内地城市之中较低经济韧性城市所占比例由 2011 年的 64.21% 下降为 2019 年的 50.18%，而中等经济韧性城市和较强经济韧性城市所占总比例由 2011 年的 20.70% 上升至 2019 年的 45.61%，在此期间低水平的经济韧性城市总体减少，而强经济韧性水平城市所占比例基本保持不变，经济韧性的总体水平基本保持稳步提升。

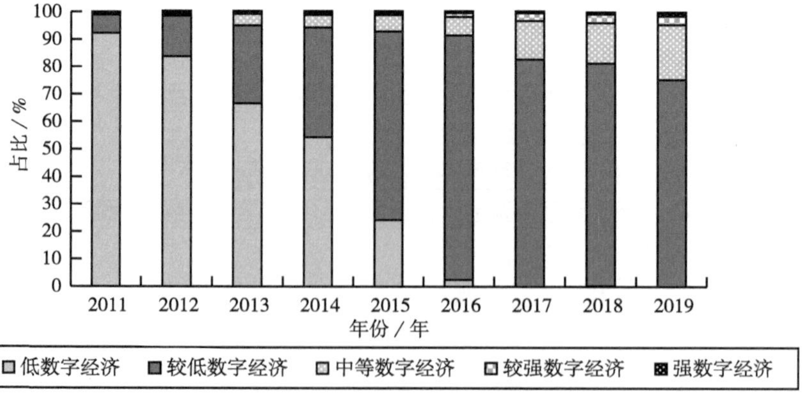

图 3－8　2011—2019 年各等级数字经济城市所占比例

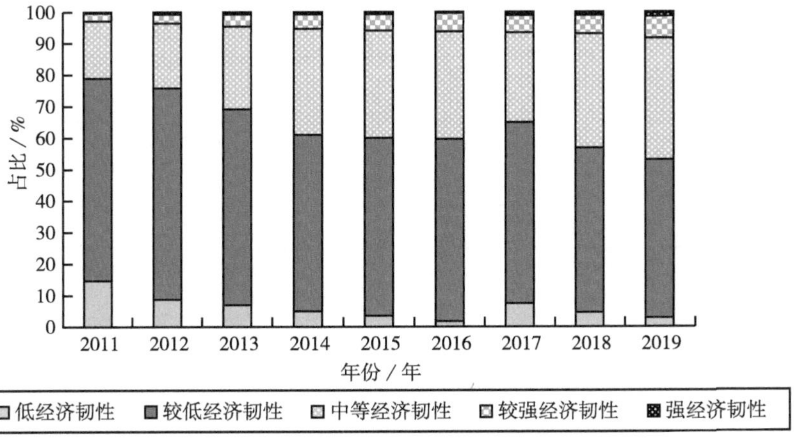

图 3－9　2011—2019 年各等级经济韧性城市所占比例

3.3.5　样本分类比较分析

将总体研究样本分别按照城市区位和城市层级两类标准进行分类（具体分类依据见本书第 4 章异质性分析部分），可以发现中国内地东部城市、中部城市和西部城市的经济韧性综合指数平均值分别是 0.507、0.476、0.475，其中东部城市总体水平最高，属于中等经济韧性级别；中部城市与西部城市水平较为接近，均属于较弱经济韧性级别（见表 3－5）。从历年的分区域经济韧性综合指数走势图来看，东部城市始终领先中部城市和西部城市，并高于全国平均水平，各地区和全国的经济韧性走势，除 2017 年有轻微回落外，整体处于缓慢提升态势（见图 3－10）。同时，从分区域数字经济发展指数走势图上可以发现，各区域和全国的数字经济发展水平正处于上升态势，其中东部城市处于领先地位并高于全国平均水平，中部城市与西部城市数字经济发展水平总体接近，处于交替领先的状态（见图 3－11）。

表 3－5　　分样本的经济韧性总体水平及各子维度水平

地区	经济韧性	抵御能力	恢复能力	转型能力
东部城市	0.507	0.511	0.341	0.121
中部城市	0.476	0.482	0.308	0.100

续表

地区	经济韧性	抵御能力	恢复能力	转型能力
西部城市	0.475	0.496	0.294	0.113
中心城市	0.533	0.527	0.358	0.210
外围城市	0.480	0.492	0.310	0.098
总体平均值	0.487	0.496	0.315	0.111

资料来源：国家统计局发布的《中国城市统计年鉴》，WIND、EPS、CNRDS和中经网数据库等，作者对其进行了整理和分析。

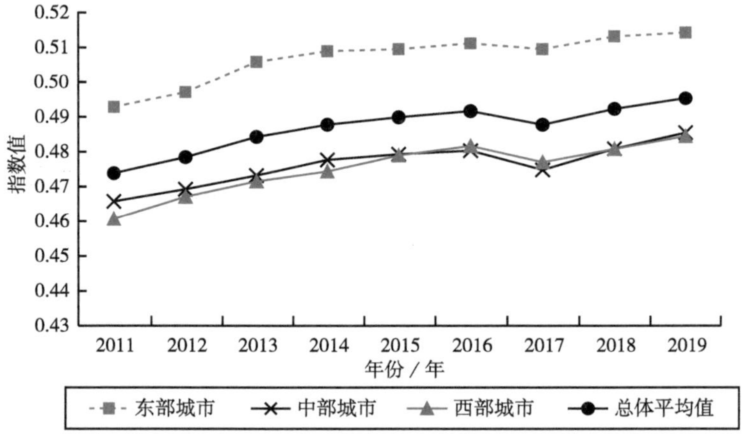

图3－10　2011—2019年总体与分区域经济韧性综合指数走势图

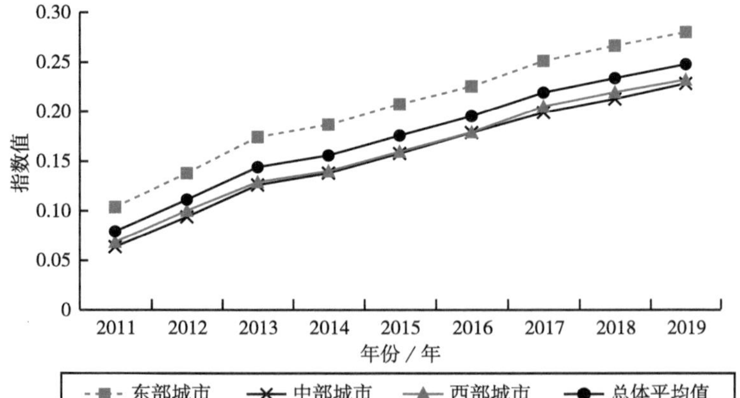

图3－11　2011—2019年总体与分区域数字经济发展指数走势图

从经济韧性的子维度抵御能力、恢复能力和转型能力进一步观察分样本的差异性，如图 3－12 所示，可以发现东、中、西部城市的三个经济韧性子维度虽有差异但并不明显，其中东部地区城市处于全面领先的优势之中，中部城市的恢复能力水平高于西部城市但两者均低于全国平均水平，西部城市的抵御能力和转型能力高于中部城市并与全国平均水平基本持平。进一步观察城市层级分类标准下的经济韧性各子维度水平，可以发现中心城市与外围城市之间的差异较东中西部城市间的差异更为明显，中心城市在经济韧性各维度全面占优，但相较之下在经济韧性的转型能力维度两者差距最为明显，说明外围城市的研发能力和人才保障水平相比中心城市存在较大的差距。

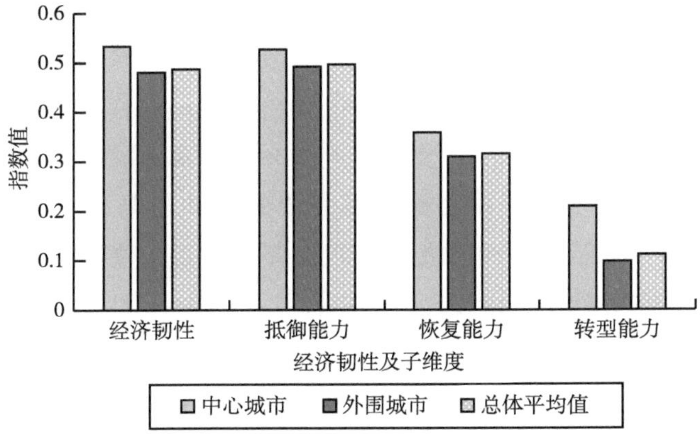

图 3－12　经济韧性及子维度总体水平与分城市层级水平

第4章

数字经济影响经济韧性的空间效应分析

在全球经济不确定性加剧，甚至时刻面临衰退风险的经济环境中，世界各主要经济体都将发展数字经济提升至国家重大战略的高度，但各国的发展仍面临诸多经济挑战，着力提升自身经济韧性同样不容忽视。与此同时，步入新常态发展时期的中国经济，在由经济高速度增长阶段向经济高质量发展阶段转型的过程中，同样面临着内生冲击与外生冲击的双重威胁，所以不断提升经济韧性已成为必然选择。通过上文系统梳理的现有经济韧性相关研究文献还可以发现，中外学者对经济韧性的时空演变、测度分析以及影响因素等方面进行了理论推导或者实证检验，并主要集中在产业结构、技术创新、社会资本、政策因素和宗教文化等几个层面，但依然存在诸多可供挖掘的研究内容。譬如，在新技术革命方兴未艾的历史节点，数字经济作为一种新型经济形态正在蓬勃发展，那么，数字经济是否能够提升中国的经济韧性？假若这一促进效应得以实证，其具体的作用机理又是怎样的呢？数字经济对经济韧性的影响效应又有何种空间特征，在空间影响效应方面又存在何种异质性？基于对以上问题的思考，本章将从经济韧性的宏观整体特征、空间特征、分维度特征以及地区特征等多种视角剖析发展数字经济对其所产生的影响，并在此基础上选取了经济规模、人口密度、外商直接投资、科技支出水平和人力资本水平作为经济韧性影响因素的控制变量加以分析。凭借随机效应模型、固定效应模型和空间杜宾模型的计量分析方法，分别对总体样本、分维度总体样本、分区域样本和分类型样本展开实证研究。

本章节的具体安排如下：4.1 为理论分析与研究假设；4.2 为研究设计；4.3 为相关检验及分析；4.4 为实证分析；4.5 为进一步分析；4.6 为本章小结。

4.1 理论分析与研究假设

基于经济地理学演化理论视角，经济韧性属于经济体自身的固有属性，其源自内部结构所赋予的冲击应对能力，而数字经济作为一种新型经济形态正在深刻影响着我国经济发展的空间结构、发展模式、生产效率、新兴产业的培育等诸多层面，其不仅在实现经济包容性发展的过程中发挥巨大的作用，还在经济可持续性发展的道路上扮演着越来越重要的角色，成为经济发展的新动能。首先，发展数字经济可以助力经济结构转型升级，所谓经济结构是指特定经济体在其所处的具体空间区位和时间阶段形成的经济特性的构成比例和关系网络（皮亚杰，1984）。新的生产部门或生产领域的迅速崛起是经济结构转型发展的关键核心驱动力量，因为新的生产部门将通过新的生产函数带动经济增长，在此过程中会激发各种扩散效应，进一步优化经济增长的质量。比如在固定资产投资领域，在过去较长的一段时期之内，中国的固定资产投资是以房地产投资为重要组成部分的，而在经济新常态时期推行的供给侧结构性改革以及“房住不炒”政策的宏观调控影响之下，传统的固定资产投资势必难以为继，但是旧的生产部门走向衰退之际，新的生产部门便会诞生，发展数字经济所带来的新型数字化、智能化的基础设施建设可以对传统固定资产投资的下滑形成有效的补充。经济结构与经济增长的关系密切又相互影响，经济结构的不同形态可以反映经济增长所采用的发展模式，经济发展模式的转型能力又是经济韧性的具体体现和调整经济结构的结果。发展数字经济将促进经济结构的数字化转型，致力于解决我国传统经济困于低价值生产活动、产品功能性不足以及难以融入全球价值链高端领域的局面，在保障经济增长动力的前提下转型高质量发展，逐步提升经济韧性。其次，发展数字经济在推动经济结构转型升级的同时，还可以优化供给侧结构的动态调整能力。经济发展过程中，增长新动能的培育重点就在产品市场的供给端，所以新常态阶段的中国经济力推供给侧结构性改革，而发展数字经济对于供给侧结构性改革具有深远意义，数字经济不但更新了传统生产要素的内容，以数据、知识和信息为关键生产要素，还优化了经济系统内部各要素之间的配合，促进了产业结构转型升级过程中的合理化与高级化调整，提高了各产业之间的资源配置效率并丰富了组合形式，在培育经济增长新动能的基础上持续优化产业结构，使其成为经济结构的重要组成部分并为强化经济韧性助力。最后，发展数字经济强化经济韧性不仅在供给侧推动了结构性改革的进程，还促进了需求侧改革和循环经济的建设。经济韧性较弱的经济体通常表现出有效需求不足的特征，而且政府面对经济波动时的货币政策和财政政策表现不佳。特别是面对世界性经济冲击的严峻挑战时，需求侧和循环经济在短期内的抵御能力和恢复能力也是经济韧性的具体表现形式。在发展数字经济的过程中，投资与消费作为需求侧的重要组成部分和构建新型循环经济的主要抓手，其内涵和推动力正在变化，开始由传统形式向着新基建和消费升级的方向迈进，新型基础设施建设投资具备正外部性和扩散效应，消费内容和消费形式的变化也在促进消费升级，而投资与消费的乘数效应均可以扩大内需并助力经济良性循环的形成，并以此提高经济韧性。基于此，本章提出如下研究假设：

研究假设 4.1：发展数字经济能够显著提升经济韧性。

结合数字经济的数字化、网络化和平台化特征，数字经济的迅猛发展依托数字化技术正在削弱各类经济活动的空间界限，网络效应和平台化发展趋势的出现也相对弱化了地区间的信息不对称性，因此，从空间维度探究数字经济的溢出效应具有重要意义。数字经济作为推动新兴产业发展的重要因素，遵循达维多定律，早期进入数字经济领域研发新型产品的企业均已占据了相当大的市场份额，并在空间维度上形成了一定的集聚现象，伴随数字经济企业集聚所形成的数字经济中心正在逐步发展成为更大空间范围内的经济增长极，同时以城市层面的样本检验空间集聚现象和空间溢出效应较为合理（赵涛等，2020）。依据上文所述，数字经济在推进当地“新基建”的过程中，对于劳动力的需求有所上升，如此可以满足周边地区的就业需求，提升邻近地区的经济韧性；数字经济所孕育出的诸多新兴产业，在稳固占据产业链上游的同时不断延长原有的产业链，基于相邻地理位置优先性的考虑，其邻近地区受其影响将较早地加入新兴产业之中，逐步改善原有的产业结构，实现了对于邻近地区经济韧性的溢出效应；数字经济不断刺激自身的技术创新，并通过数字网络形成较强的扩散效应，随着数字技术在诸多领域的广泛使用，创新成本压缩规模效应凸显，本地区及邻近地区的资金和人才等资源要素得以高效流转，信息不对称问题得到有效缓解，推动了技术交流和知识分享，整体的创新收益持续上涨，根据新经济地理理论和索洛余量理论的观点，技术创新存在空间维度的溢出效应，而新产品、新技术的扩散效应也将在优化当地经济韧性的基础上辐射到邻近的空间单元，最终有助于整体经济韧性的提升。基于此，本章提出如下研究假设：

研究假设 4.2：数字经济可通过空间溢出效应促进周边地区经济韧性水平的提升。

4.2 研究设计

4.2.1 变量选取

本书的核心解释变量为数字经济发展水平，采用上文所构建的数字经济发展综合指数进行数量分析，并记为 DIGIT。

被解释变量为经济韧性水平，采用上文所构建的经济韧性综合评价指标体系计算得出并记为 *RES*，在进一步分析中将经济韧性分为抵御能力、恢复能力和转型能力三个子维度分别进行数量分析，依次记为 $RES^{(1)}$、$RES^{(2)}$、$RES^{(3)}$。

在数字经济对经济韧性产生影响效应的过程中，还存在其他可能影响实证研究结果的关键变量，为进一步提高模型的准确性，本书主要采取将其作为控制变量加入实证检验模型的方式对其加以控制。参考既有研究，在构建模型的过程中引入经济规模、人口密度、外商直接投资、科技支出和人力资本作为控制变量。其中，经济规模（GRP）的衡量，通过搜集各经济单元年度全市范围内地区生产总值的当年价格，再采用对其取自然对数处理的方法获得；人口密度（CITY）主要采取各经济单元每平方千米的行政面积中年末户籍人口数量作为衡量依据进行测度；外商直接投资（FDI）通过选取各城市年度外商直接投资额数据，再对其取自然对数处理的方法进行衡量；科技支出水平（RD）采用各城市年度公共财政支出中科学技术支出的数据再取自然对数的方式进行测算；人力资本水平（HUMAN）的衡量，采用各经济单元年度高校学生数量取自然对数作为其替代变量表示。

本书样本数据以“年份＊城市”作为观测单元，总计2 565条观测值。并在上文测算了2011—2019年间中国内地285个地级及以上城市的数字经济发展综合指数、经济韧性综合指数以及分维度指数、经济规模、人口密度、外商直接投资、科技支出水平和人力资本水平。测算指标过程中所涉及的原始数据主要来源于《中国城市统计年鉴》，部分省（市、地区）的统计年报，WIND、EPS、CNRDS和中经网数据库等，对于无法直接从官方获取的数据以及官方公布数据报表中的部分缺失数据，本书采用相关指标替代或估算的方法予以补齐。本书所选取的285个地级及以上城市的具体城市名称已在本书附录中详细列出，在此不再赘述。

4.2.2 描述性统计

本章所涉变量的描述性统计分析数值如表4－1所示。根据表4－1，经济韧性指数（RES）的均值为0.487，标准差为0.032，最小值和最大值分别为0.394、0.644，以上数据显示研究样本之间的经济韧性指数具备一定差异性。数字经济（DIGIT）的均值为0.174，标准差为0.080，最小值和最大值分别为0.018、0.634，以上数据表明中国各城市之间的数字经济发展具备不平衡属性。进一步观察控制变量发现，经济规模（GRP）、外商直接投资（FDI）、科技支出水平（RD）、人口密度（CITY）和人力资本水平（HUMAN）的均值分别为7.359、0.010、0.027、0.438、0.462，标准差分别为0.922、0.002、0.028、0.344、0.112，且其最大值和最小值均存在一定的差距，表明中国内地不同城市在以上几个方面存在显著的差异性，由此也为考察各变量之间的关系提供了可能性。

表 4-1　　主要变量描述性统计

变量名称	变量符号	观测数	平均值	标准差	最小值	最大值
经济韧性	*RES*	2 565	0.487	0.032	0.394	0.644
抵御能力	$RES^{(1)}$	2 565	0.496	0.032	0.368	0.693
恢复能力	$RES^{(2)}$	2 565	0.315	0.055	0.126	0.502
转型能力	$RES^{(3)}$	2 565	0.111	0.054	0.034	0.424
数字经济	*DIGIT*	2 565	0.174	0.080	0.018	0.634
经济规模	*GRP*	2 565	7.359	0.922	4.896	10.549
外商直接投资	*FDI*	2 565	0.010	0.002	0	0.015
人口密度	*CITY*	2 565	0.438	0.344	0.005	2.648
人力资本水平	*HUMAN*	2 565	0.462	0.112	0	0.718
科技支出水平	*RD*	2 565	0.027	0.028	0	0.631

资料来源：国家统计局发布的《中国城市统计年鉴》，WIND、EPS、CNRDS 和中经网数据库等，作者对其进行了整理和分析。

4.2.3　模型构建

本章所提出的两个研究假设涉及数字经济与经济韧性之间的直接效应和空间溢出效应，而空间计量模型既可以检验空间溢出效应，又可以通过分解效应等验证直接效应和总效应，所以本章选择空间计量模型进行回归分析。在引入空间变量之前，首先基于数字经济对于经济韧性的直接效应构建如下基准模型：

$$RES_{i,t} = \alpha_0 + \alpha_1 DIGIT_{i,t} + \alpha_c Z_{i,t} + \mu_i + \delta_t + \varepsilon_{i,t} \tag{4.1}$$

在式（4.1）中，$RES_{i,t}$为城市 i 在 t 时期的经济韧性综合指数，$DIGIT_{i,t}$为城市 i 在 t 时期的数字经济发展综合指数，为简化模型，使用 $Z_{i,t}$代表一系列的控制变量，μ_i 表示不随时间变化的城市固定效应，δ_t 则表示时间固定效应，$\varepsilon_{i,t}$代表随机扰动项，α_0 为常数项。

为进一步探究数字经济对于经济韧性的空间溢出效应，考虑到空间计量模型能够较为全面地检验各个城市的数字经济作用于经济韧性的总效应、直接效应以及间接效应，因此，本章构建如下空间计量模型：

空间滞后模型（SAR）：

$$RES_{i,t} = \chi_0 + \rho W_1 RES_{i,t} + \varphi_1 W_1 DIGIT_{i,t} + \chi_1 DIGIT_{i,t} + \chi_c Z_{i,t} + \mu_i + \delta_t + \varepsilon_{i,t} \tag{4.2}$$

空间误差模型（SEM）：

$$RES_{i,t} = \chi_0 + \varphi_1 W_1 DIGIT_{i,t} + \chi_1 DIGIT_{i,t} + \varphi_c W_1 Z_{i,t} + \chi_c Z_{i,t} + \mu_i + \delta_t + \varepsilon_{i,t} \tag{4.3}$$

空间杜宾模型（SDM）：

$$RES_{i,t} = \chi_0 + \rho W_1 RES_{i,t} + \varphi_1 W_1 DIGIT_{i,t} + \chi_1 DIGIT_{i,t} + \varphi_c W_1 Z_{i,t} + \chi_c Z_{i,t} + \mu_i + \delta_t + \varepsilon_{i,t} \tag{4.4}$$

在式（4.2）至式（4.4）中，i 表示中国内地城市中的样本城市数量，t 表示 2011—2019 年的时间区间，χ_0 为常数项，χ_1 为回归系数向量，ρ 表示空间自回归系数，W 代表空间权重矩阵，在此采用经济距离矩阵 W_1 进行回归，φ_1 代表解释变量数字经济 $DIGIT_{i,t}$ 的空间加权弹性系数，φ_c 则表示一系列控制变量空间交互项的弹性系数，μ_i 和 δ_t 分别代表时间和个体效应，$\varepsilon_{i,t}$ 代表随机干扰项。

4.3 相关检验及分析

4.3.1 单位根检验和面板协整检验

单位根检验属于序列检验中的平稳性检验，通过检验序列中是否存在单位根来判断数据的平稳性，若序列中存在单位根则属于非平稳序列，而非平稳序列在计量模型的回归分析中会出现“伪回归”的情形，为保障实证检验结果的准确性和有效性，需要在面板数据平稳的前提下进行回归分析。目前较为常用的单位根检验方法是 LLC 同根检验和 ADF 异根检验，其不但适用于时序较短且横截面数据较多的面板数据，而且能够兼顾截面数据的一致性和扰动项的序列问题。具体过程包括从被解释变量和被解释变量的变化量中剔除自相关和确定项的影响，使其标准化后成为代理变量再进行检验。LLC 检验假设面板数据中所有截面的序列都是非平稳的，若检验结果拒绝原假设则属于平稳性序列。检验结果如表 4-2 所示，被解释变量经济韧性（RES）、抵御能力（$RES^{(1)}$）、恢复能力（$RES^{(2)}$）、转型能力（$RES^{(3)}$），解释变量数字经济（DIGIT）、控制变量经济规模（GRP）、外商直接投资（FDI）、人口密度（CITY）、人力资本水平（HUMAN）和科技支出水平（RD）均在 1% 的显著性水平下拒绝原假设，因此后续研究过程中所涉及主要变量的相关序列都是平稳的。

表 4-2　　面板数据单位根检验结果

变量	统计量	LLC 检验 *P* 值	是否平稳
RES	-47.564	0.000	平稳
$RES^{(1)}$	-50.886	0.000	平稳
$RES^{(2)}$	-46.728	0.000	平稳
$RES^{(3)}$	-60.826	0.000	平稳
DIGIT	-67.211	0.000	平稳
GRP	-32.093	0.000	平稳
FDI	-61.999	0.000	平稳
CITY	-35.936	0.000	平稳
HUMAN	-53.985	0.000	平稳
RD	-37.701	0.000	平稳

资料来源：国家统计局发布的《中国城市统计年鉴》，WIND、EPS、CNRDS 和中经网数据库等，作者对其进行了整理和分析。

单位根检验证明了序列的平稳性之后，还需要检验面板数据是否具备统计学意义上的长期均衡关系，这一步需要进行面板协整检验，目前较为常用的面板协整检验方法是 Kao 检验和 Pedroni 检验，二者均基于一阶协整检验的思想，检验残差的平稳性。其中，Kao 检验假设面板数据不具备长期均衡关系，若检验结果拒绝原假设则证明存在长期均衡关系，可以使用面板模型回归分析。检验结果如表 4-3 所示，可以发现在 1% 的显著性水平下拒绝原假设，因此本书的实证研究可以使用面板数据进行后续的计量分析。

表 4-3　　面板协整检验结果（KAO 检验）

项目	T 统计量	P 值
ADF	-6.882	0.000

资料来源：国家统计局发布的《中国城市统计年鉴》，WIND、EPS、CNRDS 和中经网数据库等，作者对其进行了整理和分析。

4.3.2　空间自相关的度量

若要在基准模型的基础上考虑空间效应，必须判断样本数据是否适用于空间计量模型，即验证包括解释变量和被解释变量等在内的主要变量是否具有空间自相关属性。空间自相关是指变量在同一空间范围内的观测数据之间存在的相互依赖性，在经济学领域即指本地的经济活动会直接或间接地影响到空间邻近地区或经济关联地区的经济活动。空间计量模型是指通过空间权重矩阵对基准线性回归模型进行修正，在基准模型中纳入空间因素的计量分析方法。因此，在进行实证分析之前有必要先进行空间自相关检验，若验证了主要变量存在空间自相关性，则表明原有基准计量模型的回归结果存在一定的偏差。本书主要采用既有研究提出的 Moran's I 指数检验方法计算各年度经济韧性及其子维度抵御能力、恢复能力、转型能力和数字经济的空间相关性，其中 Moran's I 指数的定义为：

$$Moran's\ I = \frac{n\sum_{i=1}^{n}\sum_{j=1}^{n}W_{ij}(X_i - \overline{X})(X_j - \overline{X})}{S^2\sum_{i=1}^{n}\sum_{j=1}^{n}(X_i - X_j)^2} \tag{4.5}$$

$$S^2 = \frac{1}{n}\sum_{i=1}^{n}(X_j - \overline{X}), \overline{X} = \frac{1}{n}\sum_{i=1}^{n}X_i, i,j = 1,2,3,\cdots,n \tag{4.6}$$

Moran's I 指数的取值范围是［-1，1］，若 Moran's I 大于0，则表示测算变量的空间相关关系将随着 Moran's I 指数的上升而变强；若 Moran's I 小于0，则代表测算变量具备空间负相关关系；若 Moran's I 等于0，则表示测算变量不存在空间自相关属性。并通过标准化 Z 统计量检验空间自相关系数的显著水平，计算公式如下：

$$Z = \frac{Moran's\ I - E(I)}{\sqrt{VAR(I)}} \tag{4.7}$$

在式（4.7）中，$E(I)$ 指 *Moran's I* 的期望值，$VAR(I)$ 指 *Moran's I* 的标准差。

在此过程中还需要设定空间权重矩阵，考虑到本书的研究集中于经济学领域，在构建空间权重矩阵时不仅要考虑空间邻接和地理距离等空间因素，更不能忽视经济发展差距所造成的空间依赖和辐射影响，因此分别构建了经济距离矩阵、空间邻接矩阵、地理距离矩阵、地理经济距离矩阵和嵌套矩阵。其中，经济距离矩阵通过城市人均 GDP 绝对差值的倒数构建，两个城市之间的经济差距越小经济发展水平越接近，则可能具备相似的经济发展模式而存在较强的空间相关性，因而赋予较大的权重，反之则赋予较小的权重，设定如下：

$$W_1 = \begin{cases} 0, i = j \\ \dfrac{1}{\overline{\overline{gdp_i}} - \overline{\overline{gdp_j}}}, i \neq j \end{cases} \tag{4.8}$$

空间邻接矩阵通过城市 i 与城市 j 之间的相邻关系采用相邻赋值为 1、不相邻赋值为 0 的矩阵形式，设定如下：

$$W_2 = \begin{cases} 0, i \text{ 与 } j \text{ 不相邻} \\ 1, i \text{ 与 } j \text{ 相邻} \end{cases} \tag{4.9}$$

根据地理学第一定律，空间范围内的区域之间都是相关的，但地理距离的远近与相关性强弱成反比，即城市 i 与城市 j 之间的地理距离越远相关性越弱。地理距离矩阵通过城市 i 与城市 j 之间的地理距离 d_{ij} 的倒数构建，设定如下：

$$W_3 = \begin{cases} 0, i = j \\ \dfrac{1}{d_{ij}}, i \neq j \end{cases} \tag{4.10}$$

考虑到单纯地通过地理距离或经济距离研究问题可能会存在部分局限性，现实中的经济活动可能会受到经济因素与地理因素的综合影响，因此本书还构造了地理经济距离矩阵和嵌套矩阵进行补充分析，地理经济距离矩阵基于城市 i 与城市 j 之间空间距离 d_{ij} 的倒数与城市 i 人均 GDP 所占全部城市人均 GDP 比重的乘积构建，设定如下：

$$W_4 = \begin{cases} 0, i = j \\ \dfrac{1}{d_{ij}} \times \dfrac{\overline{gdp_i}}{\overline{\overline{gdp}}}, i \neq j \end{cases} \tag{4.11}$$

嵌套矩阵采用赋权地理距离矩阵和经济距离矩阵并累加的方法构建，为简化计算，本书分别给予两个矩阵0.5的权重，在兼顾经济距离和地理距离影响的前提下构建嵌套矩阵，设定如下：

$$W_5 = \begin{cases} 0, i = j \\ 0.5 \times \dfrac{1}{\overline{gdp_i} - \overline{gdp_j}} + 0.5 \times \dfrac{1}{d_{ij}}, i \neq j \end{cases} \tag{4.12}$$

以上矩阵中，经济距离矩阵作为主效应检验的应用矩阵，其余矩阵将在稳健性检验中进一步证实分析结论。如表4-4所示，在经济距离空间权重矩阵下，样本期间经济韧性（RES）的Moran's I数值在0.222~0.285之间波动，并且通过了1%的显著性水平验证；抵御能力（$RES^{(1)}$）的Moran's I数值在0.039~0.142之间波动，并且通过了1%的显著性水平验证；恢复能力（$RES^{(2)}$）的Moran's I数值在0.116~0.215之间波动，并且通过了1%的显著性水平验证；转型能力（$RES^{(3)}$）的Moran's I数值在0.216~0.281之间波动，并且通过了1%的显著性水平验证；同时，数字经济（DIGIT）在经济距离空间权重矩阵下的Moran's I指数在0.323~0.383之间波动，且样本期间各年份的Moran's I指数的P值均小于0.01。以上结果表明，中国内地2011—2019年间285个地级及以上城市的数字经济和经济韧性及其三个子维度（抵御能力、恢复能力、转型能力）均存在显著的空间自相关性，即在空间层面表现出集聚分布情形，这表明后续的研究适合采用空间计量模型检验样本数据，但至此还未能选择出包括空间滞后模型（SAR）、空间误差模型（SEM）和空间杜宾模型（SDM）在内的具体空间计量模型。

表4-4　　空间自相关检验

年份/年	RES		$RES^{(1)}$		$RES^{(2)}$		$RES^{(3)}$		$DIGIT$	
	Moran's I	P值	Moran's I	P值	Moran's I	P值	Moran's I	P值	Moran's I	P值
2011	0.222	0.000	0.039	0.151	0.116	0.000	0.241	0.000	0.323	0.000
2012	0.257	0.000	0.079	0.005	0.131	0.000	0.216	0.000	0.338	0.000
2013	0.240	0.000	0.074	0.009	0.149	0.000	0.220	0.000	0.346	0.000
2014	0.249	0.000	0.049	0.078	0.166	0.000	0.258	0.000	0.361	0.000

续表

年份/年	*RES*		*RES* (1)		*RES* (2)		*RES* (3)		*DIGIT*	
	Moran's I	*P* 值	Moran's I	*P* 值	Moran's I	*P* 值	Moran's I	*P* 值	Moran's I	*P* 值
2015	0. 260	0. 000	0. 078	0. 006	0. 154	0. 000	0. 239	0. 000	0. 358	0. 000
2016	0. 267	0. 000	0. 093	0. 001	0. 154	0. 000	0. 236	0. 000	0. 361	0. 000
2017	0. 267	0. 000	0. 127	0. 000	0. 199	0. 000	0. 242	0. 000	0. 383	0. 000
2018	0. 285	0. 000	0. 142	0. 000	0. 215	0. 000	0. 259	0. 000	0. 361	0. 000
2019	0. 281	0. 000	0. 124	0. 000	0. 209	0. 000	0. 281	0. 000	0. 348	0. 000

资料来源：国家统计局发布的《中国城市统计年鉴》，WIND、EPS、CNRDS 和中经网数据库等，作者对其进行了整理和分析。

为了更直观地比较数字经济和经济韧性及其三个子维度（抵御能力、恢复能力、转型能力）的 Moran's I 指数的时间趋势，本章节绘制了图 4－1，并将其用来观察变量之间的差异与时间特征。通过图 4－1 可以发现，数字经济和经济韧性及其三个子维度（抵御能力、恢复能力、转型能力）的 Moran's I 指数均较为稳定，且表现出较低水平的上升态势，其中数字经济的 Moran's I 指数整体水平最高，抵御能力的 Moran's I 指数整体水平最低，但抵御能力与恢复能力的 Moran's I 指数则呈现出相对较高水平的增长态势，而经济韧性与转型能力的 Moran's I 指数表现出交替上升且总体水平接近的发展趋势。

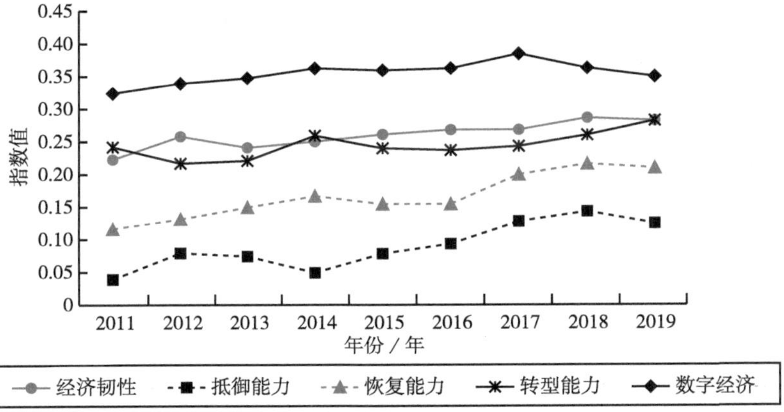

图 4－1　2011—2019 年核心变量全局 Moran's I 指数变动趋势

4.3.3 空间特征分析

本书采用局部 Moran's I 指数分别深入分析各城市经济韧性及其子维度和数字经济与其周边地区之间所存在的空间特征分布，并绘制了中国内地 285 个城市 2011 年和 2019 年经济韧性及其子维度和数字经济的 Moran 散点图。

经济韧性的空间分布特征如图 4 –2 所示，可以发现 2019 年中国内地各城市的分布更为集中一些，经统计得知 2011 年第一象限和第三象限共有城市 195 个，2019 年第一象限和第三象限共有城市 197 个，说明近 70% 的城市处于双高（HH）和双低（LL）区域并受到经济韧性的正向溢出效应，且经济韧性的溢出效应有提升的态势。抵御能力的空间分布特征如图 4 –3 所示，可以发现空间效应的正向趋势明显提升，经统计处于双高（HH）和双低（LL）区域的中国内地城市由 2011 年的 150 个增长至 2019 年的 165 个，高值集群和低值集群区域进一步扩大。恢复能力的空间分布特征如图 4 –4 所示，可以发现 2011 年中国内地各城市的分布较为分散，经统计 2011 年第一象限和第三象限共有城市 172 个，2019 年第一象限和第三象限共有城市 182 个，说明超过 60% 的中国内地城市受到恢复能力的正向溢出效应，且影响仍在扩大。转型能力的空间分布特征如图 4 –5 所示，可以发现 2019 年中国内地各城市的分布进一步集中，经统计 2011 年第一象限和第三象限共有城市 209 个，2019 年第一象限和第三象限共有城市 217 个，说明截至 2019 年超过 75% 的中国内地城市受到转型能力的正向溢出效应，且影响持续扩大。数字经济的空间分布特征如图 4 –6 所示，可以发现中国大部分城市均落入一、三象限，说明中国内地城市发展数字经济的空间集聚现象显著，且呈现出明显的高值集群和低值集群区域，经统计大部分年份有超过 80% 的中国内地城市受到数字经济的正向溢出效应影响，进一步证实了空间计量模型的适用性。

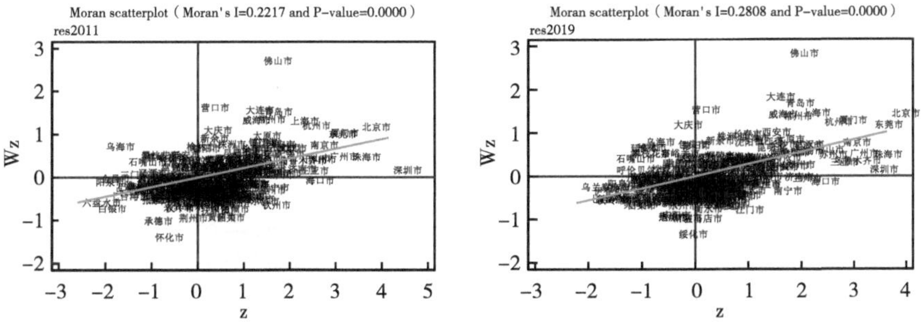

图 4－2　2011 年和 2019 年经济韧性局部 Moran's I 指数分布散点图

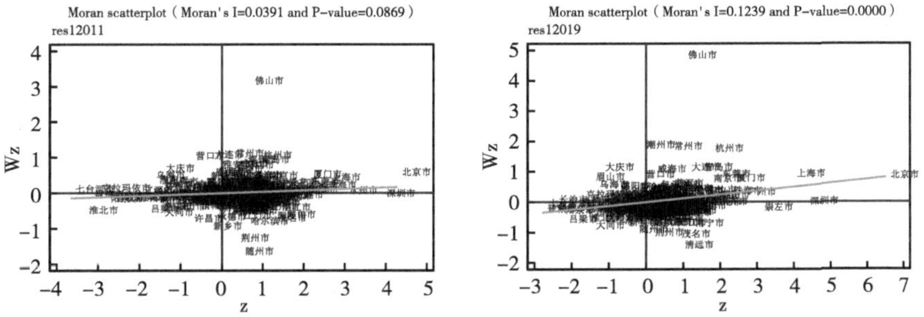

图 4－3　2011 年和 2019 年抵御能力局部 Moran's I 指数分布散点图

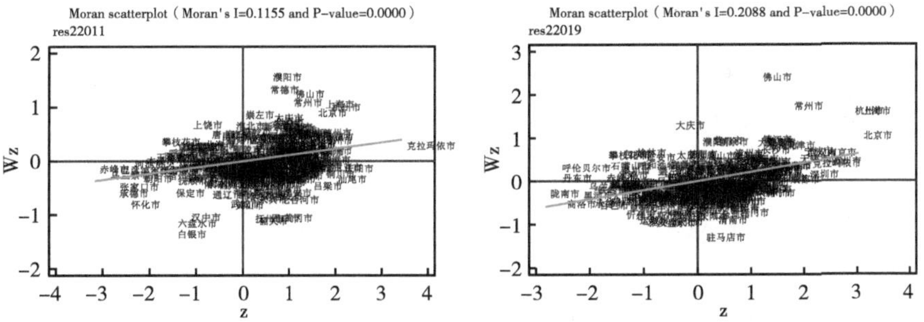

图 4－4　2011 年和 2019 年恢复能力局部 Moran's I 指数分布散点图

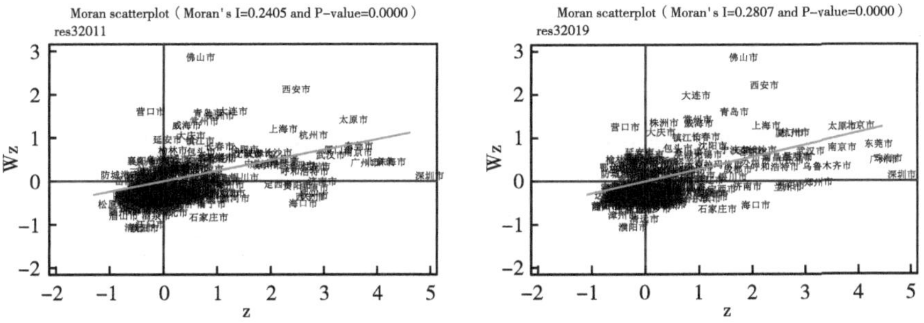

图 4－5　2011 年和 2019 年转型能力局部 Moran's I 指数分布散点图

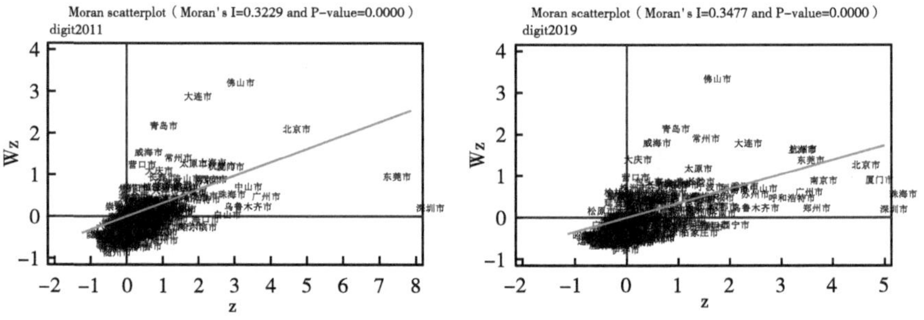

图 4－6　2011 年和 2019 年数字经济局部 Moran's I 指数分布散点图

4.4

实证分析

常用的空间计量模型包括空间滞后模型（SAR）、空间误差模型（SEM）和空间杜宾模型（SDM）。空间滞后模型（SAR）是指在原有基准模型的解释变量中纳入被解释变量的空间滞后项，并在相关变量与空间权重矩阵结合之后进行回归分析，主要研究核心解释变量通过空间影响机制所形成的空间溢出效应与扩散效应，即某个城市的解释变量对其邻近城市的被解释变量所造成的影响，空间滞后模型（SAR）的基本设定形式如下：

$$Y_t = \lambda WY_t + X_t\beta + \varepsilon \tag{4.13}$$

在式（4.13）中，X_t 为核心解释变量，W 为空间权重矩阵，Y_t 为被解释变量，在该模型中，W 与 Y_t 的乘积也是模型的解释变量之一，λ 为空间自回归系数，ε 为随机误差项。空间滞后模型（SAR）通过检验 λ 的值是否显著等于 0 来判断空间自相关性，若结果显示 λ 的值显著不等于 0，则证明被解释变量存在空间自相关性。

空间误差模型（SEM）是指在原有基准模型的扰动误差项中进行空间滞后回归，将核心解释变量之外的重要遗漏变量进行空间相关性检验，基于空间误差项的空间自相关属性体现研究样本所受误差项的影响，空间误差模型（SEM）的基本设定形式如下：

$$Y_t = X_t\beta + \mu \tag{4.14}$$

$$\mu = \rho W \mu_t + \varepsilon \tag{4.15}$$

在式（4.14）和式（4.15）中，主要变量与基准模型保持一致，W 与 μ_t 的乘积为空间滞后误差项，ε 为随机误差项且 $\varepsilon \sim N(0, \sigma^2)$，$\rho$ 为空间滞后误差项回归系数。

空间杜宾模型（SDM）结合了上述两个模型的特点，同时考虑解释变量与被解释变量的空间自相关性，即某个城市的解释变量不但影响本地的被解释变量，还对其邻近城市的解释变量与被解释变量均能造成一定程度的影响。空间杜宾模型（SDM）的基本设定形式如下：

$$Y_t = \lambda W Y_t + X_t \beta + \delta W X_t + \varepsilon \tag{4.16}$$

在式（4.16）中，主要变量与基准模型保持一致，λ 为本地城市的核心解释变量对于观测值所产生影响的空间自回归系数，δ 为本地城市的其余解释变量对于观测值所产生影响的空间自回归系数。

通过对以上三种空间计量模型的解读可以发现，空间滞后模型（SAR）、空间误差模型（SEM）和空间杜宾模型（SDM）各有特色、各有所长，参考现有研究文献也发现，大多学者通过选用一种或全部采用的方式来检验空间溢出效应，同时适用于本部分研究的三种空间计量模型的具体形式，已在上文的模型构建章节详细列出，在此将不再赘述，下面将通过模型选择找出适用于本研究的最优空间计量模型并进行主效应检验，其余两种空间计量模型将以稳健性检验的形式进行回归分析。

4.4.1　模型选择

验证数字经济与经济韧性具备空间自相关性之后，需要进一步确定适用何种空间计量模型，接下来的分析将采用经济距离矩阵进行。通常确认空间计量模型的方式包括直接比较回归结果和检验最优模型选择两种方法，本书借鉴埃尔霍斯特（Elhorst）、赵涛等学者的分析思路，从 LM 检验即采用分块对角矩阵代替空间权重矩阵的方式进行比较分析，若只有 LM - Lag 项显著则选择空间滞后模型（SAR），若只有 LM - Err 项显著则选择空间误差模型（SEM），若以上两项均显著则进一步扩展到 Robust LM 检验，检验方式与 LM 检验相同，若 Robust LM - Lag、Robust LM - Err 两项再次显著则选择空间杜宾模型（SDM）。并结合Wald检验和LR检验分析空间杜宾模型（SDM）能否简化为空间误差模型（SEM）和空间滞后模型（SAR），最后经Hausman检验判断何种空间计量模型为最优选择。以上一系列检验结果如表4－5所示。表4－5显示，主要被解释变量的LM_spatial lag检验和LM_spatial error检验均通过了1%的显著性水平验证，表明城市层面数字经济作用于经济韧性及其子维度的研究更适用于空间计量模型。通过构建SDM模型并结合Wald和LR分析结果判断SDM模型是否可以简化为SAR模型和SEM模型，检验结果均通过了1%的显著性水平验证，即原假设不成立，SDM模型不可以简化为SAR模型或SEM模型。最后，Hausman检验结果在1%的显著性水平下全部显著，表明SDM固定效应模型为最优选择。

表4－5　空间计量模型选择的检验结果

检验方法	*RES*		*RES*(1)		*RES*(2)		*RES*(3)	
	统计值	*P*值	统计值	*P*值	统计值	*P*值	统计值	*P*值
LM_spatial lag	78.893	0.000	152.730	0.000	227.821	0.000	14.024	0.000
R－LM_spatial lag	124.946	0.000	107.398	0.000	181.532	0.000	141.686	0.000
LM_spatial error	394.487	0.000	68.896	0.000	108.777	0.000	327.642	0.000
R－LM_spatial error	440.540	0.000	23.464	0.000	62.488	0.000	455.303	0.000
Wald_spatial lag	21.230	0.001	21.060	0.001	24.010	0.000	77.720	0.000
LR_spatial lag	21.630	0.001	23.630	0.001	23.97	0.001	78.710	0.000
Wald_spatial error	21.220	0.001	22.990	0.001	27.43	0.000	94.260	0.000
LR_spatial error	21.180	0.002	22.960	0.001	27.42	0.000	93.390	0.000
Hausman	34.470	0.000	55.670	0.000	58.90	0.000	143.090	0.000

资料来源：国家统计局发布的《中国城市统计年鉴》，WIND、EPS、CNRDS和中经网数据库等，作者对其进行了整理和分析。

4.4.2　实证结果分析

数字经济作用于经济韧性的总体效应检验结果如表4－6所示。模型(1)、模型（2）、模型（3）和模型（4）中自变量数字经济综合指数(DIGIT）的估计系数均显著为正，表明发展数字经济有利于提升城市层面的经济韧性，本章的假设 4.1 得以验证。同时，在考虑各项控制变量的时间空间双固定效应模型（4）中，由于控制效应最多且经检验模型估计的准确性最优，本书将主要通过该模型进行后续分析和进一步检验，城市经济规模（GRP）、科技支出水平（RD）和人力资本水平（HUMAN）均与经济韧性存在正相关关系，且全部通过 1% 水平的显著性检验，因此证明了经济体量、科研能力和劳动力状况对于提升地区经济韧性的重要作用。同时，外商直接投资（FDI）的估计系数为负值且通过了 1% 水平的显著性检验，这在一定程度上证明外来资本与投资并没有助力当地经济韧性水平的提高，过度依赖外资反而不利于经济韧性的提升，可能的原因是由外资所引进的前沿技术存在较强的传播壁垒而无法形成良好的扩散效应，且易于产生外资依赖和技术锁定的情形，导致我国的经济发展和技术创新领域出现外商“卡脖子”的现象而有损经济韧性。

表 4-6　　数字经济与经济韧性的 SDM 模型回归结果

变量	(1)	(2)	(3)	(4)
	混合回归	空间固定效应	时间固定效应	时间空间双固定效应
	RES	*RES*	*RES*	*RES*
DIGIT	0.062*** (0.010)	0.028*** (0.010)	0.217*** (0.009)	0.029*** (0.010)
GRP	0.011*** (0.001)	0.010*** (0.001)	0.009*** (0.001)	0.009*** (0.001)
FDI	-0.951*** (0.229)	-1.017*** (0.221)	-0.725*** (0.260)	-1.144*** (0.219)
CITY	0.010*** (0.003)	-0.025*** (0.006)	0.014*** (0.001)	-0.024*** (0.006)
HUMAN	0.056*** (0.007)	0.040*** (0.008)	0.048*** (0.005)	0.037*** (0.008)
RD	0.053*** (0.010)	0.054*** (0.010)	0.166*** (0.015)	0.054*** (0.009)
*W * DIGIT*	-0.005 (0.014)	0.045*** (0.016)	0.035 (0.026)	0.061** (0.028)

续表

变量	(1)	(2)	(3)	(4)
	混合回归	空间固定效应	时间固定效应	时间空间双固定效应
	RES	*RES*	*RES*	*RES*
*W * GRP*	-0.007**	-0.009**	-0.007***	-0.010**
	(0.003)	(0.004)	(0.002)	(0.004)
*W * FDI*	2.149***	1.858***	0.800	0.507
	(0.595)	(0.571)	(0.832)	(0.616)
*W * CITY*	0.019**	0.032	0.016***	0.035*
	(0.009)	(0.020)	(0.004)	(0.020)
*W * HUMAN*	-0.020	-0.035	-0.013	-0.046*
	(0.018)	(0.023)	(0.011)	(0.024)
*W * RD*	0.032	0.034	-0.008	0.042
	(0.027)	(0.026)	(0.042)	(0.026)
ρ	0.286***	0.312***	0.010	0.128***
	(0.034)	(0.033)	(0.039)	(0.038)
N	2 565	2 565	2 565	2 565
R^2	0.604	0.261	0.611	0.182

注：括号内为标准误，*、** 和 *** 分别表示 $P<0.1$、$P<0.05$ 和 $P<0.01$，即在 10%、5% 和 1% 水平上显著。

数字经济作用于经济韧性的空间溢出效应分解结果如表 4-6、表 4-7 所示。表 4-6 中的模型（4）显示，SDM 分析中城市经济韧性（RES）的空间自回归系数 ρ 为 0.128 且 P 值小于 0.01，而数字经济（DIGIT）的空间交互项系数显著为正（P 值 <0.01），说明中国城市级经济体在空间维度既有外生的数字经济交互效应，同时还存在城市经济韧性的内生交互效应。然而，表 4-6 中的检验结果并不能用来直接探讨数字经济作用于城市经济韧性的边际效应，而需根据表 4-7 中的 SDM 偏微分解释其边际影响。表 4-7 显示，在直接效应下，数字经济（DIGIT）的系数为 0.030，并且通过了 1% 的显著性水平验证，代表数字经济有利于提高城市层面本地的经济韧性，再次验证了本章的假设 4.1。同时，间接效应结果显示数字经济（DIGIT）的系数为 0.073，并且通过了 5% 的显著性水平验证，且溢出

效应系数高于直接效应系数，表明数字经济作用于周边城市的经济韧性的正向空间溢出效应显著存在，并且其效力大于对本地的直接促进效应。因此，本章的假设 4.2 亦验证成立。

表 4－7　　数字经济与经济韧性的 SDM 模型空间分解效应

分解效应	变量	(1)	(2)	(3)	(4)
		混合回归	空间固定效应	时间固定效应	时间空间双固定效应
		RES	*RES*	*RES*	*RES*
直接效应	*DIGIT*	0.063*** (0.010)	0.031*** (0.010)	0.217*** (0.010)	0.030*** (0.010)
	GRP	0.011*** (0.001)	0.009*** (0.001)	0.008*** (0.001)	0.009*** (0.001)
	FDI	−0.852*** (0.220)	−0.923*** (0.213)	−0.695*** (0.250)	−1.113*** (0.210)
	CITY	0.011*** (0.003)	−0.024*** (0.006)	0.014*** (0.001)	−0.024*** (0.005)
	HUMAN	0.056*** (0.007)	0.039*** (0.008)	0.048*** (0.004)	0.036*** (0.007)
	RD	0.055*** (0.010)	0.056*** (0.010)	0.167*** (0.014)	0.055*** (0.009)
间接效应	*DIGIT*	0.016 (0.017)	0.075*** (0.020)	0.037 (0.024)	0.073** (0.032)
	GRP	−0.005 (0.005)	−0.009* (0.005)	−0.007*** (0.002)	−0.010** (0.004)
	FDI	2.562*** (0.804)	2.238*** (0.794)	0.870 (0.816)	0.472 (0.686)
	CITY	0.029** (0.013)	0.035 (0.027)	0.016*** (0.004)	0.037 (0.022)
	HUMAN	−0.004 (0.025)	−0.031 (0.032)	−0.013 (0.011)	−0.048* (0.027)
	RD	0.062* (0.036)	0.074* (0.039)	−0.005 (0.044)	0.057* (0.030)

续表

分解效应	变量	(1) 混合回归 *RES*	(2) 空间固定效应 *RES*	(3) 时间固定效应 *RES*	(4) 时间空间双固定效应 *RES*
总效应	*DIGIT*	0.080*** (0.016)	0.106*** (0.020)	0.254*** (0.024)	0.103*** (0.035)
	GRP	0.006 (0.005)	0.000 (0.005)	0.001 (0.002)	−0.001 (0.005)
	FDI	1.710** (0.845)	1.315 (0.848)	0.175 (0.841)	−0.642 (0.727)
	CITY	0.040*** (0.013)	0.011 (0.029)	0.030*** (0.004)	0.013 (0.023)
	HUMAN	0.052** (0.026)	0.008 (0.035)	0.035*** (0.011)	−0.012 (0.029)
	RD	0.117*** (0.039)	0.130*** (0.042)	0.162*** (0.047)	0.112*** (0.033)

注：括号内为标准误，*、** 和 *** 分别表示 $P<0.1$、$P<0.05$ 和 $P<0.01$，即在 10%、5% 和 1% 水平上显著。

4.4.3 稳健性检验

在研究过程中，如果多种稳健性检验的结果一致，则能够说明上述研究结论的可靠性。为验证上述回归结果的稳健性，本节选取以下方法分别进行稳健性检验。

(1) 内生性问题。强经济韧性城市因其较强的转型能力，信息技术往往得到重点关注且具备较高水平，因此在数字经济的发展上也有着先天优势，这在一定程度上说明本书的因果关系判断可能存在内生性问题。为缓解此问题，本节采用逐步设定省份固定效应、省份与时间交互固定效应的方法对模型进行重新回归。表 4－8 的模型 (1) 和模型 (2) 列显示，考虑更为宏观的系统因素后，回归结果与前述一致且无明显变化，本节的结论保持稳健。

（2）外生冲击检验。本章还采用双重差分（DID）方法进行准自然实验研究策略。借鉴赵涛等（2020）的研究思路，以“宽带中国”政策作为外生政策冲击，将我国于 2014 年、2015 年和 2016 年分三批次所遴选出的 118 个城市作为对照组构建 DID 模型，如式（4.17）所示，其中，NET 表示研究样本当年是否属于“宽带中国”试点，若是则取值为 1，反之则取值为 0；Z 为一系列可能影响检验结果的控制变量；μ 和 δ 分别代表个体和时间效应；ε 代表随机误差项；i 和 t 分别表示年份和时间。

$$RES_{i,t} = \varphi_0 + \varphi_1 NET_{i,t} + \varphi_2 Z_{i,t} + \mu_i + \delta_t + \varepsilon_{i,t} \tag{4.17}$$

进行回归分析前，本节依据事实检验法测算模型的平行趋势，验证了 DID 方法的重要前提假设。回归结果如表 4-8 中的模型（3）和模型（4）所示，前者未加入控制变量，后者加入了一系列控制变量，二者回归结果均与上文一致且无明显变化，再次表明了研究结论的稳健性。

表 4-8　内生性与外生冲击检验回归结果

变量	(1)	(2)	(3)	(4)
	固定效应	固定效应	DID	DID
	RES	*RES*	*RES*	*RES*
NET			0.011*** (0.002)	0.009*** (0.001)
DIGIT	0.106*** (0.011)	0.087*** (0.010)		
GRP	0.018*** (0.003)	0.016*** (0.004)		0.020*** (0.003)
FDI	-0.223 (0.391)	0.307 (0.385)		-0.218 (0.348)
CITY	0.132*** (0.010)	0.123*** (0.009)		0.113*** (0.024)
HUMAN	0.021 (0.014)	0.026** (0.012)		0.021 (0.013)

续表

变量	(1)	(2)	(3)	(4)
	固定效应	固定效应	DID	DID
	RES	*RES*	*RES*	*RES*
RD	0.111*** (0.017)	0.100*** (0.014)		0.104** (0.044)
省份固定效应	YES	YES	NO	NO
省份*时间效应	NO	YES	NO	NO
城市固定效应	YES	YES	YES	YES
时间固定效应	YES	YES	YES	YES
CONS	-0.117*** (0.019)	-0.107*** (0.027)	0.050*** (0.002)	-0.147*** (0.023)
R^2	0.970	0.973	0.965	0.969

注：括号内为标准误，*、**和***分别表示 $P<0.1$、$P<0.05$ 和 $P<0.01$，即在10%、5%和1%水平上显著。

（3）其他方法的稳健性检验。除上述两种方法外，为进一步验证回归结果的稳健性，本节还选取以下三种方法进行验证：（1）更换空间权重矩阵。分别采用空间邻接矩阵、地理距离矩阵、地理经济距离矩阵和嵌套矩阵依次代替经济距离矩阵进行回归分析，各矩阵的内容和具体形式已在上文进行说明，检验结果如表4-9、表4-10所示。（2）改变模型设定方法。在空间计量研究的基础上通过空间滞后模型（SAR）和空间误差模型（SEM）进行实证分析，空间滞后模型（SAR）和空间误差模型（SEM）的定义以及适用于本章研究的具体形式已在上文列出，检验结果如表4-11所示。（3）减少数据样本量的子样本回归方法。在研究样本中筛选属于五个少数民族自治区行政区域内的城市样本以及四个直辖市（北京、上海、天津和重庆）并作剔除处理，再将余下研究样本进行实证分析，检验结果如表4-12所示。稳健性检验的全部结果显示，核心解释变量数字经济（DIGIT）的回归系数均为正且显著，表明数字经济对本地城市经济韧性具有促进作用，且能够推动周边城市经济韧性的提升，同时代表既有实证分析论断是具备一定稳健性的。

表 4 – 9　　稳健性检验（1）：更换空间权重矩阵空间效应

变量	(1)	(2)	(3)	(4)
	空间邻接矩阵	地理距离矩阵	地理经济距离矩阵	嵌套矩阵
	RES	*RES*	*RES*	*RES*
DIGIT	0.031 *** (0.010)	0.029 *** (0.010)	0.029 *** (0.010)	0.028 *** (0.010)
GRP	–0.001 (0.002)	–0.003 (0.002)	–0.002 (0.002)	0.009 *** (0.001)
FDI	–1.333 *** (0.225)	–1.353 *** (0.223)	–1.343 *** (0.222)	–1.147 *** (0.219)
CITY	–0.030 *** (0.006)	–0.027 *** (0.006)	–0.026 *** (0.006)	–0.026 *** (0.006)
HUMAN	0.029 *** (0.007)	0.030 *** (0.007)	0.031 *** (0.007)	0.037 *** (0.008)
RD	0.052 *** (0.009)	0.054 *** (0.009)	0.056 *** (0.009)	0.053 *** (0.009)
W * *DIGIT*	0.034 * (0.019)	0.053 * (0.029)	0.065 ** (0.026)	0.063 ** (0.028)
W * *GRP*	0.008 *** (0.002)	0.016 *** (0.003)	0.015 *** (0.004)	–0.010 ** (0.004)
W * *FDI*	0.624 * (0.346)	0.120 (0.549)	0.211 (0.562)	0.550 (0.621)
W * *CITY*	0.044 *** (0.012)	0.020 (0.014)	0.010 (0.011)	0.038 * (0.020)
W * *HUMAN*	0.006 (0.014)	–0.026 (0.023)	–0.010 (0.024)	–0.049 ** (0.024)
W * *RD*	0.018 (0.015)	0.002 (0.025)	0.000 (0.030)	0.041 (0.026)
RHO	0.313 *** (0.024)	0.433 *** (0.038)	0.442 *** (0.039)	0.141 *** (0.038)

注：括号内为标准误，*、** 和 *** 分别表示 $P<0.1$、$P<0.05$ 和 $P<0.01$，即在 10%、5% 和 1% 水平上显著。

表 4－10 稳健性检验（1）：更换空间权重矩阵空间分解效应

分解效应	变量	(1)	(2)	(3)	(4)
		空间邻接矩阵	地理距离矩阵	地理经济距离矩阵	嵌套矩阵
		RES	*RES*	*RES*	*RES*
直接效应	*DIGIT*	0.035*** (0.010)	0.032*** (0.010)	0.033*** (0.010)	0.030*** (0.010)
	GRP	-0.001 (0.002)	-0.002 (0.002)	-0.002 (0.002)	0.009*** (0.001)
	FDI	-1.291*** (0.213)	-1.349*** (0.212)	-1.335*** (0.212)	-1.115*** (0.210)
	CITY	-0.027*** (0.005)	-0.027*** (0.005)	-0.026*** (0.005)	-0.025*** (0.006)
	HUMAN	0.031*** (0.007)	0.030*** (0.007)	0.031*** (0.007)	0.036*** (0.007)
	RD	0.056*** (0.009)	0.056*** (0.009)	0.058*** (0.009)	0.055*** (0.009)
间接效应	*DIGIT*	0.060** (0.027)	0.112** (0.052)	0.136*** (0.049)	0.077** (0.034)
	GRP	0.010*** (0.003)	0.025*** (0.005)	0.024*** (0.005)	-0.010** (0.005)
	FDI	0.318 (0.443)	-0.732 (0.911)	-0.597 (0.949)	0.511 (0.701)
	CITY	0.048*** (0.015)	0.015 (0.024)	-0.001 (0.019)	0.040* (0.022)
	HUMAN	0.021 (0.019)	-0.023 (0.039)	0.005 (0.041)	-0.051* (0.027)
	RD	0.048** (0.021)	0.046 (0.044)	0.045 (0.053)	0.057* (0.031)

续表

分解效应	变量	(1)	(2)	(3)	(4)
		空间邻接矩阵	地理距离矩阵	地理经济距离矩阵	嵌套矩阵
		RES	*RES*	*RES*	*RES*
总效应	*DIGIT*	0.095*** (0.031)	0.144** (0.056)	0.168*** (0.053)	0.107*** (0.036)
	GRP	0.010*** (0.002)	0.022*** (0.004)	0.022*** (0.005)	-0.001 (0.005)
	FDI	-0.972** (0.485)	-2.080** (0.936)	-1.932** (0.977)	-0.604 (0.742)
	CITY	0.021 (0.016)	-0.012 (0.024)	-0.028 (0.020)	0.014 (0.023)
	HUMAN	0.052** (0.022)	0.007 (0.041)	0.036 (0.044)	-0.015 (0.029)
	RD	0.103*** (0.025)	0.101** (0.047)	0.102* (0.055)	0.112*** (0.034)
N		2 565	2 565	2 565	2 565
R^2		0.192	0.093	0.086	0.191

注：括号内为标准误，*、** 和 *** 分别表示 $P<0.1$、$P<0.05$ 和 $P<0.01$，即在 10%、5% 和 1% 水平上显著。

表 4-11　　稳健性检验（2）：更换空间计量模型

变量	(1)	(2)	SAR 分解效应		
	SEM	SAR	直接效应	间接效应	总效应
	RES	*RES*	*RES*	*RES*	*RES*
DIGIT	0.034*** (0.010)	0.035*** (0.010)	0.036*** (0.010)	0.006** (0.003)	0.042*** (0.012)
GRP	0.009*** (0.001)	0.009*** (0.001)	0.009*** (0.001)	0.001*** (0.001)	0.010*** (0.002)

续表

变量	(1)	(2)	SAR 分解效应		
	SEM	SAR	直接效应	间接效应	总效应
	RES	*RES*	*RES*	*RES*	*RES*
FDI	-1.139*** (0.220)	-1.132*** (0.219)	-1.111*** (0.211)	-0.179*** (0.068)	-1.290*** (0.252)
CITY	-0.023*** (0.006)	-0.022*** (0.006)	-0.022*** (0.005)	-0.004** (0.002)	-0.026*** (0.007)
HUMAN	0.037*** (0.008)	0.036*** (0.008)	0.036*** (0.007)	0.006** (0.002)	0.042*** (0.009)
RD	0.057*** (0.009)	0.058*** (0.009)	0.058*** (0.009)	0.009*** (0.003)	0.068*** (0.011)
LAMBDA	0.144*** (0.038)	—			
RHO	—	0.140*** (0.037)			
N	2 565	2 565			
R^2	0.249	0.231			

注：括号内为标准误，*、** 和 *** 分别表示 $P<0.1$、$P<0.05$ 和 $P<0.01$，即在 10%、5% 和 1% 水平上显著。

表 4-12　　　　稳健性检验（3）：子样本回归

变量	SDM		SDM 分解效应		
	时空固定	$W*X$	直接效应	间接效应	总效应
	RES	*RES*	*RES*	*RES*	*RES*
DIGIT	0.025** (0.011)	0.056* (0.030)	0.026** (0.011)	0.069* (0.037)	0.096** (0.040)
GRP	0.010*** (0.002)	-0.008* (0.004)	0.009*** (0.001)	-0.008 (0.005)	0.002 (0.005)

续表

变量	SDM		SDM 分解效应		
	时空固定	$W*X$	直接效应	间接效应	总效应
	RES	*RES*	*RES*	*RES*	*RES*
FDI	-0.983*** (0.237)	0.243 (0.612)	-0.953*** (0.229)	0.170 (0.704)	-0.783 (0.758)
CITY	-0.021*** (0.006)	0.057*** (0.021)	-0.020*** (0.005)	0.063*** (0.024)	0.043* (0.025)
HUMAN	0.026*** (0.008)	-0.019 (0.024)	0.026*** (0.008)	-0.018 (0.028)	0.007 (0.030)
RD	0.053*** (0.009)	0.042* (0.024)	0.054*** (0.009)	0.060** (0.029)	0.115*** (0.032)
RHO	0.159*** (0.038)				
N	2 259				
R^2	0.276				

注：括号内为标准误，*、** 和 *** 分别表示 $P<0.1$、$P<0.05$ 和 $P<0.01$，即在 10%、5% 和 1% 水平上显著。

4.4.4　异质性分析

现实中，不同城市因区位要素、资源禀赋与发展潜力等方面存在差异，数字经济发展指数与经济韧性综合指数均有可能存在明显的异质性特征，这使数字经济作用于城市层面经济韧性的影响也可能存在区域异质性与城市层级异质性，因此异质性分析有助于加深对既有研究的理解。为进一步分析数字经济作用于经济韧性的影响效果，本节借鉴现有文献及国家统计局关于三大地带的分类标准，首先，将 285 个地级及以上城市依据省级行政区归属分成东部城市、中部城市与西部城市三类经济区域，具体的划分为：东部城市包括北京市、天津市、上海市、辽宁省、河北省、山东省、江苏省、浙江省、福建省、广东省、海南省的全部层级城市；中部城市包括黑龙江省、吉林省、山西省、河南省、安徽省、湖北省、湖南省、江西省的全部层级城市；西部城市包括内蒙古自治区、新疆维吾尔自治区、甘肃省、宁夏回族自治区、陕西省、青海省、四川省、重庆市、贵州省、云南省、广西壮族自治区的全部层级城市。其次，将总样本中所有城市依据城市行政级别进行划分，直辖市、计划单列市、省会城市和副省级城市归类为中心城市，其余地级城市归类为外围城市，并且具体的中心城市目录以及外围城市目录均已在本书附录中详细列出。最后，再重新运用空间杜宾时空双重固定效应模型分别进行数据验证，回归结果如表4－13和表4－14所示。由表4－13可知，数字经济作用于中国内地东部地区、中部地区与西部地区城市层面经济韧性的直接效应分别为0.049、0.043、0.085，均为正并且通过了1%的显著性水平验证，这表明数字经济有利于提升中国大陆各地区城市的经济韧性，同时数字经济对西部地区城市经济韧性的直接效应强过中部地区和东部地区城市，这说明国家推动东西部数字经济的协同发展将有利于扼制数字鸿沟现象，符合强化国家整体经济韧性的现实要求。由间接效应结果（见表4－14）可知，东部地区城市数字经济对经济韧性的溢出效应为0.136（$P<0.01$），而中部地区与西部地区城市经济单元的数字经济对经济韧性的溢出效应分别为0.033、－0.012，且均没有通过显著性水平检验。这说明东部地区城市发展数字经济可以同时强化邻近城市的经济韧性水平，而宏观看待中部地区和西部地区城市的数字经济发展并不存在显著的空间溢出效应。观察规模异质性回归结果发现，数字经济对于中国内地中心城市与外围城市经济韧性的直接效应分别为0.073和0.056，均为正向并且通过了1%的显著性水平验证，这说明数字经济的发展有利于提高中国内地各类层级城市的经济韧性，但中心城市直接效应的作用强度较大。进一步观察溢出效应可知，中心城市与外围城市发展数字经济对经济韧性的溢出效应分别为0.145和0.133，均为正并且分别通过了1%和5%的显著性水平验证，回归结果显示中国内地不同层级的城市发展数字经济均存在空间溢出效应，中心城市发展数字经济而提升周边城市经济韧性的程度更强于外围城市。

表 4 – 13　　　　SDM 模型异质性分析回归结果

变量	(1)	(2)	(3)	(4)	(5)
	东部城市	中部城市	西部城市	中心城市	外围城市
	RES	*RES*	*RES*	*RES*	*RES*
DIGIT	0.045 *** (0.011)	0.042 ** (0.018)	0.084 *** (0.020)	0.069 *** (0.016)	0.052 *** (0.012)
GRP	0.004 ** (0.002)	0.013 *** (0.002)	−0.004 (0.003)	0.007 (0.005)	0.005 *** (0.001)
FDI	0.869 ** (0.358)	−2.681 *** (0.365)	−0.922 *** (0.346)	−2.129 *** (0.662)	−0.915 *** (0.211)
CITY	0.009 * (0.005)	−0.023 ** (0.011)	−0.008 (0.031)	0.016 * (0.008)	0.030 *** (0.009)
HUMAN	0.059 *** (0.015)	0.012 (0.009)	0.030 ** (0.015)	0.217 *** (0.047)	0.022 *** (0.007)
RD	0.037 *** (0.013)	0.095 *** (0.019)	0.046 *** (0.014)	0.008 (0.034)	0.052 *** (0.009)
W * *DIGIT*	0.109 *** (0.029)	0.022 (0.036)	0.003 (0.051)	0.121 *** (0.032)	0.091 ** (0.039)
W * *GRP*	0.010 ** (0.005)	−0.004 (0.006)	−0.044 *** (0.008)	−0.008 (0.013)	−0.014 *** (0.004)
W * *FDI*	−0.779 (0.836)	1.732 ** (0.852)	0.636 (0.869)	−1.338 (1.387)	0.446 (0.633)
W * *CITY*	0.054 *** (0.019)	−0.026 (0.033)	0.159 ** (0.080)	−0.042 (0.031)	0.053 (0.034)
W * *HUMAN*	−0.083 * (0.045)	0.013 (0.024)	0.089 ** (0.042)	−0.550 *** (0.108)	−0.033 (0.023)
W * *RD*	0.107 ** (0.050)	−0.013 (0.050)	0.028 (0.057)	−0.092 (0.074)	0.076 *** (0.025)
RHO	0.164 *** (0.053)	0.171 *** (0.048)	−0.189 *** (0.071)	0.127 * (0.075)	0.239 *** (0.041)
N	909	900	756	315	2 250
R^2	0.673	0.287	0.001	0.310	0.391

注：括号内为标准误，*、** 和 *** 分别表示 $P<0.1$、$P<0.05$ 和 $P<0.01$，即在 10%、5% 和 1% 水平上显著。

表 4-14　　SDM 模型异质性分析空间分解效应

分解效应	变量	(1)	(2)	(3)	(4)	(5)
		东部城市	中部城市	西部城市	中心城市	外围城市
		RES	*RES*	*RES*	*RES*	*RES*
直接效应	*DIGIT*	0.049*** (0.012)	0.043** (0.019)	0.085*** (0.021)	0.073*** (0.016)	0.056*** (0.013)
	GRP	0.005** (0.002)	0.013*** (0.002)	-0.003 (0.003)	0.007 (0.005)	0.005*** (0.001)
	FDI	0.894*** (0.346)	-2.590*** (0.351)	-0.912*** (0.329)	-2.097*** (0.638)	-0.884*** (0.205)
	CITY	0.011** (0.005)	-0.024** (0.010)	-0.013 (0.030)	0.015* (0.008)	0.032*** (0.009)
	HUMAN	0.057*** (0.015)	0.013 (0.009)	0.028* (0.015)	0.203*** (0.046)	0.021*** (0.007)
	RD	0.041*** (0.013)	0.096*** (0.019)	0.046*** (0.014)	0.007 (0.034)	0.055*** (0.009)
间接效应	*DIGIT*	0.136*** (0.035)	0.033 (0.044)	-0.012 (0.046)	0.145*** (0.038)	0.133** (0.053)
	GRP	0.012** (0.005)	-0.002 (0.006)	-0.038*** (0.007)	-0.009 (0.014)	-0.016*** (0.005)
	FDI	-0.658 (0.967)	1.577 (0.971)	0.774 (0.734)	-1.661 (1.486)	0.375 (0.805)
	CITY	0.066*** (0.021)	-0.034 (0.039)	0.143** (0.069)	-0.043 (0.034)	0.079* (0.043)
	HUMAN	-0.088* (0.052)	0.017 (0.027)	0.072** (0.035)	-0.580*** (0.120)	-0.036 (0.029)
	RD	0.134** (0.061)	0.007 (0.061)	0.020 (0.052)	-0.095 (0.085)	0.115*** (0.035)

续表

分解效应	变量	(1)	(2)	(3)	(4)	(5)
		东部城市	中部城市	西部城市	中心城市	外围城市
		RES	*RES*	*RES*	*RES*	*RES*
总效应	*DIGIT*	0.185*** (0.039)	0.077 (0.048)	0.073 (0.049)	0.218*** (0.044)	0.189*** (0.057)
	GRP	0.017*** (0.006)	0.010 (0.006)	-0.040*** (0.007)	-0.002 (0.015)	-0.011** (0.005)
	FDI	0.236 (1.056)	-1.013 (1.055)	-0.138 (0.805)	-3.759** (1.607)	-0.509 (0.866)
	CITY	0.076*** (0.022)	-0.058 (0.042)	0.130* (0.071)	-0.029 (0.036)	0.111** (0.044)
	HUMAN	-0.031 (0.058)	0.030 (0.031)	0.100*** (0.037)	-0.377*** (0.135)	-0.015 (0.032)
	RD	0.175*** (0.065)	0.103 (0.067)	0.066 (0.053)	-0.088 (0.094)	0.170*** (0.038)

注：括号内为标准误，*、** 和 *** 分别表示 $P<0.1$、$P<0.05$ 和 $P<0.01$，即在 10%、5% 和 1% 水平上显著。

探寻异质性出现的原因，可能在于东部地区城市得益于改革开放初期红利的有效释放，完成了互联网设备及信息化技术的初期积累过程，在新技术革命浪潮的推动下有条件在早期开展数字化、智能化的研究工作，在中国乃至世界都处于数字经济发展的前沿地区；从企业层面和空间维度上观察，研究数字技术等新兴产业的科技类企业大多驻扎在东部地区或中西部的中心城市，在地域上已经初步形成了集聚现象，这部分城市在研发进程、科技成果转化等方面相比于其他城市更为先进和成熟，这也为数字经济直接和间接效应的发挥提供了必要的支持。

4.5 进一步分析

为进一步分析发展数字经济对于经济韧性的影响，本节将细化研究发展数字经济如何影响经济韧性综合指数的子维度，即以经济韧性综合指数中的三个子维度（抵御能力指数、恢复能力指数和转型能力指数）为被解释变量，数字经济发展指数为解释变量，并在重点控制经济规模（GRP）、人口密度（CITY）、人力资本水平（HUMAN）、外商直接投资（FDI）和科技支出水平（RD）等变量的情况下，进一步研究发展数字经济对于经济韧性中的抵御能力维度、恢复能力维度和转型能力维度所产生的影响。

4.5.1 指标说明与模型构建

为保证实证分析的连贯性并准确体现发展数字经济对于经济韧性三个子维度的影响效应，本节研究将保持数字经济发展指数和各控制变量与前文一致，经济韧性的三个子维度指数均来源于经济韧性综合评价指标体系，抵御能力指数、恢复能力指数和转型能力指数所包含的具体指标已在第3章详细列出，数据来源与处理方法、相关检验与模型选择均与前文保持一致，在此不再一一赘述。同时，为了避免遗漏其余城市特征变量对回归结果的影响，本节依然使用时间空间双固定效应模型对面板数据进行回归分析。数字经济发展指数影响经济韧性三个子维度的基准模型和空间杜宾模型如下所示：

$$RES_{i,t}^{(1)} = \alpha_0 + \alpha_1 DIGIT_{i,t} + \alpha_c Z_{i,t} + \mu_i + \delta_t + \varepsilon_{i,t} \tag{4.18}$$

$$RES_{i,t}^{(2)} = \alpha_0 + \alpha_1 DIGIT_{i,t} + \alpha_c Z_{i,t} + \mu_i + \delta_t + \varepsilon_{i,t} \tag{4.19}$$

$$RES_{i,t}^{(3)} = \alpha_0 + \alpha_1 DIGIT_{i,t} + \alpha_c Z_{i,t} + \mu_i + \delta_t + \varepsilon_{i,t} \tag{4.20}$$

$$RES_{i,t}^{(1)} = \chi_0 + \rho WRES_{i,t}^{(1)} + \varphi_1 WDIGIT_{i,t} + \chi_1 DIGIT_{i,t} + \varphi_c WZ_{i,t} + \chi_c Z_{i,t} + \mu_i + \delta_t + \varepsilon_{i,t} \tag{4.21}$$

$$RES_{i,t}^{(2)} = \chi_0 + \rho WRES_{i,t}^{(2)} + \varphi_1 WDIGIT_{i,t} + \chi_1 DIGIT_{i,t} + \varphi_c WZ_{i,t} + \chi_c Z_{i,t} + \mu_i + \delta_t + \varepsilon_{i,t} \tag{4.22}$$

$$RES_{i,t}^{(3)} = \chi_0 + \rho WRES_{i,t}^{(3)} + \varphi_1 WDIGIT_{i,t} + \chi_1 DIGIT_{i,t} + \varphi_c WZ_{i,t} + \chi_c Z_{i,t} + \mu_i + \delta_t + \varepsilon_{i,t} \tag{4.23}$$

在式（4.18）至式（4.23）中，$RES_{i,t}^{(1)}$、$RES_{i,t}^{(2)}$、$RES_{i,t}^{(3)}$分别表示城市i在t时期的经济韧性子维度指数（抵御能力指数、恢复能力指数和转型能力指数），$DIGIT_{i,t}$为城市i在t时期的数字经济发展水平指数，为简化

模型使用 $Z_{i,t}$代表一系列的控制变量，μ_i 表示不随时间变化的城市固定效应，δ_t 则表示时间固定效应，$\varepsilon_{i,t}$代表随机扰动项，α_0 与 χ_0 分别为基准模型与空间杜宾模型的常数项，χ_1 为回归系数向量，ρ 表示空间自回归系数，W 代表空间权重矩阵，在此将采用上文所列全部空间权重矩阵进行回归，φ_1代表解释变量数字经济 $DIGIT_{i,t}$的空间加权弹性系数，φ_c则表示一系列控制变量空间交互项的弹性系数，μ_i和 δ_t分别代表时间和个体效应，$\varepsilon_{i,t}$代表随机干扰项。

4.5.2　数字经济对经济韧性各子维度的影响分析

数字经济作用于经济韧性各子维度总体效应检验结果如表 4－15、表 4－17、表 4－19 所示。模型（1）、模型（2）、模型（3）、模型（4）和模型（5）表示回归过程中分别采用的是经济距离矩阵、空间邻接矩阵、地理距离矩阵、地理经济距离矩阵和嵌套矩阵，可以发现，结果中解释变量数字经济综合指数（DIGIT）对于被解释变量抵御能力指数（$RES^{(1)}$）、恢复能力指数（$RES^{(2)}$）和转型能力指数（$RES^{(3)}$）的估计系数均显著为正，表明发展数字经济有利于提升城市层面经济韧性的三个子维度指数，并通过多种空间权重矩阵初步验证了发展数字经济对于经济韧性各子维度指数影响的稳健性，本章的假设 4.1 进一步得到验证。同时，以模型（1）经济距离矩阵为例观察各控制变量的检验结果，可以发现经济规模（GRP）与经济韧性抵御能力维度不存在显著的相关关系，但与经济韧性恢复能力维度存在正向相关关系，与经济韧性转型能力维度存在负向相关关系，且恢复能力维度的正向效应大于转型能力维度的负向效应，这两个维度的检验均通过了 1% 水平的显著性检验，说明经济规模（GRP）有利于经济韧性恢复能力的提升但不利于转型能力，对于经济韧性的总效应依然趋向为正；外商直接投资（FDI）与经济韧性抵御能力维度存在显著负向相关关系，与经济韧性恢复能力维度存在显著正向相关关系但作用效果小于抵御能力维度，而经济韧性转型能力维度与外商直接投资（FDI）之间的关系没有通过显著性检验，表明外商直接投资（FDI）不利于经济韧性抵御能力的提高但有助于提升恢复能力，对于经济韧性的总体效应依然趋向为负；人口密度（CITY）与经济韧性抵御能力维度存在显著负向相关关系，与经济韧性恢复能力和转型能力两个维度均存在显著的正向相关关系且作用效果均大于抵御能力维度，说明人口密度（CITY）有利于经济韧性的恢复能力与转型能力维度但不利于抵御能力维度，对于经济韧性的总体效应趋向为正；人力资本水平（HUMAN）与经济韧性的抵御能力维度没有通过显著性检验，与经济韧性的恢复能力维度存在显著负向相关关系，与经济韧性转型能力维度存在正向相关关系且作用效果大于恢复能力维度，因此人力资本水平（HUMAN）有利于经济韧性转型能力的提高但不利于恢复能力，对于经济韧性的总体效应趋向于正；而科技支出水平（RD）与经济韧性的抵御能力维度和恢复能力维度均没有通过显著性检验，与经济韧性的转型能力维度存在显著的正向相关关系，表明科技支出水平（RD）通过强化经济韧性的转型能力维度，进而正向影响经济韧性的总体水平。

数字经济作用于经济韧性的空间溢出效应分解结果如表4－16、表4－18、表4－20所示。表4－15、表4－17、表4－19中的模型（1）显示，SDM分析中城市经济韧性的三个子维度的空间自回归系数ρ分别为0.252、0.181、0.125，且P值均小于0.01，而数字经济（DIGIT）的空间交互项系数均显著为正（P值<0.01或P值<0.05），说明中国城市级经济体在空间维度既有外生的数字经济交互效应，同时还存在城市经济韧性三个子维度的内生交互效应。然而，表4－15、表4－17、表4－19的检验结果并不能用来直接探讨数字经济作用于城市经济韧性三个子维度的边际效应，而需根据表4－16、表4－18、表4－20的SDM偏微分解释其边际影响。同样以模型（1）经济距离矩阵为例观察空间分解效应的检验结果，在直接效应下，数字经济发展指数（DIGIT）对于抵御能力指数（$RES^{(1)}$）、恢复能力指数（$RES^{(2)}$）和转型能力指数（$RES^{(3)}$）的估计系数分别为0.043、0.091、0.130，并且全部通过了1%的显著性水平验证，代表数字经济有利于提高城市层面本地经济韧性的三个子维度，同样验证了本章的假设4.1。同时，间接效应结果显示，数字经济发展指数（DIGIT）对于抵御能力指数（$RES^{(1)}$）、恢复能力指数（$RES^{(2)}$）和转型能力指数（$RES^{(3)}$）的估计系数分别为0.113、0.253、0.322，并且通过了1%或5%的显著性

水平验证，且溢出效应系数全部高于直接效应系数，表明数字经济作用于周边城市经济韧性三个子维度的正向空间溢出效应全部显著存在，并且其效力还要大于对本地经济韧性三个子维度的直接促进作用。由此，本章的假设 4.2 进一步得到验证。

表 4－15　　数字经济与抵御能力的 SDM 模型回归结果

变量	(1)	(2)	(3)	(4)	(5)
	经济距离矩阵	空间邻接矩阵	地理距离矩阵	地理经济距离矩阵	嵌套矩阵
	$RES^{(1)}$	$RES^{(1)}$	$RES^{(1)}$	$RES^{(1)}$	$RES^{(1)}$
DIGIT	0.040***	0.059***	0.041***	0.041***	0.039***
	(0.012)	(0.010)	(0.011)	(0.011)	(0.012)
GRP	－0.001	－0.008***	－0.007***	－0.006***	－0.002
	(0.002)	(0.002)	(0.002)	(0.002)	(0.002)
FDI	－3.417***	－3.362***	－3.280***	－3.337***	－3.416***
	(0.254)	(0.260)	(0.257)	(0.256)	(0.254)
CITY	－0.020***	－0.011*	－0.012*	－0.013**	－0.022***
	(0.007)	(0.007)	(0.007)	(0.006)	(0.007)
HUMAN	0.004	－0.002	－0.004	－0.003	0.004
	(0.009)	(0.008)	(0.008)	(0.009)	(0.009)
RD	0.014	0.018*	0.022**	0.023**	0.013
	(0.011)	(0.010)	(0.011)	(0.011)	(0.011)
W＊DIGIT	0.077***	0.048***	0.017	0.016	0.075***
	(0.018)	(0.013)	(0.015)	(0.015)	(0.019)
W＊GRP	0.006	0.009***	0.013***	0.011***	0.006
	(0.004)	(0.003)	(0.004)	(0.004)	(0.005)
W＊FDI	0.270	0.902**	0.598	0.601	0.409
	(0.666)	(0.399)	(0.597)	(0.610)	(0.669)
W＊CITY	0.081***	0.004	－0.010	－0.004	0.074***
	(0.023)	(0.014)	(0.016)	(0.013)	(0.023)
W＊HUMAN	0.018	0.016	0.033	0.040	0.016
	(0.027)	(0.016)	(0.026)	(0.026)	(0.027)

续表

变量	(1)	(2)	(3)	(4)	(5)
	经济距离矩阵	空间邻接矩阵	地理距离矩阵	地理经济距离矩阵	嵌套矩阵
	$RES^{(1)}$	$RES^{(1)}$	$RES^{(1)}$	$RES^{(1)}$	$RES^{(1)}$
W * *RD*	0.034 (0.030)	-0.012 (0.017)	-0.040 (0.028)	-0.026 (0.034)	0.027 (0.030)
RHO	0.252 *** (0.033)	0.407 *** (0.021)	0.574 *** (0.031)	0.569 *** (0.032)	0.278 *** (0.033)
N	2 565	2 565	2 565	2 565	2 565
R^2	0.074	0.038	0.008	0.016	0.081

注：括号内为标准误，*、** 和 *** 分别表示 $P<0.1$、$P<0.05$ 和 $P<0.01$，即在 10%、5% 和 1% 水平上显著。

表 4-16　数字经济与抵御能力的 SDM 模型空间分解效应

分解效应	变量	(1)	(2)	(3)	(4)	(5)
		经济距离矩阵	空间邻接矩阵	地理距离矩阵	地理经济距离矩阵	嵌套矩阵
		$RES^{(1)}$	$RES^{(1)}$	$RES^{(1)}$	$RES^{(1)}$	$RES^{(1)}$
直接效应	*DIGIT*	0.043 *** (0.012)	0.067 *** (0.010)	0.045 *** (0.011)	0.044 *** (0.011)	0.043 *** (0.012)
	GRP	-0.001 (0.002)	-0.007 *** (0.002)	-0.006 *** (0.002)	-0.006 *** (0.002)	-0.001 (0.002)
	FDI	-3.407 *** (0.246)	-3.384 *** (0.250)	-3.337 *** (0.247)	-3.391 *** (0.247)	-3.406 *** (0.246)
	CITY	-0.017 *** (0.006)	-0.011 * (0.006)	-0.013 ** (0.006)	-0.014 ** (0.006)	-0.020 *** (0.006)
	HUMAN	0.005 (0.009)	-0.001 (0.009)	-0.002 (0.009)	-0.001 (0.009)	0.005 (0.009)
	RD	0.016 (0.011)	0.018 * (0.011)	0.021 * (0.011)	0.023 ** (0.011)	0.015 (0.011)

续表

分解效应	变量	(1) 经济距离矩阵 $RES^{(1)}$	(2) 空间邻接矩阵 $RES^{(1)}$	(3) 地理距离矩阵 $RES^{(1)}$	(4) 地理经济距离矩阵 $RES^{(1)}$	(5) 嵌套矩阵 $RES^{(1)}$
间接效应	*DIGIT*	0.113 *** (0.021)	0.113 *** (0.014)	0.093 *** (0.025)	0.087 *** (0.024)	0.115 *** (0.022)
	GRP	0.007 (0.006)	0.009 *** (0.003)	0.020 *** (0.007)	0.017 ** (0.007)	0.008 (0.006)
	FDI	-0.695 (0.841)	-0.687 (0.564)	-2.840 ** (1.279)	-2.837 ** (1.303)	-0.651 (0.876)
	CITY	0.100 *** (0.029)	0.000 (0.020)	-0.037 (0.036)	-0.025 (0.028)	0.093 *** (0.030)
	HUMAN	0.025 (0.034)	0.024 (0.025)	0.070 (0.059)	0.087 (0.059)	0.023 (0.036)
	RD	0.052 (0.041)	-0.006 (0.028)	-0.059 (0.066)	-0.027 (0.077)	0.043 (0.043)
总效应	*DIGIT*	0.157 *** (0.020)	0.180 *** (0.013)	0.138 *** (0.025)	0.132 *** (0.025)	0.158 *** (0.021)
	GRP	0.006 (0.006)	0.002 (0.003)	0.014 ** (0.007)	0.012 * (0.007)	0.006 (0.006)
	FDI	-4.102 *** (0.902)	-4.071 *** (0.635)	-6.176 *** (1.330)	-6.228 *** (1.354)	-4.058 *** (0.937)
	CITY	0.083 *** (0.031)	-0.011 (0.021)	-0.050 (0.037)	-0.039 (0.029)	0.073 ** (0.031)
	HUMAN	0.030 (0.037)	0.024 (0.030)	0.069 (0.063)	0.086 (0.063)	0.028 (0.039)
	RD	0.068 (0.044)	0.013 (0.034)	-0.038 (0.070)	-0.004 (0.080)	0.058 (0.046)

注：括号内为标准误，*、** 和 *** 分别表示 $P<0.1$、$P<0.05$ 和 $P<0.01$，即在 10%、5% 和 1% 水平上显著。

表 4－17　　　数字经济与恢复能力的 SDM 模型回归结果

变量	(1) 经济距离矩阵 $RES^{(2)}$	(2) 空间邻接矩阵 $RES^{(2)}$	(3) 地理距离矩阵 $RES^{(2)}$	(4) 地理经济距离矩阵 $RES^{(2)}$	(5) 嵌套矩阵 $RES^{(2)}$
DIGIT	0.085*** (0.030)	0.107*** (0.030)	0.104*** (0.030)	0.104*** (0.030)	0.084*** (0.030)
GRP	0.035*** (0.004)	0.027*** (0.006)	0.023*** (0.006)	0.023*** (0.006)	0.035*** (0.004)
FDI	1.668** (0.648)	1.406** (0.694)	1.157* (0.682)	1.207* (0.678)	1.652** (0.648)
CITY	0.037** (0.017)	0.035** (0.017)	0.044** (0.017)	0.050*** (0.017)	0.032* (0.017)
HUMAN	-0.069*** (0.023)	-0.069*** (0.022)	-0.071*** (0.023)	-0.071*** (0.023)	-0.069*** (0.023)
RD	0.023 (0.028)	0.044 (0.028)	0.044 (0.028)	0.048* (0.028)	0.020 (0.028)
*W * DIGIT*	0.197** (0.082)	0.118** (0.058)	0.138 (0.089)	0.163** (0.080)	0.204** (0.085)
*W * GRP*	-0.024** (0.012)	-0.003 (0.008)	0.007 (0.011)	0.009 (0.011)	-0.022* (0.013)
*W * FDI*	0.806 (1.825)	0.435 (1.063)	0.966 (1.689)	0.570 (1.725)	0.881 (1.841)
*W * CITY*	0.152*** (0.059)	0.071* (0.036)	0.029 (0.044)	-0.000 (0.034)	0.142** (0.058)
*W * HUMAN*	-0.078 (0.071)	-0.068 (0.044)	-0.178** (0.071)	-0.097 (0.073)	-0.091 (0.072)
*W * RD*	0.174** (0.076)	-0.030 (0.046)	-0.123 (0.076)	-0.168* (0.090)	0.172** (0.077)
RHO	0.181*** (0.038)	0.203*** (0.025)	0.274*** (0.042)	0.297*** (0.043)	0.193*** (0.039)
N	2 565	2 565	2 565	2 565	2 565
R^2	0.176	0.189	0.154	0.132	0.172

注：括号内为标准误，*、** 和 *** 分别表示 $P<0.1$、$P<0.05$ 和 $P<0.01$，即在 10%、5% 和 1% 水平上显著。

表 4-18　　数字经济与恢复能力的 SDM 模型空间分解效应

分解效应	变量	(1)	(2)	(3)	(4)	(5)
		经济距离矩阵	空间邻接矩阵	地理距离矩阵	地理经济距离矩阵	嵌套矩阵
		$RES^{(2)}$	$RES^{(2)}$	$RES^{(2)}$	$RES^{(2)}$	$RES^{(2)}$
直接效应	*DIGIT*	0.091*** (0.031)	0.115*** (0.031)	0.109*** (0.031)	0.110*** (0.031)	0.090*** (0.031)
	GRP	0.035*** (0.004)	0.027*** (0.006)	0.023*** (0.006)	0.023*** (0.006)	0.035*** (0.004)
	FDI	1.770*** (0.624)	1.519** (0.655)	1.266* (0.646)	1.309** (0.644)	1.756*** (0.624)
	CITY	0.041** (0.016)	0.038** (0.017)	0.045*** (0.017)	0.050*** (0.017)	0.035** (0.016)
	HUMAN	-0.071*** (0.022)	-0.073*** (0.022)	-0.076*** (0.022)	-0.074*** (0.022)	-0.071*** (0.022)
	RD	0.029 (0.028)	0.045 (0.028)	0.042 (0.028)	0.045 (0.028)	0.026 (0.028)
间接效应	*DIGIT*	0.253** (0.101)	0.168** (0.072)	0.224* (0.125)	0.269** (0.117)	0.266** (0.106)
	GRP	-0.022 (0.014)	0.003 (0.008)	0.018 (0.012)	0.021 (0.013)	-0.019 (0.014)
	FDI	1.522 (2.151)	0.943 (1.216)	1.863 (2.187)	1.440 (2.311)	1.654 (2.199)
	CITY	0.192*** (0.069)	0.095** (0.042)	0.058 (0.057)	0.022 (0.045)	0.181*** (0.069)
	HUMAN	-0.110 (0.083)	-0.099* (0.052)	-0.267*** (0.092)	-0.166* (0.099)	-0.128 (0.085)
	RD	0.218** (0.095)	-0.023 (0.057)	-0.147 (0.103)	-0.212* (0.126)	0.218** (0.098)

续表

分解效应	变量	(1)	(2)	(3)	(4)	(5)
		经济距离矩阵	空间邻接矩阵	地理距离矩阵	地理经济距离矩阵	嵌套矩阵
		$RES^{(2)}$	$RES^{(2)}$	$RES^{(2)}$	$RES^{(2)}$	$RES^{(2)}$
总效应	*DIGIT*	0.344*** (0.109)	0.283*** (0.083)	0.334** (0.134)	0.379*** (0.128)	0.356*** (0.114)
	GRP	0.013 (0.014)	0.030*** (0.007)	0.041*** (0.010)	0.044*** (0.011)	0.016 (0.015)
	FDI	3.292 (2.286)	2.462* (1.283)	3.129 (2.200)	2.749 (2.337)	3.410 (2.332)
	CITY	0.234*** (0.072)	0.133*** (0.042)	0.103* (0.057)	0.072 (0.047)	0.217*** (0.071)
	HUMAN	-0.181** (0.090)	-0.172*** (0.059)	-0.343*** (0.098)	-0.240** (0.105)	-0.199** (0.092)
	RD	0.247** (0.103)	0.021 (0.067)	-0.105 (0.110)	-0.167 (0.131)	0.244** (0.106)

注：括号内为标准误，*、** 和 *** 分别表示 $P<0.1$、$P<0.05$ 和 $P<0.01$，即在 10%、5% 和 1% 水平上显著。

表 4-19　数字经济与转型能力的 SDM 模型回归结果

变量	(1)	(2)	(3)	(4)	(5)
	经济距离矩阵	空间邻接矩阵	地理距离矩阵	地理经济距离矩阵	嵌套矩阵
	$RES^{(3)}$	$RES^{(3)}$	$RES^{(3)}$	$RES^{(3)}$	$RES^{(3)}$
DIGIT	0.124*** (0.015)	0.152*** (0.014)	0.140*** (0.014)	0.145*** (0.014)	0.108*** (0.015)
GRP	-0.019*** (0.002)	-0.028*** (0.003)	-0.029*** (0.003)	-0.029*** (0.003)	-0.019*** (0.002)
FDI	0.356 (0.322)	0.377 (0.340)	0.230 (0.337)	0.294 (0.337)	0.353 (0.321)

续表

变量	(1)	(2)	(3)	(4)	(5)
	经济距离矩阵	空间邻接矩阵	地理距离矩阵	地理经济距离矩阵	嵌套矩阵
	$RES^{(3)}$	$RES^{(3)}$	$RES^{(3)}$	$RES^{(3)}$	$RES^{(3)}$
CITY	0.058***	0.026***	0.032***	0.038***	0.049***
	(0.008)	(0.009)	(0.009)	(0.009)	(0.008)
HUMAN	0.086***	0.071***	0.075***	0.076***	0.084***
	(0.011)	(0.011)	(0.011)	(0.011)	(0.011)
RD	0.238***	0.229***	0.221***	0.221***	0.234***
	(0.014)	(0.014)	(0.014)	(0.014)	(0.014)
*W * DIGIT*	0.271***	-0.001	0.001	-0.006	0.138***
	(0.041)	(0.017)	(0.020)	(0.020)	(0.024)
*W * GRP*	-0.022***	0.008**	0.014***	0.013**	-0.023***
	(0.006)	(0.004)	(0.005)	(0.005)	(0.006)
*W * FDI*	-1.638*	-0.843*	-0.780	-0.543	-1.668**
	(0.906)	(0.510)	(0.775)	(0.794)	(0.834)
*W * CITY*	0.126***	0.173***	0.165***	0.087***	0.186***
	(0.030)	(0.018)	(0.023)	(0.017)	(0.029)
*W * HUMAN*	-0.037	0.065***	-0.061*	-0.036	-0.059*
	(0.035)	(0.021)	(0.034)	(0.035)	(0.034)
*W * RD*	-0.015	0.073***	0.055	0.052	-0.015
	(0.039)	(0.023)	(0.039)	(0.046)	(0.039)
RHO	0.125***	0.201***	0.261***	0.270***	0.204***
	(0.038)	(0.025)	(0.041)	(0.041)	(0.036)
N	2 565	2 565	2 565	2 565	2 565
R^2	0.332	0.038	0.055	0.114	0.294

注：括号内为标准误，*、** 和 *** 分别表示 $P<0.1$、$P<0.05$ 和 $P<0.01$，即在 10%、5% 和 1% 水平上显著。

表 4-20　数字经济与转型能力的 SDM 模型空间分解效应

分解效应	变量	(1)	(2)	(3)	(4)	(5)
		经济距离矩阵	空间邻接矩阵	地理距离矩阵	地理经济距离矩阵	嵌套矩阵
		$RES^{(3)}$	$RES^{(3)}$	$RES^{(3)}$	$RES^{(3)}$	$RES^{(3)}$
直接效应	*DIGIT*	0.130***	0.154***	0.142***	0.146***	0.112***
		(0.015)	(0.014)	(0.014)	(0.014)	(0.015)
	GRP	-0.019***	-0.028***	-0.029***	-0.029***	-0.019***
		(0.002)	(0.003)	(0.003)	(0.003)	(0.002)
	FDI	0.367	0.377	0.249	0.320	0.348
		(0.310)	(0.321)	(0.320)	(0.319)	(0.309)
	CITY	0.060***	0.034***	0.037***	0.040***	0.054***
		(0.008)	(0.008)	(0.008)	(0.008)	(0.008)
	HUMAN	0.086***	0.075***	0.074***	0.075***	0.083***
		(0.011)	(0.011)	(0.011)	(0.011)	(0.011)
	RD	0.239***	0.236***	0.225***	0.225***	0.236***
		(0.014)	(0.014)	(0.014)	(0.014)	(0.014)
间接效应	*DIGIT*	0.322***	0.035**	0.049**	0.044**	0.196***
		(0.048)	(0.016)	(0.021)	(0.021)	(0.026)
	GRP	-0.028***	0.003	0.009	0.007	-0.033***
		(0.007)	(0.004)	(0.006)	(0.006)	(0.007)
	FDI	-1.701*	-0.889	-0.902	-0.564	-1.880*
		(1.006)	(0.579)	(0.984)	(1.024)	(1.012)
	CITY	0.151***	0.215***	0.231***	0.132***	0.242***
		(0.032)	(0.020)	(0.027)	(0.021)	(0.034)
	HUMAN	-0.031	0.095***	-0.055	-0.021	-0.051
		(0.039)	(0.025)	(0.044)	(0.045)	(0.041)
	RD	0.018	0.145***	0.151***	0.151**	0.043
		(0.045)	(0.028)	(0.051)	(0.061)	(0.050)

续表

分解效应	变量	(1) 经济距离矩阵 $RES^{(3)}$	(2) 空间邻接矩阵 $RES^{(3)}$	(3) 地理距离矩阵 $RES^{(3)}$	(4) 地理经济距离矩阵 $RES^{(3)}$	(5) 嵌套矩阵 $RES^{(3)}$
总效应	*DIGIT*	0.451 *** (0.052)	0.189 *** (0.013)	0.191 *** (0.019)	0.191 *** (0.019)	0.308 *** (0.024)
	GRP	-0.047 *** (0.007)	-0.025 *** (0.003)	-0.020 *** (0.005)	-0.022 *** (0.005)	-0.053 *** (0.007)
	FDI	-1.334 (1.066)	-0.512 (0.613)	-0.652 (0.987)	-0.245 (1.030)	-1.533 (1.073)
	CITY	0.211 *** (0.033)	0.250 *** (0.021)	0.268 *** (0.027)	0.172 *** (0.022)	0.296 *** (0.035)
	HUMAN	0.055 (0.042)	0.170 *** (0.029)	0.019 (0.047)	0.054 (0.048)	0.032 (0.044)
	RD	0.256 *** (0.048)	0.380 *** (0.033)	0.376 *** (0.055)	0.376 *** (0.064)	0.279 *** (0.053)

注：括号内为标准误，*、** 和 *** 分别表示 $P<0.1$、$P<0.05$ 和 $P<0.01$，即在 10%、5% 和 1% 水平上显著。

4.5.3 稳健性检验

为进一步验证上述数字经济与经济韧性三个子维度之间回归结果的稳健性，本节在上述更换空间权重矩阵分别进行检验的基础上，选取以下两种方法再次进行稳健性验证：(1) 改变模型设定方法。在空间计量研究的基础上通过空间滞后模型（SAR）和空间误差模型（SEM）进行实证分析，空间滞后模型（SAR）和空间误差模型（SEM）的定义以及适用于本章研究的具体形式已在上文列出，检验结果如表 4-21、表 4-22、表 4-23 所示。(2) 减少数据样本量，子样本回归方法。在研究样本中筛选属于五个少数民族自治区行政区域内的城市样本以及四个直辖市（北京、上海、天津和重庆）并作剔除处理，再将余下研究样本进行实证分析，检验结果如表4－24和表4－25所示。稳健性检验全部结果显示，核心解释变量数字经济（DIGIT）的回归系数均为正且显著，表明数字经济对本地城市经济韧性三个子维度都具有促进作用，且能够推动周边城市经济韧性三个子维度的提升，进一步证实既有数量分析论断是具备一定稳健性的。

表4－21　子维度稳健性检验（1）：抵御能力更换空间计量模型

变量	(1)	(2)	SAR 分解效应		
	SEM	SAR	直接效应	间接效应	总效应
	RES(1)	*RES*(1)	*RES*(1)	*RES*(1)	*RES*(1)
DIGIT	0.156*** (0.007)	0.109*** (0.007)	0.111*** (0.008)	0.058*** (0.006)	0.169*** (0.010)
GRP	0.004*** (0.002)	0.002 (0.002)	0.002 (0.002)	0.001 (0.001)	0.003 (0.002)
FDI	－3.907*** (0.258)	－3.652*** (0.253)	－3.688*** (0.246)	－1.922*** (0.258)	－5.610*** (0.429)
CITY	－0.014** (0.007)	－0.016** (0.007)	－0.016** (0.007)	－0.008** (0.004)	－0.025** (0.010)
HUMAN	0.015* (0.009)	0.010 (0.009)	0.011 (0.009)	0.005 (0.005)	0.016 (0.013)
RD	0.014 (0.011)	0.015 (0.011)	0.015 (0.011)	0.008 (0.006)	0.023 (0.017)
LAMBDA	0.271*** (0.035)	—			
RHO	—	0.353*** (0.029)			
N	2 565	2 565			
R^2	0.237	0.127			

注：括号内为标准误，*、** 和 *** 分别表示 $P<0.1$、$P<0.05$ 和 $P<0.01$，即在10%、5%和1%水平上显著。

表 4－22　子维度稳健性检验（1）：恢复能力更换空间计量模型

变量	(1)	(2)	SAR 分解效应		
	SEM	SAR	直接效应	间接效应	总效应
	$RES^{(2)}$	$RES^{(2)}$	$RES^{(2)}$	$RES^{(2)}$	$RES^{(2)}$
DIGIT	0.101 *** (0.030)	0.106 *** (0.030)	0.108 *** (0.031)	0.029 *** (0.011)	0.137 *** (0.040)
GRP	0.034 *** (0.004)	0.034 *** (0.004)	0.034 *** (0.004)	0.009 *** (0.002)	0.043 *** (0.006)
FDI	1.677 *** (0.650)	1.690 *** (0.649)	1.773 *** (0.627)	0.481 ** (0.206)	2.254 *** (0.808)
CITY	0.043 ** (0.017)	0.045 *** (0.017)	0.045 *** (0.016)	0.012 ** (0.005)	0.057 *** (0.021)
HUMAN	−0.070 *** (0.022)	−0.072 *** (0.023)	−0.072 *** (0.022)	−0.019 *** (0.007)	−0.092 *** (0.028)
RD	0.029 (0.028)	0.033 (0.028)	0.035 (0.028)	0.009 (0.008)	0.044 (0.035)
LAMBDA	0.211 *** (0.038)	—			
RHO	—	0.217 *** (0.037)			
N	2 565	2 565			
R^2	0.249	0.231			

注：括号内为标准误，*、** 和 *** 分别表示 $P<0.1$、$P<0.05$ 和 $P<0.01$，即在 10%、5% 和 1% 水平上显著。

表 4－23　子维度稳健性检验（1）：转型能力更换空间计量模型

变量	(1)	(2)	SAR 分解效应		
	SEM	SAR	直接效应	间接效应	总效应
	$RES^{(3)}$	$RES^{(3)}$	$RES^{(3)}$	$RES^{(3)}$	$RES^{(3)}$
DIGIT	0.135 *** (0.015)	0.139 *** (0.015)	0.141 *** (0.016)	0.038 *** (0.009)	0.179 *** (0.021)

续表

变量	(1)	(2)	SAR 分解效应		
	SEM	SAR	直接效应	间接效应	总效应
	$RES^{(3)}$	$RES^{(3)}$	$RES^{(3)}$	$RES^{(3)}$	$RES^{(3)}$
GRP	-0.020*** (0.002)	-0.020*** (0.002)	-0.020*** (0.002)	-0.005*** (0.001)	-0.026*** (0.003)
FDI	0.332 (0.327)	0.291 (0.325)	0.329 (0.315)	0.090 (0.091)	0.419 (0.403)
CITY	0.063*** (0.008)	0.064*** (0.008)	0.065*** (0.008)	0.018*** (0.004)	0.082*** (0.011)
HUMAN	0.086*** (0.011)	0.086*** (0.011)	0.086*** (0.011)	0.024*** (0.006)	0.110*** (0.015)
RD	0.243*** (0.014)	0.242*** (0.014)	0.244*** (0.014)	0.067*** (0.014)	0.311*** (0.022)
LAMBDA	0.192*** (0.038)	—			
RHO	—	0.218*** (0.034)			
N	2 565	2 565			
R^2	0.322	0.351			

注：括号内为标准误，*、** 和 *** 分别表示 $P<0.1$、$P<0.05$ 和 $P<0.01$，即在 10%、5% 和 1% 水平上显著。

表 4-24　　子维度稳健性检验（2）：子样本回归空间效应

变量	(1)	(2)	(3)
	$RES^{(1)}$	$RES^{(2)}$	$RES^{(3)}$
DIGIT	0.040*** (0.012)	0.078** (0.032)	0.104*** (0.016)
GRP	-0.001 (0.002)	0.029*** (0.004)	-0.016*** (0.002)
FDI	-3.675*** (0.273)	2.737*** (0.688)	0.520 (0.339)

续表

变量	(1)	(2)	(3)
	$RES^{(1)}$	$RES^{(2)}$	$RES^{(3)}$
CITY	-0.016 ** (0.006)	0.037 ** (0.016)	0.059 *** (0.008)
HUMAN	-0.002 (0.009)	-0.077 *** (0.023)	0.079 *** (0.011)
RD	0.011 (0.011)	0.034 (0.027)	0.231 *** (0.013)
*W * Digit*	0.067 *** (0.019)	0.270 *** (0.089)	0.263 *** (0.044)
*W * GRP*	0.008 * (0.004)	-0.018 (0.012)	-0.024 *** (0.006)
*W * FDI*	0.374 (0.658)	0.220 (1.775)	-0.689 (0.874)
*W * CITY*	0.054 ** (0.024)	0.143 ** (0.061)	0.149 *** (0.031)
*W * HUMAN*	0.036 (0.027)	-0.082 (0.070)	-0.041 (0.035)
*W * RD*	0.034 (0.028)	0.130 * (0.069)	-0.009 (0.035)
RHO	0.271 *** (0.034)	0.228 *** (0.038)	0.105 *** (0.038)

注：括号内为标准误，*、** 和 *** 分别表示 $P<0.1$、$P<0.05$ 和 $P<0.01$，即在 10%、5% 和 1% 水平上显著。

表 4-25　子维度稳健性检验（2）：子样本回归空间分解效应

分解效应	变量	(1)	(2)	(3)
		$RES^{(1)}$	$RES^{(2)}$	$RES^{(3)}$
直接效应	*DIGIT*	0.043 *** (0.012)	0.088 *** (0.033)	0.108 *** (0.016)
	GRP	-0.001 (0.002)	0.028 *** (0.004)	-0.016 *** (0.002)

续表

分解效应	变量	(1)	(2)	(3)
		$RES^{(1)}$	$RES^{(2)}$	$RES^{(3)}$
直接效应	*FDI*	-3.667*** (0.265)	2.846*** (0.665)	0.550* (0.326)
	CITY	-0.014** (0.006)	0.042*** (0.016)	0.061*** (0.008)
	HUMAN	-0.001 (0.009)	-0.080*** (0.023)	0.079*** (0.011)
	RD	0.013 (0.011)	0.039 (0.027)	0.232*** (0.013)
间接效应	*DIGIT*	0.103*** (0.022)	0.362*** (0.116)	0.301*** (0.050)
	GRP	0.010* (0.006)	-0.015 (0.015)	-0.028*** (0.006)
	FDI	-0.752 (0.845)	1.269 (2.211)	-0.613 (0.949)
	CITY	0.067** (0.031)	0.193** (0.076)	0.172*** (0.033)
	HUMAN	0.047 (0.036)	-0.127 (0.087)	-0.037 (0.037)
	RD	0.052 (0.039)	0.179* (0.092)	0.018 (0.040)
总效应	*DIGIT*	0.147*** (0.022)	0.451*** (0.126)	0.410*** (0.054)
	GRP	0.008 (0.006)	0.014 (0.016)	-0.045*** (0.007)
	FDI	-4.420*** (0.917)	4.115* (2.389)	-0.063 (1.015)
	CITY	0.053 (0.033)	0.235*** (0.079)	0.233*** (0.034)

续表

分解效应	变量	(1)	(2)	(3)
		$RES^{(1)}$	$RES^{(2)}$	$RES^{(3)}$
总效应	*HUMAN*	0.047	−0.207**	0.042
		(0.039)	(0.094)	(0.040)
	RD	0.065	0.218**	0.250***
		(0.042)	(0.101)	(0.043)
N		2 259	2 259	2 259
R^2		0.056	0.124	0.288

注：括号内为标准误，*、** 和 *** 分别表示 $P<0.1$、$P<0.05$ 和 $P<0.01$，即在 10%、5% 和 1% 水平上显著。

4.6 本章小结

本章基于 2011—2019 年中国内地 285 个地级及以上城市的面板数据，使用了时空双固定效应模型、空间滞后模型（SAR）、空间误差模型（SEM）、空间杜宾模型（SDM），研究发展数字经济对于经济韧性及其三个子维度的直接效应和空间溢出效应，并进一步通过分区域样本和分层级城市样本进行异质性分析，最后在一系列稳健性检验的结果中证实了研究结论的一致性，具体结论如下：

从总体样本的回归结果来看，当前中国内地城市发展数字经济有助于强化经济韧性总体水平，并有利于经济韧性的三个子维度水平的提升。同时，数字经济作用于周边城市经济韧性及其三个子维度的正向空间溢出效应全部显著存在，并且其效力还要大于对本地经济韧性及其三个子维度的直接促进作用；控制变量方面，经济规模、人口密度、人力资本和科技支出对于经济韧性影响的总体趋势均为正，但外商直接投资对于经济韧性影响的总体趋势为负，表明过度依赖外资反而不利于经济韧性的提升，可能的原因在于外资所引进的前沿技术存在较强的传播壁垒而无法形成良好的扩散效应，且易于产生外资依赖和技术锁定的情形，导致我国的经济发展和技术创新领域出现外商“卡脖子”的现象而有损经济韧性。从分地区样本回归结果来看，数字经济有助于提升中国内地各地区城市的经济韧性，同时数字经济对西部地区城市经济韧性的直接效应强过东部地区城市和中部地区城市，但空间溢出效应的结果表明东部地区城市发展数字经济可以同时强化邻近城市的经济韧性水平，而宏观看待中部地区和西部地区城市的数字经济发展并不存在显著的空间溢出效应。从不同层级城市回归结果来看，发展数字经济将有利于提高中国内地各类层级城市的经济韧性，但中心城市直接效应的作用强度更大，空间溢出效应检验结果表明中国内地不同层级的城市发展数字经济均存在显著的空间溢出效应，且中心城市发展数字经济而提升周边城市经济韧性的程度更强于外围城市。

第5章

数字经济影响经济韧性的传导路径分析

第4章已经实证检验了发展数字经济对于经济韧性的直接促进作用与空间溢出效应，本章将在此基础上通过中介效应模型和空间杜宾模型，进一步分析发展数字经济影响经济韧性的具体传导路径，以及空间传导路径是否依然成立。基于理论分析，本章主要检验了以下三个方面的传导路径：第一，对于发展数字经济是否通过投资活力路径作用于经济韧性进行实证分析；第二，对于发展数字经济是否通过消费升级路径作用于经济韧性进行实证分析；第三，对于发展数字经济是否通过产业结构路径作用于经济韧性进行实证分析。

本章节的具体安排如下：5.1为理论分析与研究假设；5.2为投资活力传导路径实证分析；5.3为消费升级传导路径实证分析；5.4为产业结构传导路径实证分析；5.5为本章小结。

5.1 理论分析与研究假设

传导路径检验使用中介效应模型的方法较为普遍，本章主要采用2004年温忠麟等人在索贝尔（Sobel）研究成果的基础上构造的中介效应基准模型，并结合本章的具体研究内容，在后续内容中分别检验投资活力、消费升级和产业结构三个影响路径是否存在，以及空间传导路径是否依然成立。

中介效应基准模型设定如式（5.1）至式（5.3）所示：

$$Y = a_0 + a_1 X + \varepsilon_1 \tag{5.1}$$

$$M = b_0 + b_1 X + \varepsilon_2 \tag{5.2}$$

$$Y = c_0 + c_1 X + c_2 M + \varepsilon_3 \tag{5.3}$$

由前文的分析可知经济韧性属于经济体自身的固有属性，其源自内部结构所赋予的冲击应对能力，本章认为数字经济作为新型经济业态可以通过影响经济体的投资活力、消费行为以及产业结构等领域提升其经济韧性。首先，数字经济可以采用优化市场投资方向、改善基础设施建设、提升投资活力进而影响经济韧性。数字经济的飞速发展带动了社会经济各领域的数字化转型需求和数字经济相关投资的增长，激发了市场投资的活力与信心，并成为引流社会资本与政府投资的主要方向；同时，数字经济相关基础设施投资在各领域数字化转型过程中的重要性进一步凸显，基础设施建设按属性是固定资产投资的范畴，过去中国的固定资产投资三大主体中房地产投资所占比重要高于基础建设投资和制造业投资各自所占比重，长期进行大规模的固定资产投资也为中国带来了粗犷式经济发展的初期红利和弊端，而在经济新常态阶段，传统的固定资产投资刺激经济发展的方式已然不再适用，但投资作为经济发展的“三驾马车”之一却是不可替代的，而数字经济所带来的新型数字化、智能化的基础设施建设却是以适应科技产业变革为导向、绿色和可持续发展为理念所进行的“新基建”，而以数字经济相关基础设施为主的新基建对于改善中国国内市场的投资环境起到了关键作用，其不但可以发挥投资所带来的乘数效应保障经济稳定，还能够引领新一轮的产业投资和技术投资，发挥新基建在经济发展新旧动能转换关键阶段的积极作用，进一步协调社会资本解决数字经济发展关键领域所面临的融资难题，并在经济面临冲击时可以通过新型基础设施为经济转型和生产转轨提供资源保障，最大限度地恢复经济运转，逐步提高经济韧性。基于此，本章提出如下研究假设：

研究假设5.1：发展数字经济可以通过投资活力路径作用于经济韧性水平的提升，即投资活力在发展数字经济与经济韧性水平之间发挥中介效应。

其次，数字经济带动消费升级，而消费升级作为构建国内国际双循环新发展格局中的重要组成部分对于提升经济韧性发挥着积极作用。从过去的经济实践观察，传统投资金额大约有40%可以转化为劳务工资等形式的消费能力（戚聿东和褚席，2021），而发展数字经济过程中所产生的相关投资所涉及的产品、服务和经济部门更为广泛，理论上投资需求转化为消费需求的比例将得到提升，所以新基建的发展将刺激新一轮的消费需求。中国具备超大的市场规模和内需潜力，要形成双循环新发展格局必须促进消费升级，而数字经济所带来的新兴消费模式和大量改善原有生产方式和生活状态的高科技产品，对于居民消费模式和企业生产模式均起到了不可忽视的作用，线上消费市场与线下消费市场的高效融合、消费业态的持续扩容都为消费需求升级提供了内生动力。数字经济时代的消费需求也正向着个性化、多样化和高端化的方向发展，人们在物质性需求得到满足的同时，比过去更加注重精神层面的满足和体现自我价值的行为，这将在升级消费需求的同时进一步升级消费结构，而消费升级无疑有利于逐步形成以国内大循环为主体的新格局，当中国经济遭遇全球性经济危机或挑战时，中国内循环经济体系就是经济领域的“避风港”，同时数字经济推动中国发展新基建也有利于实施创新驱动发展战略，稳步扩大改革开放的基本国策，使我国更具国际竞争力的高端产品和技术走出国门，国内国际双循环体系相辅相成，进一步提升经济韧性。基于此，本章提出如下研究假设：

研究假设5.2：发展数字经济可以通过消费升级路径作用于经济韧性水平的提升，即消费升级在发展数字经济与经济韧性水平之间发挥中介效应。

最后，数字经济可以促进高效创新生态的形成和发展，不断催生新业态，持续发展新动能，助力产业结构转型升级，稳步提高经济韧性。产业结构作为经济结构的重要组成部分，在经济体面临外生冲击时也是经济韧性抵御能力发挥作用的关键。数字经济已经发展成为继农业经济与工业经济之后的新型经济形态，以产业数字化和数字产业化为主要发展方向，产业数字化推动了传统产业的数字化转型，为传统产业提供了新的发展思路，提升了传统产业的全要素生产率，进一步释放经济增长潜能，使产业结构更加趋于合理化；数字产业化是指高新技术企业通过数字技术可以研发出新的产品和服务模式，将它们通过商业化手段进行推广并占据一定的市场份额，逐渐形成新行业并壮大为新产业的过程，形成新兴产业的同时也为传统产业的发展提供转型方向，使产业结构更加趋向于高级化，为经济发展提供新动能并拓展了经济发展空间，而产业结构转型升级作为推动经济发展的长期动力，与经济韧性的强弱息息相关。基于此，本章提出如下研究假设：

研究假设 5.3：发展数字经济可以通过产业结构路径作用于经济韧性水平的提升，即产业结构在发展数字经济与经济韧性水平之间发挥中介效应。

5.2 投资活力传导路径实证分析

5.2.1 变量说明

本节以第 3 章中测算得到的中国内地 285 个地级及以上城市 2011 年至 2019 年经济韧性综合指数为被解释变量，数字经济发展指数为解释变量，以投资活力的两个维度即社会资本投资和固定资产投资作为中介变量，检验发展数字经济是否可以通过投资活力传导路径影响经济韧性水平。

本节选择社会资本投资和固定资产投资作为投资活力的两个维度进行中介效应检验，其中社会资本投资通过城市经济单元年度真实发生的风险投资累计成交额测度并记为 $INVEST^{(1)}$，并对其取自然对数（Ln）以规避可能存在的异方差等问题干扰实证结果；固定资产投资通过城市经济单元年度固定资产投资额测度并记为 $INVEST^{(2)}$，并对其取自然对数（Ln）以规避可能存在的异方差等问题干扰实证结果。为保证回归结果能准确体现发展数字经济通过投资活力传导路径影响经济韧性的中介效应，本节控制了包括经济规模、外商直接投资、人口密度、人力资本和科技支出等在内的可能影响经济韧性水平的控制变量。社会资本投资数据和固定资产投资数据分别来源于 WIND 数据库和 CNRDS 数据库，其余变量的测算方法与数据来源均与前文保持一致，在此不再赘述。

投资活力传导路径的中介变量描述性统计如表 5－1 所示，可以发现 2011—2019 年，城市层面社会资本投资的均值和最大值总体处于上升趋势，表明中国内地社会资本投资活力水平的提高，而标准差也在此期间处于上升态势，则表明城市层面整体社会投资水平提高的同时，城市之间的差距也在增大。2011—2019 年城市层面固定资产投资的平均值、最小值与最大值基本处于逐年上升的情形之中，并且标准差在此期间保持基本稳定，表明中国内地城市层面固定资产投资整体水平稳步提升，并且城市之间的整体差距没有被进一步扩大。

表 5－1　　投资活力传导路径中介变量描述性统计

变量名称	变量符号	年份	观测数	平均值	标准差	最小值	最大值
社会资本投资	*INVEST*(1)	2011 年	285	0.008	0.012	0.000	0.073
		2012 年	285	0.006	0.010	0.000	0.071
		2013 年	285	0.004	0.010	0.000	0.073
		2014 年	285	0.005	0.012	0.000	0.073
		2015 年	285	0.007	0.013	0.000	0.080
		2016 年	285	0.007	0.014	0.000	0.081
		2017 年	285	0.009	0.016	0.000	0.087
		2018 年	285	0.011	0.018	0.000	0.087
		2019 年	285	0.011	0.017	0.000	0.079
固定资产投资	*INVEST*(2)	2011 年	285	0.080	0.010	0.050	0.103
		2012 年	285	0.088	0.009	0.060	0.112
		2013 年	285	0.093	0.009	0.066	0.117
		2014 年	285	0.096	0.009	0.070	0.121
		2015 年	285	0.099	0.009	0.074	0.125
		2016 年	285	0.101	0.009	0.077	0.127
		2017 年	285	0.103	0.009	0.079	0.130
		2018 年	285	0.104	0.009	0.081	0.131
		2019 年	285	0.106	0.009	0.083	0.131

资料来源：国家统计局发布的《中国城市统计年鉴》，WIND、EPS、CNRDS 和中经网数据库等，作者对其进行了整理和分析。

5.2.2 模型构建

根据前文的理论分析，数字经济有可能通过投资活力传导路径提升经济韧性水平，为此，本节将通过设定空间杜宾中介效应模型进行机制检验，空间杜宾中介效应模型可以在检验其本地直接中介效应的同时，进一步检验其空间中介传导路径是否依然成立，具体模型构建如式（5.4）至式（5.8）所示：

$$RES_{i,t} = \alpha_0 + \rho W_1 RES_{i,t} + \varphi_1 W_1 DIGIT_{i,t} + \alpha_1 DIGIT_{i,t} + \varphi_c W_1 Z_{i,t} + \alpha_c Z_{i,t} + \mu_i + \delta_t + \varepsilon_{i,t} \tag{5.4}$$

$$INVEST^{(1)}_{i,t} = \alpha_0 + \rho W_1 INVEST^{(1)}_{i,t} + \varphi_1 W_1 DIGIT_{i,t} + \alpha_1 DIGIT_{i,t} + \varphi_c W_1 Z_{i,t} + \alpha_c Z_{i,t} + \mu_i + \delta_t + \varepsilon_{i,t} \tag{5.5}$$

$$RES_{i,t} = \alpha_0 + \rho W_1 RES_{i,t} + \varphi_1 W_1 DIGIT_{i,t} + \alpha_1 DIGIT_{i,t} + \varphi_2 W_1 INVEST^{(1)}_{i,t} + \alpha_2 INVEST^{(1)}_{i,t} + \varphi_c W_1 Z_{i,t} + \alpha_c Z_{i,t} + \mu_i + \delta_t + \varepsilon_{i,t} \tag{5.6}$$

$$INVEST^{(2)}_{i,t} = \alpha_0 + \rho W_1 INVEST^{(2)}_{i,t} + \varphi_1 W_1 DIGIT_{i,t} + \alpha_1 DIGIT_{i,t} + \varphi_c W_1 Z_{i,t} + \alpha_c Z_{i,t} + \mu_i + \delta_t + \varepsilon_{i,t} \tag{5.7}$$

$$RES_{i,t} = \alpha_0 + \rho W_1 RES_{i,t} + \varphi_1 W_1 DIGIT_{i,t} + \alpha_1 DIGIT_{i,t} + \varphi_2 W_1 INVEST^{(2)}_{i,t} + \alpha_2 INVEST^{(2)}_{i,t} + \varphi_c W_1 Z_{i,t} + \alpha_c Z_{i,t} + \mu_i + \delta_t + \varepsilon_{i,t} \tag{5.8}$$

上式中，i 表示的是中国内地城市中的样本城市数量，t 表示 2011—2019 年的时间区间，RES 为被解释变量经济韧性综合指数，$DIGIT$ 为解释变量数字经济发展指数，$INVEST^{(1)}$ 为中介变量社会资本投资，$INVEST^{(2)}$ 为中介变量固定资产投资，Z 表示一系列控制变量，α_0 为常数项，α_1、α_c 为回归系数向量，ρ 表示的是空间自回归系数，W 代表的是空间权重矩阵，在此采用经济距离矩阵 W_1 进行回归，φ_1 代表的是解释变量数字经济 $DIGIT$ 的空间加权弹性系数，φ_c 则表示的是一系列控制变量空间交互项的弹性系数，μ_i 和 δ_t 分别代表时间效应和个体效应，$\varepsilon_{i,t}$ 代表随机干扰项。其中，式（5.4）为基准模型，并且与上文第 4 章中的 SDM 模型保持形式一致，式（5.5）和式（5.7）反映的是发展数字经济对中介变量社会资本投资与固定资产投资的影响，式（5.6）和式（5.8）反映的是发展数字经济与中介变量社会资本投资、固定资产投资对于经济韧性的影响。

5.2.3 实证结果分析

本节旨在通过空间中介效应模型，使用面板数据估计发展数字经济影响经济韧性的投资活力传导路径。为确保分析结果的准确性，在实证检验之前需要进行相关变量的单位根检验、协整检验和空间自相关检验，由于本节的主要变量设定与第 4 章保持一致，且主要相关变量的上述检验均已通过，在此不再赘述。基本估计结果见表 5-2 和表 5-3。

表 5-2　投资活力传导路径的 SDM 模型回归结果

变量	(1)	(2)	(3)	(4)	(5)
	SDM	SDM	SDM	SDM	SDM
	RES	*INVEST*$^{(1)}$	*RES*	*INVEST*$^{(2)}$	*RES*
DIGIT	0.029*** (0.010)	0.033*** (0.006)	0.025** (0.010)	0.006*** (0.002)	0.026** (0.010)
INVEST$^{(1)}$			0.001* (0.000)		
INVEST$^{(2)}$					0.281*** (0.103)
GRP	0.009*** (0.001)	0.002** (0.001)	0.009*** (0.001)	0.005*** (0.000)	0.008*** (0.002)
FDI	-1.144*** (0.219)	-0.014 (0.138)	-1.164*** (0.219)	0.234*** (0.042)	-1.205*** (0.220)
CITY	-0.024*** (0.006)	-0.003 (0.004)	-0.024*** (0.006)	-0.001 (0.001)	-0.025*** (0.006)
HUMAN	0.037*** (0.008)	-0.006 (0.005)	0.038*** (0.008)	0.007*** (0.001)	0.035*** (0.008)
RD	0.054*** (0.009)	0.015** (0.006)	0.054*** (0.009)	0.005*** (0.002)	0.053*** (0.009)
*W * DIGIT*	0.061** (0.028)	0.109*** (0.018)	0.041 (0.029)	-0.015*** (0.005)	0.059** (0.028)

续表

变量	(1)	(2)	(3)	(4)	(5)
	SDM	SDM	SDM	SDM	SDM
	RES	*INVEST* (1)	*RES*	*INVEST* (2)	*RES*
*W * INVEST*(1)			0.001 * (0.001)		
*W * INVEST* (2)					-0.600 * (0.320)
*W * GRP*	-0.010 ** (0.004)	-0.008 *** (0.003)	-0.009 ** (0.004)	-0.002 ** (0.001)	-0.006 (0.005)
*W * FDI*	0.507 (0.616)	0.938 ** (0.387)	0.413 (0.617)	0.145 (0.118)	0.631 (0.621)
*W * CITY*	0.035 * (0.020)	-0.001 (0.012)	0.033 * (0.020)	-0.020 *** (0.004)	0.036 * (0.020)
*W * HUMAN*	-0.046 * (0.024)	-0.078 *** (0.015)	-0.040 * (0.024)	0.005 (0.005)	-0.043 * (0.024)
*W * RD*	0.042 (0.026)	-0.006 (0.016)	0.040 (0.026)	0.000 (0.005)	0.043 * (0.026)
RHO	0.128 *** (0.038)	0.226 *** (0.035)	0.116 *** (0.038)	0.019 (0.041)	0.135 *** (0.038)
N	2 565	2 565	2 565	2 565	2 565
R^2	0.182	0.037	0.229	0.059	0.152

注：括号内为标准误，*、** 和 *** 分别表示 $P<0.1$、$P<0.05$ 和 $P<0.01$，即在 10%、5% 和 1% 水平上显著。

表 5-3　　投资活力传导路径的 SDM 模型空间分解效应

分解效应	变量	(1)	(2)	(3)	(4)	(5)
		SDM	SDM	SDM	SDM	SDM
		RES	*INVEST* (1)	*RES*	*INVEST* (2)	*RES*
直接效应	*DIGIT*	0.030 *** (0.010)	0.036 *** (0.007)	0.025 ** (0.010)	0.006 *** (0.002)	0.028 *** (0.010)
	INVEST (1)			0.001 * (0.000)		

续表

分解效应	变量	(1)	(2)	(3)	(4)	(5)
		SDM	SDM	SDM	SDM	SDM
		RES	*INVEST* (1)	*RES*	*INVEST* (2)	*RES*
直接效应	*INVEST* (2)					0.267 *** (0.100)
	GRP	0.009 *** (0.001)	0.002 ** (0.001)	0.009 *** (0.001)	0.005 *** (0.000)	0.008 *** (0.001)
	FDI	−1.113 *** (0.210)	0.031 (0.133)	−1.169 *** (0.207)	0.239 *** (0.040)	−1.205 *** (0.208)
	CITY	−0.024 *** (0.005)	−0.003 (0.003)	−0.024 *** (0.005)	−0.001 (0.001)	−0.024 *** (0.005)
	HUMAN	0.036 *** (0.007)	−0.008 * (0.005)	0.038 *** (0.008)	0.007 *** (0.001)	0.035 *** (0.008)
	RD	0.055 *** (0.009)	0.015 ** (0.006)	0.054 *** (0.010)	0.005 *** (0.002)	0.054 *** (0.010)
间接效应	*DIGIT*	0.073 ** (0.032)	0.146 *** (0.023)	0.052 * (0.031)	−0.015 *** (0.006)	0.070 ** (0.030)
	INVEST (1)			0.002 ** (0.001)		
	INVEST (2)					−0.609 * (0.356)
	GRP	−0.010 ** (0.004)	−0.010 *** (0.003)	−0.009 ** (0.005)	−0.002 *** (0.001)	−0.006 (0.005)
	FDI	0.472 (0.686)	1.224 ** (0.483)	0.279 (0.679)	0.161 (0.118)	0.499 (0.701)
	CITY	0.037 (0.022)	−0.002 (0.016)	0.035 (0.023)	−0.020 *** (0.004)	0.039 (0.024)
	HUMAN	−0.048 * (0.027)	−0.100 *** (0.019)	−0.041 (0.027)	0.005 (0.005)	−0.046 * (0.027)
	RD	0.057 * (0.030)	−0.003 (0.021)	0.053 * (0.029)	0.001 (0.005)	0.058 ** (0.029)

续表

分解效应	变量	(1)	(2)	(3)	(4)	(5)
		SDM	SDM	SDM	SDM	SDM
		RES	*INVEST* (1)	*RES*	*INVEST* (2)	*RES*
总效应	*DIGIT*	0.103***	0.183***	0.077**	-0.010*	0.098***
		(0.035)	(0.025)	(0.033)	(0.006)	(0.031)
	INVEST (1)			0.002***		
				(0.001)		
	INVEST (2)					-0.342
						(0.376)
	GRP	-0.001	-0.008**	0.000	0.003***	0.002
		(0.005)	(0.003)	(0.005)	(0.001)	(0.005)
	FDI	-0.642	1.255**	-0.890	0.401***	-0.706
		(0.727)	(0.514)	(0.703)	(0.122)	(0.730)
	CITY	0.013	-0.005	0.012	-0.022***	0.015
		(0.023)	(0.016)	(0.024)	(0.004)	(0.024)
	HUMAN	-0.012	-0.108***	-0.003	0.012**	-0.011
		(0.029)	(0.021)	(0.030)	(0.005)	(0.030)
	RD	0.112***	0.012	0.107***	0.006	0.112***
		(0.033)	(0.023)	(0.031)	(0.005)	(0.031)

注：括号内为标准误，*、** 和 *** 分别表示 $P<0.1$、$P<0.05$ 和 $P<0.01$，即在 10%、5% 和 1% 水平上显著。

表 5-2 和表 5-3 显示了投资活力传导路径中介效应的检验结果。第一列结果显示，在 1% 显著性水平下，发展数字经济对于经济韧性具有正向影响效应。第二列结果显示，在 1% 显著性水平下，发展数字经济对于社会资本投资具有正向影响效应，即发展数字经济有利于社会资本投资水平的提高。第三列结果显示，在 5% 显著性水平下，发展数字经济与社会资本投资水平的提高对于经济韧性均有积极影响。这说明投资活力的社会资本投资维度，在发展数字经济强化经济韧性的直接效应传导路径上中介效应成立，即某城市发展数字经济可以通过增加社会资本投资强化城市自身的经济韧性，同时表 5-3 的结果还显示，当加入中介变量社会资本投资

后，数字经济对于经济韧性的直接影响系数由第一列中的 0.030 下降为第三列中的 0.025，表明社会资本投资所起到的传导作用属于部分中介效应。由于空间杜宾模型（SDM）的估计系数无法直接说明解释变量分别作用于被解释变量各部分样本的具体影响，接下来将重点分析空间中介模型的分解效应。表 5－3 报告了各项解释变量的直接效应、间接效应和总效应。其中，发展数字经济的直接效应表明数字经济对本城市社会资本投资或经济韧性的直接影响，间接效应表示数字经济作用于周边城市或邻近城市社会资本投资或经济韧性的影响。第一列结果显示，在 5% 显著性水平下，发展数字经济对于经济韧性存在正向空间溢出效应。第二列结果显示，在 1% 显著性水平下，发展数字经济对于社会资本投资存在正向空间溢出效应，即某城市发展数字经济对于城市自身及周边城市的社会资本投资均存在显著的提升作用。第三列结果显示，在 10% 的显著性水平下，发展数字经济与社会资本投资水平的提高对于经济韧性均存在正向空间溢出效应。这说明投资活力的社会资本投资维度，在发展数字经济强化经济韧性的空间传导路径上中介效应依然成立，即某城市发展数字经济可以通过提高社会资本投资的空间传导路径提高邻近或周边城市的经济韧性。同时表 5－3 的结果还显示，当加入中介变量社会资本投资后，数字经济对于经济韧性的间接影响系数由第一列中的 0.073 下降为第三列中的 0.052，表明社会资本投资所起到的空间传导作用依然属于部分中介效应。

观察投资活力的固定资产投资维度可以发现，第四列结果显示，在 1% 显著性水平下，发展数字经济对于固定资产投资具有正向影响效应，即发展数字经济有利于固定资产投资水平的提高。第五列结果显示，在 1% 显著性水平下，发展数字经济与固定资产投资水平的提高对于经济韧性均有积极影响。这说明投资活力的固定资产投资维度，在发展数字经济强化经济韧性的直接效应传导路径上中介效应成立，即某城市发展数字经济可以通过增加固定资产投资强化城市自身的经济韧性，同时表 5－3 的结果还显示，当加入中介变量固定资产投资后，数字经济对于经济韧性的直接影响系数由第一列中的 0.029 下降为第五列中的 0.026，表明固定资产投资所起到的传导作用属于部分中介效应。接下来继续分析空间中介模型的分解效应，表 5－3 的间接效应部分，第四列结果显示，在 1% 显著性水平平下，发展数字经济对于固定资产投资存在负向空间溢出效应，即某城市发展数字经济对于自身周边城市的固定资产投资存在显著的抑制作用。第五列结果显示，在5%的显著性水平下，发展数字经济将通过抑制固定资产投资水平的方式对于经济韧性产生正向空间溢出效应，可能的原因在于固定资产投资强化经济韧性的主要机制在于转型新型基础设施建设，而发展数字经济在空间维度对于固定资产投资将产生虹吸效应，中国的数字经济发展中心城市初步形成，这些城市对于新型基础设施建设的虹吸效应明显，而大部分城市正处于发展数字经济的起步阶段，其固定资产投资可能还是以传统的房地产投资为主，而根据上文的理论分析传统的固定资产投资并不利于提升经济韧性，所以造成了投资活力在固定资产投资维度上，直接效应与空间效应发展数字经济的传导机制不一致的情形出现。但同样可以说明投资活力的固定资产投资维度，在发展数字经济强化经济韧性的空间传导路径上中介效应依然成立，即某城市发展数字经济可以通过抑制固定资产投资的空间传导路径提高邻近或周边城市的经济韧性。同时表5-3的结果还显示，当加入中介变量固定资产投资后，数字经济对于经济韧性的间接影响系数由第一列中的0.073下降为第五列中的0.070，表明固定资产投资所起到的空间传导作用依然属于部分中介效应。由此，本章的假设5.1通过检验。

综上，本章的假设5.1经验证成立，即投资活力的两个维度社会资本投资和固定资产投资作为发展数字经济影响经济韧性的传导路径，在数字经济作用于经济韧性的直接效应传导路径中均成立，同时在数字经济作用于经济韧性的空间溢出效应传导路径中依然成立。

5.3 消费升级传导路径实证分析

5.3.1 变量说明

本节以第3章中测算得到的中国内地285个地级及以上城市2011年至

2019 年经济韧性综合指数为被解释变量，数字经济发展指数为解释变量，以消费升级的两个维度即消费需求升级和消费结构升级作为中介变量，检验发展数字经济是否可以通过消费升级传导路径影响经济韧性水平。

本节选择消费需求升级和消费结构升级作为消费升级的两个维度进行中介效应检验，其中消费需求升级通过城市经济单元年度城镇居民人均消费支出测度并记为 $CONU^{(1)}$，并对其取自然对数（Ln）以规避可能存在的异方差等问题干扰实证结果；消费结构升级通过城市经济单元年度恩格尔系数测度并记为 $CONU^{(2)}$，因为恩格尔系数表示居民消费结构中的食品类基本消费支出所占比重，该比重越大表明居民消费结构越单一，反之则表明居民消费结构的多样化、个性化和高端化即消费结构升级，所以消费结构升级变量为逆向数据变量，即负向指标。为保证回归结果能准确体现发展数字经济通过消费升级传导路径影响经济韧性的中介效应，本节控制了包括：经济规模、外商直接投资、人口密度、人力资本和科技支出等可能影响经济韧性水平的控制变量。消费需求升级数据和消费结构升级数据分别来源于 CNRDS 数据库和《中国城市统计年鉴》以及部分省（市、地区）的统计年报，其余变量的测算方法与数据来源均与前文保持一致，在此不再赘述。

消费升级传导路径的中介变量描述性统计如表 5－4 所示，可以发现 2011—2019 年，城市层面消费需求升级的平均值、最小值和最大值总体处于逐年上升的趋势，表明中国内地消费需求维度的消费升级水平稳步提高，而标准差也在此期间处于上升态势，这表明城市层面整体消费需求水平提高的同时，城市之间的差距也在增大。城市层面的消费结构升级因为属于负向指标，所以在 2011—2019 年，其平均值、标准差、最小值与最大值全部处于总体下降的趋势之中，表明中国内地城市层面消费结构升级整体水平稳步提升，并且城市之间的整体差距正处于总体缩小的趋势中。

表 5－4　　　　消费升级传导路径中介变量描述性统计

变量名称	变量符号	年份	观测数	平均值	标准差	最小值	最大值
消费需求升级	$CONU^{(1)}$	2011 年	285	9.497	0.224	9.037	10.247
		2012 年	285	9.604	0.219	9.063	10.354
		2013 年	285	9.666	0.241	9.085	10.412
		2014 年	285	9.713	0.237	9.242	10.468

续表

变量名称	变量符号	年份	观测数	平均值	标准差	最小值	最大值
消费需求升级	$CONU^{(1)}$	2015 年	285	9.788	0.241	9.273	10.517
		2016 年	285	9.855	0.243	9.273	10.593
		2017 年	285	9.912	0.247	9.273	10.653
		2018 年	285	9.974	0.251	9.273	10.737
		2019 年	285	9.993	0.260	9.407	10.785
消费结构升级	$CONU^{(2)}$	2011 年	285	0.370	0.073	0.156	0.744
		2012 年	285	0.365	0.072	0.165	0.741
		2013 年	285	0.356	0.076	0.166	0.740
		2014 年	285	0.346	0.071	0.110	0.740
		2015 年	285	0.337	0.072	0.185	0.733
		2016 年	285	0.330	0.072	0.189	0.711
		2017 年	285	0.326	0.065	0.198	0.504
		2018 年	285	0.320	0.067	0.135	0.509
		2019 年	285	0.321	0.066	0.139	0.535

资料来源：国家统计局发布的《中国城市统计年鉴》，WIND、EPS、CNRDS 和中经网数据库等，作者对其进行了整理和分析。

5.3.2 模型构建

根据前文的理论分析，数字经济有可能通过消费升级传导路径提升经济韧性水平，为此本章节继续通过设定空间杜宾中介效应模型进行机制检验，空间杜宾中介效应模型可以在检验其本地直接中介效应的同时，进一步检验其空间中介传导路径是否依然成立，具体模型构建如式（5.9）至式（5.13）所示：

$$RES_{i,t} = \alpha_0 + \rho W_1 RES_{i,t} + \varphi_1 W_1 DIGIT_{i,t} + \alpha_1 DIGIT_{i,t} + \varphi_c W_1 Z_{i,t} + \alpha_c Z_{i,t} + \mu_i + \delta_t + \varepsilon_{i,t} \tag{5.9}$$

$$CONU^{(1)}_{i,t} = \alpha_0 + \rho W_1 CONU^{(1)}_{i,t} + \varphi_1 W_1 DIGIT_{i,t} + \alpha_1 DIGIT_{i,t} + \varphi_c W_1 Z_{i,t} + \alpha_c Z_{i,t} + \mu_i + \delta_t + \varepsilon_{i,t} \tag{5.10}$$

$$RES_{i,t} = \alpha_0 + \rho W_1 RES_{i,t} + \varphi_1 W_1 DIGIT_{i,t} + \alpha_1 DIGIT_{i,t} + \varphi_2 W_1 CONU^{(1)}_{i,t} + \alpha_2 CONU^{(1)}_{i,t} + \varphi_c W_1 Z_{i,t} + \alpha_c Z_{i,t} + \mu_i + \delta_t + \varepsilon_{i,t} \tag{5.11}$$

$$CONU_{i,t}^{(2)} = \alpha_0 + \rho W_1 CONU_{i,t}^{(2)} + \varphi_1 W_1 DIGIT_{i,t} + \alpha_1 DIGIT_{i,t} + \varphi_c W_1 Z_{i,t} + \alpha_c Z_{i,t} + \mu_i + \delta_t + \varepsilon_{i,t} \quad (5.12)$$

$$RES_{i,t} = \alpha_0 + \rho W_1 RES_{i,t} + \varphi_1 W_1 DIGIT_{i,t} + \alpha_1 DIGIT_{i,t} + \varphi_2 W_1 CONU_{i,t}^{(2)} + \alpha_2 CONU_{i,t}^{(2)} + \varphi_c W_1 Z_{i,t} + \alpha_c Z_{i,t} + \mu_i + \delta_t + \varepsilon_{i,t} \quad (5.13)$$

在式（5.9）至式（5.13）中，i 表示的是中国内地城市中的样本城市数量，t 表示 2011—2019 年的时间区间，*RES* 为被解释变量经济韧性综合指数，*DIGIT* 为解释变量数字经济发展指数，$CONU^{(1)}$ 为中介变量消费需求升级，$CONU^{(2)}$ 为中介变量消费结构升级，Z 表示一系列控制变量，α_0 为常数项，α_1、α_c 为回归系数向量，ρ 表示的是空间自回归系数，W 代表的是空间权重矩阵，在此采用经济距离矩阵 W_1 进行回归，φ_1 代表的是解释变量数字经济 *DIGIT* 的空间加权弹性系数，φ_c 则表示的是一系列控制变量空间交互项的弹性系数，μ_i 和 δ_t 分别代表时间效应和个体效应，$\varepsilon_{i,t}$ 代表随机干扰项。其中，式（5.9）为基准模型，并且与上文第 4 章中的 SDM 模型保持形式一致，式（5.10）和式（5.12）反映的是发展数字经济对中介变量消费需求升级与消费结构升级的影响，式（5.11）和式（5.13）反映的是发展数字经济与中介变量消费需求升级、消费结构升级对于经济韧性的影响。

5.3.3　实证结果分析

本节旨在通过空间中介效应模型，使用面板数据估计发展数字经济影响经济韧性的消费升级传导路径。为确保分析结果的准确性，在实证检验之前需要进行相关变量的单位根检验、协整检验和空间自相关检验，由于本节的主要变量设定与第 4 章保持一致，且主要相关变量的上述检验均已通过，在此不再赘述。基本估计结果见表 5－5 和表 5－6。

表 5－5　　消费升级传导路径的 SDM 模型回归结果

变量	(1)	(2)	(3)	(4)	(5)
	SDM	SDM	SDM	SDM	SDM
	RES	$CONU^{(1)}$	*RES*	$CONU^{(2)}$	*RES*
DIGIT	0.029*** (0.010)	0.308*** (0.091)	0.025** (0.010)	－0.085** (0.036)	0.027*** (0.010)

续表

变量	(1)	(2)	(3)	(4)	(5)
	SDM	SDM	SDM	SDM	SDM
	RES	*CONU* [1]	*RES*	*CONU* [2]	*RES*
CONU [1]			0.010 *** (0.002)		
CONU [2]					-0.020 *** (0.006)
GRP	0.009 *** (0.001)	0.038 *** (0.013)	0.009 *** (0.001)	-0.017 *** (0.005)	0.009 *** (0.001)
FDI	-1.144 *** (0.219)	8.226 *** (1.965)	-1.253 *** (0.219)	-2.638 *** (0.772)	-1.206 *** (0.219)
CITY	-0.024 *** (0.006)	-0.081 (0.050)	-0.023 *** (0.006)	0.134 *** (0.020)	-0.022 *** (0.006)
HUMAN	0.037 *** (0.008)	0.020 (0.068)	0.037 *** (0.008)	0.116 *** (0.027)	0.038 *** (0.008)
RD	0.054 *** (0.009)	0.197 ** (0.084)	0.052 *** (0.009)	0.068 ** (0.033)	0.055 *** (0.009)
*W * DIGIT*	0.061 ** (0.028)	-0.007 (0.248)	0.049 * (0.028)	-0.010 (0.097)	0.057 ** (0.028)
*W * CONU* [1]			0.017 *** (0.006)		
*W * CONU* [2]					-0.029 * (0.017)
*W * GRP*	-0.010 ** (0.004)	0.029 (0.037)	-0.011 *** (0.004)	0.022 (0.015)	-0.010 ** (0.004)
*W * FDI*	0.507 (0.616)	8.974 (5.577)	0.102 (0.625)	-2.372 (2.176)	0.391 (0.616)
*W * CITY*	0.035 * (0.020)	0.078 (0.177)	0.038 * (0.020)	-0.153 ** (0.070)	0.037 * (0.020)

续表

变量	(1)	(2)	(3)	(4)	(5)
	SDM	SDM	SDM	SDM	SDM
	RES	*CONU* [(1)]	*RES*	*CONU* [(2)]	*RES*
*W * HUMAN*	-0.046*	-0.616***	-0.041*	-0.249***	-0.048**
	(0.024)	(0.216)	(0.024)	(0.085)	(0.024)
*W * RD*	0.042	0.172	0.041	-0.012	0.045*
	(0.026)	(0.229)	(0.026)	(0.090)	(0.026)
RHO	0.128***	-0.057	0.112***	-0.077*	0.121***
	(0.038)	(0.039)	(0.038)	(0.041)	(0.038)
N	2 565	2 565	2 565	2 565	2 565
R^2	0.182	0.402	0.269	0.010	0.217

注：括号内为标准误，*、** 和 *** 分别表示 $P<0.1$、$P<0.05$ 和 $P<0.01$，即在 10%、5% 和 1% 水平上显著。

表 5-6　　消费升级传导路径的 SDM 模型空间分解效应

分解效应	变量	(1)	(2)	(3)	(4)	(5)
		SDM	SDM	SDM	SDM	SDM
		RES	*CONU* [(1)]	*RES*	*CONU* [(2)]	*RES*
直接效应	*DIGIT*	0.030***	0.311***	0.026**	-0.084**	0.029***
		(0.010)	(0.094)	(0.010)	(0.037)	(0.010)
	CONU [(1)]			0.011***		
				(0.002)		
	CONU [(2)]					-0.021***
						(0.005)
	GRP	0.009***	0.038***	0.009***	-0.017***	0.009***
		(0.001)	(0.013)	(0.001)	(0.005)	(0.001)
	FDI	-1.113***	8.372***	-1.262***	-2.533***	-1.212***
		(0.210)	(1.887)	(0.207)	(0.745)	(0.207)
	CITY	-0.024***	-0.082*	-0.023***	0.135***	-0.021***
		(0.005)	(0.049)	(0.005)	(0.019)	(0.005)

续表

分解效应	变量	(1)	(2)	(3)	(4)	(5)
		SDM	SDM	SDM	SDM	SDM
		RES	*CONU* (1)	*RES*	*CONU* (2)	*RES*
直接效应	*HUMAN*	0.036 *** (0.007)	0.025 (0.067)	0.037 *** (0.008)	0.119 *** (0.026)	0.038 *** (0.008)
	RD	0.055 *** (0.009)	0.200 ** (0.084)	0.053 *** (0.010)	0.070 ** (0.033)	0.056 *** (0.010)
间接效应	*DIGIT*	0.073 ** (0.032)	-0.025 (0.245)	0.057 * (0.029)	-0.003 (0.095)	0.066 ** (0.029)
	CONU (1)			0.021 *** (0.007)		
	CONU (2)					-0.034 * (0.019)
	GRP	-0.010 ** (0.004)	0.025 (0.034)	-0.011 ** (0.005)	0.021 (0.013)	-0.010 ** (0.005)
	FDI	0.472 (0.686)	8.516 (5.201)	-0.078 (0.691)	-1.859 (2.015)	0.253 (0.684)
	CITY	0.037 (0.022)	0.085 (0.170)	0.040 * (0.023)	-0.151 ** (0.066)	0.039 * (0.023)
	HUMAN	-0.048 * (0.027)	-0.592 *** (0.201)	-0.043 (0.026)	-0.243 *** (0.078)	-0.051 * (0.027)
	RD	0.057 * (0.030)	0.164 (0.228)	0.053 * (0.028)	-0.013 (0.088)	0.059 ** (0.029)
总效应	*DIGIT*	0.103 *** (0.035)	0.286 (0.257)	0.083 *** (0.030)	-0.087 (0.099)	0.095 *** (0.030)
	CONU (1)			0.031 *** (0.007)		
	CONU (2)					-0.055 *** (0.020)

续表

分解效应	变量	(1)	(2)	(3)	(4)	(5)
		SDM	SDM	SDM	SDM	SDM
		RES	*CONU* (1)	*RES*	*CONU* (2)	*RES*
总效应	*GRP*	-0.001 (0.005)	0.062* (0.034)	-0.002 (0.005)	0.004 (0.013)	-0.001 (0.005)
	FDI	-0.642 (0.727)	16.888*** (5.351)	-1.340* (0.716)	-4.392** (2.079)	-0.959 (0.709)
	CITY	0.013 (0.023)	0.004 (0.171)	0.017 (0.024)	-0.016 (0.066)	0.018 (0.024)
	HUMAN	-0.012 (0.029)	-0.567*** (0.213)	-0.006 (0.029)	-0.125 (0.082)	-0.013 (0.030)
	RD	0.112*** (0.033)	0.363 (0.240)	0.105*** (0.030)	0.057 (0.092)	0.115*** (0.031)

注：括号内为标准误，*、** 和 *** 分别表示 $P<0.1$、$P<0.05$ 和 $P<0.01$，即在 10%、5% 和 1% 水平上显著。

表 5-5 和表 5-6 显示了消费升级传导路径中介效应的检验结果。第一列结果显示，在 1% 显著性水平下，发展数字经济对于经济韧性具有正向影响效应。第二列结果显示，在 1% 显著性水平下，发展数字经济对于消费需求升级具有正向影响效应，即发展数字经济有利于提高消费需求升级水平。第三列结果显示，在 1% 或 5% 显著性水平下，发展数字经济与消费需求水平的提高对于经济韧性均有积极影响。这说明消费升级的消费需求升级维度，在发展数字经济强化经济韧性的直接效应传导路径上中介效应成立，即某城市发展数字经济可以通过强化消费需求升级提高城市自身的经济韧性，同时表 5-6 的结果还显示，当加入中介变量消费需求升级后，数字经济对于经济韧性的直接影响系数由第一列中的 0.030 下降为第三列中的 0.026，表明社会资本投资所起到的传导作用属于部分中介效应。由于空间杜宾模型（SDM）的估计系数无法直接说明解释变量分别作用于被解释变量各部分样本的具体影响，接下来将重点分析空间中介模型的分解效应。表 5-6 报告了各项解释变量的直接效应、间接效

应和总效应。其中，发展数字经济的直接效应表明数字经济对本城市消费需求升级或经济韧性的直接影响，间接效应表示数字经济作用于周边城市或邻近城市消费需求升级或经济韧性的影响。第一列结果显示，在5%显著性水平下，发展数字经济对于经济韧性存在正向空间溢出效应。第二列结果显示，发展数字经济与消费需求升级之间不存在空间溢出效应。第三列结果显示，在10%的显著性水平下，发展数字经济与消费需求水平的提高对于经济韧性均存在正向空间溢出效应。但也说明消费升级的消费需求升级维度，在发展数字经济强化经济韧性的空间传导路径上中介效应并不成立。

观察消费升级的消费结构升级维度可以发现，第四列结果显示，在5%显著性水平下，发展数字经济对于消费结构升级具有正向影响效应（消费结构升级为负向指标），即发展数字经济有利于提高消费结构升级水平。第五列结果显示，在1%显著性水平下，发展数字经济与促进消费结构升级对于经济韧性均有积极影响。这说明消费升级的消费结构升级维度，在发展数字经济强化经济韧性的直接效应传导路径上中介效应成立，即某城市发展数字经济可以通过促进消费结构升级强化城市自身的经济韧性，同时表5－6的结果还显示，当加入中介变量消费结构升级后，数字经济对于经济韧性的直接影响系数由第一列中的0.030下降为第五列中的0.029，表明消费结构升级所起到的传导作用属于部分中介效应。接下来继续分析空间中介模型的分解效应，表5－6的间接效应部分第四列结果显示，发展数字经济与消费结构升级之间不存在显著的空间溢出效应。第五列结果显示，在5%或10%的显著性水平下，发展数字经济与促进消费结构升级均可对于经济韧性产生正向空间溢出效应，但同样说明消费升级的消费结构升级维度，在发展数字经济强化经济韧性的空间传导路径上中介效应并不成立。

综上，本章的假设5.2经验证部分成立，即消费升级的两个维度消费需求升级和消费结构升级作为发展数字经济影响经济韧性的传导路径，在数字经济作用于经济韧性的直接效应传导路径中均成立，但在数字经济作用于经济韧性的空间溢出效应传导路径中并不成立。

5.4 产业结构传导路径实证分析

5.4.1 变量说明

本节以第 3 章中测算得到的中国内地 285 个地级及以上城市 2011 年至 2019 年经济韧性综合指数为被解释变量，数字经济发展指数为解释变量，以产业结构转型升级的两个维度即产业结构高级化和产业结构合理化作为中介变量，检验发展数字经济是否可以通过产业结构转型升级传导路径影响经济韧性水平。

本节选择产业结构高级化和产业结构合理化作为产业结构转型升级的两个维度进行中介效应检验，其中产业结构高级化的测度借鉴王立国和赵婉妤（2015）的研究方法，通过城市经济单元年度第三产业产值与第二产业产值之比作为测度产业结构高级化的中介变量并记为 *ISU*；产业结构合理化的测度借鉴韩永辉等（2017）的研究方法，通过城市经济单元年度要素投入结构与产出结构的耦合水平测算并记为 *ISR*，具体计算过程需要先计算产业结构偏离度 *E*，在此基础上加入产值权重体现各产业的重要程度，具体公式如下所示：

$$E = \sum_{i=1}^{n} \left| \frac{Y_i/L_i}{Y/L} - 1 \right| = \sum_{i=1}^{n} \left| \frac{Y_i/Y}{L_i/L} - 1 \right| \tag{5.14}$$

$$ISR = -\sum_{i=1}^{n} \left(\frac{Y_i}{Y} \right) \left| \frac{Y_i/L_i}{Y/L} - 1 \right| \tag{5.15}$$

在式（5.14）与式（5.15）中，i 表示第 i 产业部门，n 为产业总数（鉴于数据的可得性按照传统三大产业划分），Y 表示产业产值，L 表示劳动力要素的投入数量，计算所得 *ISR* 数值越小表示产业结构越偏离最优结构情形，产业结构越不合理，相反 *ISR* 数值越大即表明产业结构越合理。为保证回归结果能准确体现发展数字经济通过产业结构转型升级传导路径影响经济韧性的中介效应，本节控制了包括经济规模、外商直接投资、人口密度、人力资本和科技支出等在内的可能影响经济韧性水平的控制变量。产业结构高级化原始数据和产业结构合理化数据分别来源于 WIND 数据库和 CNRDS 数据库，其余变量的测算方法与数据来源均与前文保持一致，在此不再赘述。

产业结构传导路径的中介变量描述性统计如表 5－7 所示，可以发现 2011—2019 年，城市层面产业结构高级化指数的平均值、标准差、最小值和最大值基本处于逐年上升的趋势，表明中国内地城市层面整体产业结构高级化水平提高的同时，城市之间的产业结构高级化差距也在增大。2011—2019 年城市层面产业结构合理化指数的平均值、最小值与最大值基本处于逐年上升的情形之中，同时标准差在此期间整体保持下降趋势，表明中国内地城市层面产业结构合理化整体水平稳步提升，并且城市之间的整体差距正处于总体缩小的趋势之中。

表 5－7　　产业结构传导路径中介变量描述性统计

变量名称	变量符号	年份	观测数	平均值	标准差	最小值	最大值
产业结构高级化	*ISU*	2011 年	285	0.732	0.376	0.114	3.295
		2012 年	285	0.750	0.389	0.130	3.368
		2013 年	285	0.778	0.404	0.207	3.443
		2014 年	285	0.856	0.440	0.262	3.758
		2015 年	285	0.960	0.482	0.352	4.035
		2016 年	285	1.048	0.514	0.370	4.166
		2017 年	285	1.048	0.514	0.370	4.166
		2018 年	285	1.186	0.556	0.364	4.347
		2019 年	285	1.408	0.730	0.438	5.168
产业结构合理化	*ISR*	2011 年	285	-0.260	0.325	-4.853	-0.025
		2012 年	285	-0.245	0.241	-3.089	-0.023
		2013 年	285	-0.215	0.168	-1.489	-0.003
		2014 年	285	-0.216	0.175	-1.416	-0.017
		2015 年	285	-0.229	0.215	-2.243	-0.018
		2016 年	285	-0.216	0.173	-1.350	-0.033
		2017 年	285	-0.225	0.184	-1.316	-0.036
		2018 年	285	-0.210	0.176	-1.223	-0.024
		2019 年	285	-0.186	0.137	-0.774	-0.014

资料来源：国家统计局发布的《中国城市统计年鉴》，WIND、EPS、CNRDS 和中经网数据库等，作者对其进行了整理和分析。

5.4.2　模型构建

根据前文的理论分析，数字经济有可能通过产业结构传导路径提升经济韧性水平，为此本节依然通过设定空间杜宾中介效应模型进行机制检验，空间杜宾中介效应模型可以在检验其本地直接中介效应的同时，进一步检验其空间中介传导路径是否依然成立，具体模型构建如式（5.16）至式（5.20）所示：

$$RES_{i,t} = \alpha_0 + \rho W_1 RES_{i,t} + \varphi_1 W_1 DIGIT_{i,t} + \alpha_1 DIGIT_{i,t} + \varphi_c W_1 Z_{i,t} + \alpha_c Z_{i,t} + \mu_i + \delta_t + \varepsilon_{i,t} \tag{5.16}$$

$$ISU_{i,t} = \alpha_0 + \rho W_1 ISU_{i,t} + \varphi_1 W_1 DIGIT_{i,t} + \alpha_1 DIGIT_{i,t} + \varphi_c W_1 Z_{i,t} + \alpha_c Z_{i,t} + \mu_i + \delta_t + \varepsilon_{i,t} \tag{5.17}$$

$$RES_{i,t} = \alpha_0 + \rho W_1 RES_{i,t} + \varphi_1 W_1 DIGIT_{i,t} + \alpha_1 DIGIT_{i,t} + \varphi_2 W_1 ISU_{i,t} + \alpha_2 ISU_{i,t} + \varphi_c W_1 Z_{i,t} + \alpha_c Z_{i,t} + \mu_i + \delta_t + \varepsilon_{i,t} \tag{5.18}$$

$$ISR_{i,t} = \alpha_0 + \rho W_1 ISR_{i,t} + \varphi_1 W_1 DIGIT_{i,t} + \alpha_1 DIGIT_{i,t} + \varphi_c W_1 Z_{i,t} + \alpha_c Z_{i,t} + \mu_i + \delta_t + \varepsilon_{i,t} \tag{5.19}$$

$$RES_{i,t} = \alpha_0 + \rho W_1 RES_{i,t} + \varphi_1 W_1 DIGIT_{i,t} + \alpha_1 DIGIT_{i,t} + \varphi_2 W_1 ISR_{i,t} + \alpha_2 ISR_{i,t} + \varphi_c W_1 Z_{i,t} + \alpha_c Z_{i,t} + \mu_i + \delta_t + \varepsilon_{i,t} \tag{5.20}$$

在式（5.16）至式（5.20）中，i 表示的是中国内地城市中的样本城市数量，t 表示 2011—2019 年的时间区间，RES 为被解释变量经济韧性综合指数，$DIGIT$ 为解释变量数字经济发展指数，ISU 为中介变量产业结构高级化指数，ISR 为中介变量产业结构合理化指数，Z 表示一系列控制变量，α_0 为常数项，α_1、α_c 为回归系数向量，ρ 表示的是空间自回归系数，W 代表的是空间权重矩阵，在此采用经济距离矩阵 W_1 进行回归，φ_1 代表的是解释变量数字经济 $DIGIT$ 的空间加权弹性系数，φ_c 则表示的是一系列控制变量空间交互项的弹性系数，μ_i 和 δ_t 分别代表时间效应和个体效应，$\varepsilon_{i,t}$ 代表随机干扰项。其中，式（5.16）为基准模型，并且与上文第 4 章中的 SDM 模型保持形式一致，式（5.17）和式（5.19）反映的是发展数字经济对中介变量产业结构高级化与产业结构合理化的影响，式（5.18）和式（5.20）反映的是发展数字经济与中介变量产业结构高级化、产业结构合理化对于经济韧性的影响。

5.4.3 实证结果分析

本节旨在通过空间中介效应模型，使用面板数据估计发展数字经济影响经济韧性的产业结构转型升级传导路径。为确保分析结果的准确性，在实证检验之前需要进行相关变量的单位根检验、协整检验和空间自相关检验，由于本节的主要变量设定与第4章保持一致，且主要相关变量的上述检验均已通过，在此不再赘述。基本估计结果见表5-8和表5-9。

表5-8　产业结构传导路径的SDM模型回归结果

变量	(1)	(2)	(3)	(4)	(5)
	SDM	SDM	SDM	SDM	SDM
	RES	*ISU*	*RES*	*ISR*	*RES*
DIGIT	0.029*** (0.010)	0.665*** (0.212)	0.023** (0.010)	0.031** (0.016)	0.029*** (0.010)
ISU			0.008*** (0.001)		
ISR					0.024* (0.013)
GRP	0.009*** (0.001)	-0.591*** (0.030)	0.014*** (0.002)	0.001 (0.002)	0.009*** (0.001)
FDI	-1.144*** (0.219)	-9.668** (4.570)	-1.074*** (0.216)	-0.775** (0.337)	-1.121*** (0.219)
CITY	-0.024*** (0.006)	-0.056 (0.117)	-0.024*** (0.006)	0.011 (0.009)	-0.024*** (0.006)
HUMAN	0.037*** (0.008)	-0.259 (0.159)	0.039*** (0.008)	-0.007 (0.012)	0.037*** (0.008)
RD	0.054*** (0.009)	-0.001 (0.196)	0.054*** (0.009)	0.002 (0.014)	0.055*** (0.009)

续表

变量	(1)	(2)	(3)	(4)	(5)
	SDM	SDM	SDM	SDM	SDM
	RES	*ISU*	*RES*	*ISR*	*RES*
*W * DIGIT*	0.061 ** (0.028)	-2.444 *** (0.572)	0.080 *** (0.027)	0.026 (0.042)	0.064 ** (0.028)
*W * ISU*			-0.001 (0.002)		
*W * ISR*					-0.068 (0.042)
*W * GRP*	-0.010 ** (0.004)	0.425 *** (0.089)	-0.014 *** (0.004)	-0.007 (0.006)	-0.010 ** (0.004)
*W * FDI*	0.507 (0.616)	-31.558 ** (12.903)	0.717 (0.613)	1.338 (0.948)	0.438 (0.616)
*W * CITY*	0.035 * (0.020)	-1.317 *** (0.412)	0.044 ** (0.020)	0.011 (0.030)	0.033 * (0.020)
*W * HUMAN*	-0.046 * (0.024)	2.977 *** (0.503)	-0.068 *** (0.024)	0.055 (0.037)	-0.047 * (0.024)
*W * RD*	0.042 (0.026)	-1.123 ** (0.533)	0.050 ** (0.025)	0.051 (0.039)	0.042 (0.026)
RHO	0.128 *** (0.038)	0.027 (0.036)	0.133 *** (0.038)	-0.085 ** (0.042)	0.129 *** (0.038)
N	2 565	2 565	2 565	2 565	2 565
R^2	0.182	0.013	0.310	0.010	0.175

注：括号内为标准误，*、** 和 *** 分别表示 $P<0.1$、$P<0.05$ 和 $P<0.01$，即在 10%、5% 和 1% 水平上显著。

表 5-9　　产业结构传导路径的 SDM 模型空间分解效应

分解效应	变量	(1)	(2)	(3)	(4)	(5)
		SDM	SDM	SDM	SDM	SDM
		RES	*ISU*	*RES*	*ISR*	*RES*
直接效应	*DIGIT*	0.030 *** (0.010)	0.665 *** (0.217)	0.025 ** (0.010)	0.032 ** (0.016)	0.029 *** (0.010)

续表

分解效应	变量	(1)	(2)	(3)	(4)	(5)
		SDM	SDM	SDM	SDM	SDM
		RES	*ISU*	*RES*	*ISR*	*RES*
直接效应	*ISU*			0.008*** (0.001)		
	ISR					0.023* (0.012)
	GRP	0.009*** (0.001)	-0.591*** (0.029)	0.014*** (0.001)	0.001 (0.002)	0.009*** (0.001)
	FDI	-1.113*** (0.210)	-9.266** (4.400)	-1.074*** (0.205)	-0.755** (0.324)	-1.126*** (0.207)
	CITY	-0.024*** (0.005)	-0.061 (0.114)	-0.023*** (0.005)	0.011 (0.008)	-0.024*** (0.005)
	HUMAN	0.036*** (0.007)	-0.247 (0.155)	0.038*** (0.008)	-0.008 (0.011)	0.037*** (0.008)
	RD	0.055*** (0.009)	0.005 (0.194)	0.055*** (0.010)	0.002 (0.014)	0.056*** (0.010)
间接效应	*DIGIT*	0.073** (0.032)	-2.485*** (0.611)	0.093*** (0.029)	0.021 (0.041)	0.075** (0.029)
	ISU			-0.000 (0.002)		
	ISR					-0.070 (0.046)
	GRP	-0.010** (0.004)	0.417*** (0.085)	-0.014*** (0.005)	-0.006 (0.006)	-0.010** (0.005)
	FDI	0.472 (0.686)	-31.405** (12.986)	0.630 (0.689)	1.382 (0.874)	0.308 (0.692)
	CITY	0.037 (0.022)	-1.335*** (0.426)	0.048** (0.023)	0.010 (0.028)	0.036 (0.023)
	HUMAN	-0.048* (0.027)	3.030*** (0.505)	-0.073*** (0.027)	0.051 (0.034)	-0.049* (0.027)
	RD	0.057* (0.030)	-1.120** (0.563)	0.066** (0.029)	0.049 (0.038)	0.057* (0.029)

续表

分解效应	变量	(1)	(2)	(3)	(4)	(5)
		SDM	SDM	SDM	SDM	SDM
		RES	*ISU*	*RES*	*ISR*	*RES*
总效应	*DIGIT*	0.103***	−1.820***	0.118***	0.053	0.106***
		(0.035)	(0.646)	(0.030)	(0.043)	(0.031)
	ISU			0.007***		
				(0.003)		
	ISR					−0.047
						(0.050)
	GRP	−0.001	−0.175**	0.000	−0.005	−0.001
		(0.005)	(0.086)	(0.005)	(0.006)	(0.005)
	FDI	−0.642	−40.671***	−0.444	0.628	−0.817
		(0.727)	(13.634)	(0.715)	(0.898)	(0.717)
	CITY	0.013	−1.396***	0.025	0.021	0.012
		(0.023)	(0.435)	(0.024)	(0.028)	(0.024)
	HUMAN	−0.012	2.783***	−0.035	0.044	−0.013
		(0.029)	(0.542)	(0.030)	(0.036)	(0.030)
	RD	0.112***	−1.116*	0.121***	0.051	0.112***
		(0.033)	(0.596)	(0.031)	(0.040)	(0.031)

注：括号内为标准误，*、** 和 *** 分别表示 $P<0.1$、$P<0.05$ 和 $P<0.01$，即在 10%、5% 和 1% 水平上显著。

表 5－8 和表 5－9 显示了产业结构传导路径中介效应的检验结果。第一列结果显示，在 1% 显著性水平下，发展数字经济对于经济韧性具有正向影响效应。第二列结果显示，在 1% 显著性水平下，发展数字经济对于产业结构高级化具有正向影响效应，即发展数字经济有利于提高产业结构高级化水平。第三列结果显示，在 1% 或 5% 显著性水平下，发展数字经济与产业结构高级化水平的提升对于经济韧性均有积极影响。这说明产业结构转型升级的高级化维度，在发展数字经济强化经济韧性的直接效应传导路径上中介效应成立，即某城市发展数字经济可以通过

提升产业结构高级化水平强化城市自身的经济韧性，同时表5－9的结果还显示，当加入中介变量产业结构高级化之后，数字经济对于经济韧性的直接影响系数由第一列中的0.030下降为第三列中的0.025，表明产业结构高级化所起到的传导作用属于部分中介效应。由于空间杜宾模型（SDM）的估计系数无法直接说明解释变量分别作用于被解释变量各部分样本的具体影响，接下来将重点分析空间中介模型的分解效应。表5－9报告了各项解释变量的直接效应、间接效应和总效应。其中，发展数字经济的直接效应表明数字经济对本城市产业结构高级化或经济韧性的直接影响，间接效应表示数字经济作用于周边城市或邻近城市产业结构高级化或经济韧性的影响。第一列结果显示，在5%显著性水平下，发展数字经济对于经济韧性存在正向空间溢出效应。第二列结果显示，发展数字经济与产业结构高级化之间存在负向空间溢出效应。第三列结果显示，在1%的显著性水平下，发展数字经济对于经济韧性将产生正向空间溢出效应，而产业结构高级化并没有通过显著性检验。这也说明产业结构转型升级的高级化维度，在发展数字经济强化经济韧性的空间传导路径上中介效应并不成立。

观察产业结构转型升级的合理化维度可以发现，第四列结果显示，在5%显著性水平下，发展数字经济对于产业结构合理化具有正向影响效应，即发展数字经济有利于提高产业结构合理化水平。第五列结果显示，在1%和10%显著性水平下，发展数字经济与促进产业结构合理化对于经济韧性均有积极影响。这说明产业结构转型升级的合理化维度，在发展数字经济强化经济韧性的直接效应传导路径上中介效应成立，即某城市发展数字经济可以通过促进产业结构合理化强化城市自身的经济韧性，同时表5－9的结果还显示，当加入中介变量产业结构合理化之后，数字经济对于经济韧性的直接影响系数由第一列中的0.030下降为第五列中的0.029，表明产业结构合理化所起到的传导作用属于部分中介效应。接下来继续分析空间中介模型的分解效应，表5－9的间接效应部分第四列结果显示，发展数字经济与产业结构合理化之间不存在显著的空间溢出效应。第五列结果显示，在5%的显著性水平下，发展数字经济对于经济韧性将产生正向空间溢出效应，而产业结构合理化并没有通过显著性检验。这同样说明产业结构转型升级的合理化维度，在发展数字经济强化经济韧性的空间传导路径上中介效应并不成立。

综上，本章的假设5.3经验证部分成立，即产业结构转型升级的两个维度产业结构高级化和产业结构合理化作为发展数字经济影响经济韧性的传导路径，在数字经济作用于经济韧性的直接效应传导路径中均成立，但在数字经济作用于经济韧性的空间溢出效应传导路径中并不成立。

5.5 本章小结

本章首节中列出了用来检验发展数字经济影响经济韧性水平提升的投资活力传导路径、消费升级传导路径和产业结构转型升级传导路径的基准模型：中介效应模型。随后，通过空间杜宾中介效应模型对三种传导路径分别进行实证检验，结果显示：首先，投资活力传导路径之中，发展数字经济可以通过社会资本投资和固定资产投资两个维度，在直接效应传导路径上影响经济韧性水平，并且投资活力直接效应传导路径中社会资本投资的传导效果比固定资产投资的传导效果更加明显；而在空间溢出效应传导路径上，投资活力传导路径的两个维度（社会资本投资和固定资产投资）仍然成立，并且投资活力空间溢出效应传导路径中社会资本投资的传导效果同样比固定资产投资的传导效果更明显。其次，消费升级传导路径之中，发展数字经济可以通过消费需求升级和消费结构升级两个维度，在直接效应传导路径上影响经济韧性水平，并且消费升级直接效应传导路径中消费需求升级的传导效果比消费结构升级的传导效果更加明显；而在空间溢出传导路径上，消费升级传导路径的两个维度（消费需求升级和消费结构升级）均不构成显著的空间中介效应。最后，产业结构转型升级传导路径之中，发展数字经济可以通过产业结构高级化和产业结构合理化两个维度，在直接效应传导路径上影响经济韧性水平，并且产业结构转型升级直接效应传导路径中产业结构高级化的传导效果比产业结构合理化的传导效果更加明显；而在空间溢出传导路径上，产业结构转型升级的两个维度

（产业结构高级化和产业结构合理化）均不构成显著的空间中介效应。因此，发展数字经济影响经济韧性水平提升的直接效应中，投资活力传导路径、消费升级传导路径和产业结构转型升级传导路径均显著存在，而发展数字经济在空间维度作用于经济韧性的溢出效应路径中，仅投资活力中介效应路径经验证依旧成立。

第 6 章

数字经济对经济韧性的非线性影响研究

前文阐述了数字经济是基于数字化技术的新型经济形态，数字化技术的发展源于互联网技术的不断进化，伴随着技术进步而来的数字经济正在深刻影响着我国经济发展的空间结构、发展模式、生产效率、新兴产业的培育等诸多层面，而经济韧性属于经济体自身的固有属性，其源自经济内部结构和运行模式等所赋予的应对内外部冲击的能力，也是保障经济可持续发展的重要属性。在当前新兴技术革命方兴未艾的背景之下，新兴技术层出不穷，经济发展还需要符合绿色发展的要求，全球各种类型的经济体均面临着转型发展方式或重建经济体系的境遇，因此，在经济发展的未来趋势中，当经济体遭遇冲击时一味应付或抵御冲击，并向原有的经济运行方式或原有的经济增长路径恢复将难以实现且并非最佳应对方式，虽然每一次的冲击对于经济体来说都是危机时刻，但每次冲击的降临都有可能打破旧经济模式而为新兴经济活动开路，经济体只有通过技术进步从内涵上带来经济发展方式的转型、从载体上实现经济结构的转型，才能实现经济的可持续发展，才能表现出强劲的经济韧性。由此，发展数字经济与经济韧性之间的关系已较为明晰，上文第 4 章与第 5 章已分别检验了发展数字经济影响经济韧性水平的直接效应、空间溢出效应以及传导路径等，证实了发展数字经济在本地效应中直接作用于经济韧性的三条路径，即投资活力、消费升级和产业结构转型升级。接下来，在本章的研究内容中将通过门槛效应模型进一步思考发展数字经济影响经济韧性的非线性特征，以及数字经济时代中国“大众创业、万众创新”浪潮下的创业活力与创新绩效对于发展数字经济与经济韧性之间关系的影响。

本章的具体安排如下：6.1 为理论分析与研究假设；6.2 为研究设计；6.3 为实证分析；6.4 为本章小结。

6.1 理论分析与研究假设

数字经济的兴起与飞速发展都离不开数字技术的支持，数字技术的广阔发展前景吸引了资本市场的注意力，使数字经济成功引流市场投资的大量资金，这在激发市场投资活力、助力数字经济蓬勃发展的同时，也可能会存在过度投资的倾向。数字技术起源于互联网技术，而20世纪末至21世纪初期的互联网泡沫事件还历历在目。对于经济韧性来说过度投资不但意味着资源的浪费，还隐藏着较高的经济运行风险，若市场投资热情持续高涨引起相关数字经济企业的股价虚高，产生数字经济泡沫也不是不可能，并且数字经济的发展遵循达维多定律，而数字经济领域马太效应的初步形成同样不利于强化经济韧性效果的提升。数字经济兴起之初市场机制与体制机制难免存在疏漏之处，前沿企业在该领域的早期优势积累势必形成赢家通吃的竞争性垄断市场局面，在提高了数字经济领域大型平台企业进入壁垒的同时对于经济韧性强化效果也将产生不利影响。以上分析其实都在说明一个问题，随着数字经济发展的持续深入，综合来看数字经济助力强化经济韧性的边际效果将呈现持续弱化的现象，并且这种现象会随着数字经济发展水平的提高而越来越明显，即达维多定律导致数字经济的发展存在自我膨胀性的特征，这一特征有损于数字经济强化经济韧性的效果。基于此，本章提出如下研究假设：

研究假设6.1：数字经济强化经济韧性的过程中存在门槛效应，基于不同发展水平的数字经济将呈现出“边际效应”递减的非线性特征。

数字经济时代，各类领域之间的经济活动的界限日益消退，人们从互联网中收集信息的成本正在逐步削减，经济活动中的交易成本进一步得到压缩，市场越来越活跃，这种现象的形成离不开日渐充盈的创业人员和越来越高效的创新活动进入加强经济可持续发展的队伍之中。活跃的创业主体与高效的创新活动才是形成大众创业、万众创新的良好氛围，数字经济拓展了市场规模、有利于知识和信息的传播，这在一定程度上培育了更多的创业机会和创业渠道，数字经济的发展可以通过消费升级路径强化经济韧性，而创业活力的提高对于消费者需求多样化的满足以及消费市场产量和种类的提升都有正向的影响，创业活力还可以形成经济增长的内生动力，因此创业活力的提高对于数字经济强化经济韧性的效果可以产生一定的积极影响，但发展数字经济在不同水平的创业活力环境中对于经济韧性的提高效果存在差异。另一方面，数字经济依托数字技术融合进经济社会的各行各业，并由持续更迭的新技术不断衍生出诸多便利人民生活、利于生产效率提升的新业态，此过程将原有的产业链延长、产品的适用领域变广，在经济遭遇冲击时可以有效分散风险，同时基于市场反馈能力的增强，数字经济极大激发了定制型需求的市场和产品更新换代的速度，在更具透明性的市场环境中提高了创新活动的竞争意识，强化了创新效果也压缩了创新成本，而持续的技术创新也产生了许多新的经济增长点，持续发展新动能代表了经济体强劲的转型能力，可以有效化解经济内生冲击中的新旧动能转换问题，并在发生严重的外生冲击时依托经济发展新路径高效复苏、持续发展。但是，就像“摩尔定律”表明信息技术必将高效发展一样，依托于数字技术的数字经济必将受到经济体创新绩效的影响，而创新绩效较高的经济体将有利于数字经济发挥更大的作用，因此创新绩效水平的提高对于数字经济强化经济韧性的效果可以产生一定的积极影响，即发展数字经济在较高水平的创新绩效条件下对于经济韧性的提高效果更优。基于此，本章提出如下研究假设：

研究假设 6.2：创业活力在发展数字经济强化经济韧性的过程中存在门槛效应，基于不同程度的创业活力将在数字经济强化经济韧性的直接效应中呈现出“边际效应”递增的非线性特征。

研究假设 6.3：创新绩效在发展数字经济强化经济韧性的过程中存在门槛效应，基于不同程度的创新绩效将在数字经济强化经济韧性的直接效应中呈现出“边际效应”递增的非线性特征。

6.2 研究设计

6.2.1 变量选取

本章以第3章中测算得到的中国内地285个地级及以上城市2011年至2019年的经济韧性综合指数为被解释变量并记为*RES*，数字经济发展指数为解释变量并记为*DIGIT*，以数字经济发展指数、创业活力和创新绩效作为门槛变量（后两者分别记为*ENA*和*INP*），检验数字经济对于经济韧性的非线性特征影响，以及不同水平创业活力与创新绩效对于发展数字经济强化经济韧性的直接影响中可能存在的门槛效应。

本章所涉及的新变量（创业活力与创新绩效）作为门槛变量加入基准模型进行门槛效应检验，其中创业活力水平的测度借鉴苏任刚和赵湘莲（2020）的研究方法，通过城市经济单元年度个体经济和私营经济从业人员数量测度并记为*ENA*，再对其取自然对数（Ln）以规避可能存在的异方差等问题干扰实证结果；创新绩效水平的测度，通过城市经济单元年度发明专利授权量比上年度科技支出经费的方法进行测算并记为*INP*。为保证回归结果能够准确体现发展数字经济对于经济韧性的非线性特征影响，以及创业活力与创新绩效在数字经济直接影响经济韧性的过程中所表现出的门槛效应特征，本章实证研究中控制了包括经济规模、外商直接投资、科技支出水平和人力资本水平等在内的可能影响经济韧性水平的控制变量，变量说明见表6-1。创业活力数据和创新绩效数据分别来源于WIND数据库、CNRDS数据库和《中国城市统计年鉴》以及部分省（市、地区）的统计年报，其余变量的测算方法与数据来源均与前文保持一致，在此不再赘述。

表 6－1　门槛检验部分变量定义

变量	变量名称	变量符号	变量定义
被解释变量	经济韧性	*RES*	经济韧性综合指数，具体指标构建见表 3－2
解释变量	数字经济	*DIGIT*	数字经济发展综合指数，具体指标构建见表 3－1
门槛变量	创业活力	*ENA*	城市经济单元年度个体经济与私营经济从业人员数量的自然对数（Ln）
	创新绩效	*INP*	城市经济单元年度发明专利授权量比上年度科技支出经费
控制变量	经济规模	*GRP*	全市范围内地区生产总值的自然对数（Ln）
	外商直接投资	*FDI*	年度外商直接投资总额的自然对数（Ln）
	科技支出水平	*RD*	科学技术支出数额的自然对数（Ln）
	人力资本水平	*HUMAN*	年度高校学生数量的自然对数（Ln）

资料来源：国家统计局发布的《中国城市统计年鉴》，WIND、EPS、CNRDS 和中经网数据库等，作者对其进行了整理和分析。

6.2.2　模型构建

为了检验数字经济对于经济韧性的非线性特征影响，以及不同水平创业活力与创新绩效在发展数字经济强化经济韧性的过程中可能存在的门槛效应，即数字经济发展水平的提高、创业活力水平的提升和创新绩效水平的提高是否会影响数字经济强化经济韧性的效果。首先，基于数字经济对于经济韧性的直接效应构建如式（6.1）所示的基准模型：

$$RES_{i,t} = \alpha_0 + \alpha_1 DIGIT_{i,t} + \alpha_c Z_{i,t} + \mu_i + \delta_t + \varepsilon_{i,t} \tag{6.1}$$

在式（6.1）中，$RES_{i,t}$为城市 i 在 t 时期的经济韧性综合指数，$DIGIT_{i,t}$为城市 i 在 t 时期的数字经济发展综合指数，为简化模型使用 $Z_{i,t}$代表一系列的控制变量，μ_i 表示不随时间变化的城市固定效应，δ_t 则表示时间固定效应，$\varepsilon_{i,t}$代表随机扰动项，α_0 为常数项。

接下来，采用门槛回归模型来研究发展数字经济对于经济韧性的直接作用是否会随着数字经济发展水平、创业活力水平和创新绩效水平的变化而产生结构性改变，即是否存在门槛效应。本章的实证研究部分通过汉森（Hansen）的面板门槛模型进行数据回归，面板门槛模型先将面板数据划分为几个数值区间，再根据各区间不同的数据拟合直线，估计出的数据转折点就是门槛值。门槛效应主要是指当一个模型变量达到特定数值时，可以影响被解释变量的发展变化，本章假设：θ 为待估计的门槛值，其他符号与上文内容保持一致。为了讨论数字经济基于自身发展水平、创业活力水平和创新绩效水平的差异，而呈现出其作用于经济韧性的非线性影响，设定如式（6.2）至式（6.4）所示的面板门槛模型：

$$RES_{i,t} = \beta_0 + \beta_1 DIGIT_{i,t} \times I(DIGIT_{i,t} \leqslant \theta) + \beta_2 DIGIT_{i,t} \times I(DIGIT_{i,t} > \theta) + \beta_c Z_{i,t} + \mu_i + \varepsilon_{i,t} \quad (6.2)$$

$$RES_{i,t} = \beta_0 + \beta_1 DIGIT_{i,t} \times I(ENA_{i,t} \leqslant \theta) + \beta_2 DIGIT_{i,t} \times I(ENA_{i,t} > \theta) + \beta_c Z_{i,t} + \mu_i + \varepsilon_{i,t} \quad (6.3)$$

$$RES_{i,t} = \beta_0 + \beta_1 DIGIT_{i,t} \times I(INP_{i,t} \leqslant \theta) + \beta_2 DIGIT_{i,t} \times I(INP_{i,t} > \theta) + \beta_c Z_{i,t} + \mu_i + \varepsilon_{i,t} \quad (6.4)$$

在式（6.2）、式（6.3）和式（6.4）中，$INP_{i,t}$表示门槛变量创新绩效，$ENA_{i,t}$表示门槛变量创业活力，$I(\cdot)$ 代表取值为 1 或 0 的指示函数，即满足括号中相对应的条件则取值为 1，否则取值为 0。式（6.2）、式（6.3）和式（6.4）表达的是单一门槛情况下的模型，若样本数据的分析结论表明其适用于双重门槛或三重门槛则作进一步扩充调整。由于分段函数的形式可以在表达方面更加清晰，式（6.2）、式（6.3）和式（6.4）还可以分别等价为以下分段函数：

$$RES_{i,t} = \begin{cases} \beta_0 + \beta_1 DIGIT_{i,t} + \beta_c Z_{i,t} + \mu_i + \varepsilon_{i,t}, DIGIT_{i,t} \leqslant \theta \\ \beta_0 + \beta_2 DIGIT_{i,t} + \beta_c Z_{i,t} + \mu_i + \varepsilon_{i,t}, DIGIT_{i,t} > \theta \end{cases} \quad (6.5)$$

$$RES_{i,t} = \begin{cases} \beta_0 + \beta_1 DIGIT_{i,t} + \beta_c Z_{i,t} + \mu_i + \varepsilon_{i,t}, ENA_{i,t} \leqslant \theta \\ \beta_0 + \beta_2 DIGIT_{i,t} + \beta_c Z_{i,t} + \mu_i + \varepsilon_{i,t}, ENA_{i,t} > \theta \end{cases} \quad (6.6)$$

$$RES_{i,t} = \begin{cases} \beta_0 + \beta_1 DIGIT_{i,t} + \beta_c Z_{i,t} + \mu_i + \varepsilon_{i,t}, INP_{i,t} \leqslant \theta \\ \beta_0 + \beta_2 DIGIT_{i,t} + \beta_c Z_{i,t} + \mu_i + \varepsilon_{i,t}, INP_{i,t} > \theta \end{cases} \quad (6.7)$$

由式（6.5）、式（6.6）和式（6.7）可知，当门槛变量小于门槛数值 θ 时，解释变量估计系数为 β_1，否则即为 β_2。上式回归结果的经济意义在于，当门槛变量小于等于门槛数值 θ 时，如若解释变量前系数显著则表示此时发展数字经济的水平每增加一个单位，经济韧性的综合水平变化 β_1 个单位；当门槛变量大于门槛数值 θ 时，如若解释变量前系数显著，则表示此时发展数字经济影响经济韧性的水平较原来发生显著变化，数字经济发展水平每增加一个单位，经济韧性的综合水平所受影响由原来的 β_1 个单位变化为 β_2 个单位，从而得出门槛变量的变化会影响发展数字经济强化经济韧性的效果，验证了发展数字经济对经济韧性直接效应影响的非线性特征，以及创业活力与创新绩效的门槛效应成立。若存在双重门槛效应，则原模型可扩展为如下形式：

$$RES_{i,t} = \beta_0 + \beta_1 DIGIT_{i,t} \times I(DIGIT_{i,t} \leqslant \theta_1) + \beta_2 DIGIT_{i,t} \times I(\theta_1 < DIGIT_{i,t} \leqslant \theta_2) + \beta_3 DIGIT_{i,t} \times I(DIGIT_{i,t} > \theta_2) + \beta_c Z_{i,t} + \mu_i + \varepsilon_{i,t} \tag{6.8}$$

式（6.8）又可以等价为如下分段函数：

$$RES_{i,t} = \begin{cases} \beta_0 + \beta_1 DIGIT_{i,t} + \beta_c Z_{i,t} + \mu_i + \varepsilon_{i,t}, DIGIT_{i,t} \leqslant \theta_1 \\ \beta_0 + \beta_2 DIGIT_{i,t} + \beta_c Z_{i,t} + \mu_i + \varepsilon_{i,t}, \theta_1 < DIGIT_{i,t} \leqslant \theta_2 \\ \beta_0 + \beta_3 DIGIT_{i,t} + \beta_c Z_{i,t} + \mu_i + \varepsilon_{i,t}, DIGIT_{i,t} > \theta_2 \end{cases} \tag{6.9}$$

6.3

实证分析

6.3.1　门槛变量描述性统计分析

DIGIT 表示解释变量和门槛变量数字经济发展水平，其描述性统计如表 6－2 所示，可以发现 2011—2019 年，城市层面数字经济发展指数的平均值、标准差和最小值基本处于逐年上升的趋势，而最大值在此期间出现先上升后下降再上升的波动性变化，表明中国内地城市层面整体数字经济发展水平提高的同时，城市之间的总体数字经济发展水平差距也在增大。ENA 表示门槛变量创业活力水平，其描述性统计如表 6－2 所示，2011—2019 年城市层面创业活力水平的平均值和标准差基本处于逐年上升的情形之中，同时最小值和最大值在此期间整体呈现波动性变化，表明中国内地城市层面创业活力整体水平稳步提升，并且城市之间创业活力的整体差距同样正处于缓慢增加的趋势之中。INP 表示门槛变量创新绩效水平，其描述性统计如表 6－2 所示，2011—2019 年城市层面创新绩效水平的平均值基本处于逐年上升的情形之中，同时标准差和最大值在此期间整体呈现先上升后下降的波动性变化，并且最小值变化幅度较小也不明显，表明中国内地城市层面创新绩效整体水平稳步提升，并且城市之间创新绩效的整体差距表现出先扩大后缩小的变化趋势之中。

表 6－2　　门槛变量描述性统计分析

变量名称	变量符号	年份	观测数	平均值	标准差	最小值	最大值
数字经济	*DIGIT*	2011 年	285	0.079	0.049	0.018	0.467
		2012 年	285	0.111	0.053	0.037	0.542
		2013 年	285	0.144	0.059	0.083	0.574
		2014 年	285	0.156	0.060	0.093	0.634
		2015 年	285	0.176	0.060	0.112	0.618
		2016 年	285	0.196	0.059	0.130	0.601
		2017 年	285	0.219	0.060	0.151	0.550
		2018 年	285	0.234	0.065	0.124	0.606
		2019 年	285	0.248	0.068	0.170	0.588
创新绩效	*INP*	2011 年	285	0.049	0.043	0.003	0.305
		2012 年	285	0.055	0.045	0.002	0.316
		2013 年	285	0.062	0.058	0.001	0.511
		2014 年	285	0.051	0.053	0.001	0.511
		2015 年	285	0.060	0.060	0.001	0.372
		2016 年	285	0.062	0.060	0.002	0.410
		2017 年	285	0.050	0.046	0.002	0.354
		2018 年	285	0.056	0.050	0.002	0.393
		2019 年	285	0.061	0.054	0.002	0.493
创业活力	*ENA*	2011 年	285	12.550	0.928	10.106	15.291
		2012 年	285	12.636	0.913	10.106	15.389
		2013 年	285	12.688	0.944	9.881	15.672
		2014 年	285	12.778	0.954	9.654	15.930
		2015 年	285	12.864	0.980	9.624	16.069
		2016 年	285	12.930	0.982	9.579	15.677
		2017 年	285	13.027	0.967	10.615	16.037
		2018 年	285	13.077	0.982	9.516	15.831
		2019 年	285	13.132	1.033	9.230	15.991

资料来源：国家统计局发布的《中国城市统计年鉴》，WIND、EPS、CNRDS 和中经网数据库等，作者对其进行了整理和分析。

6.3.2　相关性分析

为初步检验门槛变量对于发展数字经济作用于经济韧性直接效应的影响，本节对于门槛模型中所涉及的主要变量进行了 Pearson 相关性检验，检验结果如表 6－3 所示，并报告了主要变量的相关性系数。从表 6－3 中可以发现，创新绩效水平（INP）和创业活力水平（ENA）与数字经济发展水平（DIGIT）之间的 Pearson 相关系数显示正向相关，并且均在 1% 的水平上显著，这表明创新绩效水平（INP）和创业活力水平（ENA）越高，数字经济发展水平（DIGIT）越高；创新绩效水平（INP）和创业活力水平（ENA）与经济韧性综合水平（RES）之间的 Pearson 相关系数显示正向相关，并且均在 1% 的水平上显著，这表明创新绩效水平（INP）和创业活力水平（ENA）越高，经济韧性综合水平（DIGIT）越高，由此，研究假设 6.2 和研究假设 6.3 需要做进一步检验。另外，所选控制变量均与经济韧性综合水平（DIGIT）具有显著的正向相关关系，说明所选控制变量较为合理，在实证研究中对其进行控制有利于进一步提高研究的准确性。解释变量与其他控制变量、控制变量与其他控制变量之间的 Pearson 相关系数全部处于 0.6 以下水平，这体现了解释变量与其他控制变量、控制变量与其他控制变量之间并不存在严重的多重共线性问题，同样在一定程度上表明了本节模型构建的合理性以及实证研究结果的准确性。

表 6－3　　门槛效应检验中主要变量间相关性系数

变量	*RES*	*DIGIT*	*INP*	*ENA*	*GRP*	*FDI*	*HUMAN*	*RD*
RES	1							
DIGIT	0.655*** (0.000)	1						
INP	0.113*** (0.000)	0.096*** (0.000)	1					
ENA	0.624*** (0.000)	0.512*** (0.000)	0.024 (0.219)	1				

续表

变量	*RES*	*DIGIT*	*INP*	*ENA*	*GRP*	*FDI*	*HUMAN*	*RD*
GRP	0.653*** (0.000)	0.532*** (0.000)	0.006 (0.753)	0.837*** (0.000)	1			
FDI	0.470*** (0.000)	0.275*** (0.000)	-0.026 (0.194)	0.628*** (0.000)	0.532*** (0.000)	1		
HUMAN	0.568*** (0.000)	0.478*** (0.000)	-0.038* (0.054)	0.455*** (0.000)	0.543*** (0.000)	0.425*** (0.000)	1	
RD	0.458*** (0.000)	0.393*** (0.000)	0.070*** (0.000)	0.323*** (0.000)	0.306*** (0.000)	0.311*** (0.000)	0.254*** (0.000)	1

注：括号内为 P 值，*、** 和 *** 分别表示 $P<0.1$、$P<0.05$ 和 $P<0.01$，即在 10%、5% 和 1% 水平上显著。

6.3.3 一般回归结果分析

本节旨在通过门槛效应模型，使用面板数据估计发展数字经济影响经济韧性过程中的门槛效应。为确保分析结果的准确性，在实证检验之前需要对面板数据进行相关变量的单位根检验和协整检验等相关检验，由于本节的主要变量设定与第 4 章基本保持一致，且主要相关变量的上述检验均已通过，在此不再赘述。为了检验数字经济对于经济韧性的非线性特征影响，以及不同水平创业活力与创新绩效在数字经济强化经济韧性的过程中可能存在的门槛效应，即数字经济发展水平的提高、创业活力水平的提升和创新绩效水平的提高是否会影响数字经济强化经济韧性的效果，在计量方面补充了一般性回归的系数估计结果，即基准模型的回归结果，并分别采用了随机效应模型、单固定效应模型和双固定效应模型等方法进行实证检验。在进行一般性回归之前，对基准模型的设定进行了 Hausman 检验，根据统计量的伴随概率结果，固定效应模型为最优选择。表 6-4 中列出了基准模型分别采用随机效应模型、时间固定效应模型、空间固定效应模型和时空双固定效应模型的系数估计结果。数字经济作用于经济韧性的基准回归结果如表 6-4 所示。所有模型的结果中，解释变量数字经济发展指数（DIGIT）的估计系数均显著为正，表明发展数字经济有利于提升城市层面的经济韧性。同时，在考虑各项控制变量的各模型之中，城市经济规模（GRP）、科技支出水平（RD）和人力资本水平（HUMAN）均与经济韧性存在正相关关系，且全部通过 1% 水平的显著性检验，因此再次证明了经济体量、科研能力和劳动力状况对于提升地区经济韧性的重要作用。同时，所有模型中外商直接投资（FDI）的估计系数均为负值且通过了 1% 水平的显著性检验。一般性回归的结果显示，发展数字经济作用于经济韧性的直接影响与上文的研究结论保持一致。

表 6-4　　一般回归系数估计结果

变量	(1)	(2)	(3)	(4)
	RES	*RES*	*RES*	*RES*
DIGIT	0.065 *** (0.005)	0.067 *** (0.006)	0.215 *** (0.009)	0.039 *** (0.011)
GRP	0.011 *** (0.001)	0.010 *** (0.002)	0.008 *** (0.001)	0.008 *** (0.002)
FDI	-0.710 *** (0.232)	-0.996 *** (0.237)	-0.686 *** (0.262)	-1.120 *** (0.235)
HUMAN	0.062 *** (0.007)	0.041 *** (0.008)	0.044 *** (0.004)	0.036 *** (0.008)
RD	0.059 *** (0.010)	0.059 *** (0.010)	0.167 *** (0.015)	0.052 *** (0.010)
CONS	0.366 *** (0.007)	0.397 *** (0.011)	0.375 *** (0.004)	0.408 *** (0.011)
时间效应	NO	NO	YES	YES
城市效应	NO	YES	NO	YES
N	2 565	2 565	2 565	2 565
R^2	0.348	0.355	0.668	0.403

注：括号内为标准误，*、** 和 *** 分别表示 $P<0.1$、$P<0.05$ 和 $P<0.01$，即在 10%、5% 和 1% 水平上显著。

6.3.4 门槛效应检验结果分析

上述一般回归结果的补充分析，再次证实了发展数字经济作用于经济韧性水平提升的直接效应影响，但是还无法验证数字经济对于经济韧性的非线性特征影响，以及不同水平创业活力与创新绩效在数字经济强化经济韧性的过程中可能存在的门槛效应，并且本章已经阐述数字经济作用于经济韧性的直接效用大小将受到经济体创业活力和创新绩效的积极影响。正如前文所提到的，随着城市创业活力水平的提升以及创新绩效水平的提高，发展数字经济作用于经济韧性的直接效应将表现出非线性特征，可能会存在类似于分段函数类型的区间效应。要解决区间效应的分组回归问题，一般会将解释变量或被解释变量划分为若干个区间段再进行分组回归，但这种人为或相等间隔的划分通常存在一定程度的主观性和随意性，并不能够准确地反映真实的门槛区间。因此，本节接下来的内容将选择门槛效应模型来研究发展数字经济对于经济韧性的非线性影响，以及是否会随着创业活力水平和创新绩效水平的改变而产生结构性变化，即是否存在门槛效应。

为全面验证本章所提出的三个研究假设，在检验门槛效应之前，首先基于 Hansen（1999）的方法验证面板门槛的存在性。门槛效应的检验思路在于消除观测值个体效应后，对任一给定门槛变量数值 θ 进行 OLS 估计并挑选最小残差平方和对应的门槛值 θ，此时 θ 即为最优门槛值并可以进行门槛回归分析。验证面板门槛存在性的过程还包括门槛个数的检验，即通过“自助法”（bootstrap）反复抽样 300 次，分别检验存在单一门槛、双重门槛和三重门槛时的显著性，表 6－5 中的检验结果给出了历次检验的 P 值、F 值以及各类显著性水平下的临界值。

表 6－5 分别列出了当数字经济、创新绩效和创业活力作为门槛变量时，各自单一门槛、双重门槛和三重门槛效应的存在性检验。结果显示：门槛变量数字经济显著通过了单一门槛与双重门槛检验，而三重门槛则未达到 10% 水平的显著性检验要求；门槛变量创新绩效显著通过了单一门槛检验，而双重门槛和三重门槛则未达到 10% 水平的显著性检验要求；门槛变量创业活力显著通过了单一门槛检验，而双重门槛和三重门槛则未达到 10% 水平的显著性检验要求。依据此结果，本章后续的实证分析将分别采用相应门槛数量的回归模型进行。

表 6-5 门槛效应检验结果

门槛变量	统计量	单一门槛	双重门槛	三重门槛
DIGIT	*F* 统计量	70.100***	20.560*	6.500
	10% 临界值	39.117	19.781	19.957
	5% 临界值	47.015	24.090	24.461
	1% 临界值	55.561	32.057	43.973
INP	*F* 统计量	25.390**	5.540	4.690
	10% 临界值	18.054	13.390	12.530
	5% 临界值	20.873	16.042	15.171
	1% 临界值	25.844	21.341	21.157
ENA	*F* 统计量	28.860*	5.280	3.380
	10% 临界值	24.975	20.896	15.343
	5% 临界值	29.159	25.488	17.581
	1% 临界值	43.235	39.839	23.375

注：*、** 和 *** 分别表示 $P<0.1$、$P<0.05$ 和 $P<0.01$，即在 10%、5% 和 1% 水平上显著。

接下来需要估计门槛值，本章利用 STATA16 软件对面板门槛模型的门槛值进行估计，以门槛变量的 5% 分位数作为起点，当残差平方和最小时估计的门槛值即为最优门槛值，在得到门槛估计值后，还需要检验门槛值是否等于其真实值。具体的门槛值将在各门槛变量的检验结果中列出。

6.3.5 数字经济的门槛效应实证分析

以数字经济发展水平作为门槛变量，检验数字经济影响经济韧性的非线性特征的检验结果如表 6-6 中第 1 列所示，可以发现，数字经济作用于经济韧性的直接影响中确实存在门槛效应，当数字经济发展水平不同时，数字经济直接作用于经济韧性的过程是非线性的，与本章的理论分析保持一致。这在一定程度上说明城市之间数字经济发展水平的差异，确实会影响数字经济作用于经济韧性的强化效果。具体来看：当数字经济发展指数（DIGIT）作为门槛变量时，数字经济发展水平对于经济韧性的直接效应影响过程的门槛值分别是 0.171 和 0.349，两个门槛值将该过程划分为三个阶段，随着数字经济发展水平的提高，三个阶段的数字经济作用效果估计系数 β_1、β_2、β_3 分别为 0.122、0.092、0.075，并且全部通过了 1% 水平的显著性检验，说明随着数字经济发展水平的提高，数字经济作用于经济韧性的直接效应影响具备非线性特征，具体表现为倒“U”形的左半部分，存在边际效应递减的趋势，与本章的研究假设 6.1 结论一致，由此验证了研究假设 6.1。

表 6-6　门槛效应回归结果

变量		(1)	(2)	(3)
		数字经济的门槛回归	创业活力的门槛回归	创新绩效的门槛回归
		RES	*RES*	*RES*
门槛值	q_1	0.171	10.762	0.150
	q_2	0.349		
$DIGIT(Th \leqslant q_1)$		0.122*** (0.008)	0.004 (0.014)	0.067*** (0.006)
$DIGIT(q_1 < Th < q_2)$		0.092*** (0.006)	0.067*** (0.006)	0.089*** (0.007)
$DIGIT(Th \geqslant q_2)$		0.075*** (0.006)		
GRP		0.009*** (0.001)	0.010*** (0.001)	0.010*** (0.001)
FDI		-1.105*** (0.235)	-0.991*** (0.237)	-0.980*** (0.237)
HUMAN		0.039*** (0.008)	0.044*** (0.008)	0.042*** (0.008)
RD		0.053*** (0.010)	0.051*** (0.010)	0.053*** (0.010)
CONS		0.397*** (0.010)	0.390*** (0.010)	0.394*** (0.010)
N		2 565	2 565	2 565
R^2		0.373	0.357	0.357

注：括号内为标准误，*、** 和 *** 分别表示 $P<0.1$、$P<0.05$ 和 $P<0.01$，即在 10%、5% 和 1% 水平上显著。

6.3.6　创业活力的门槛效应实证分析

以城市创业活力水平作为门槛变量，检验不同创业活力水平在发展数字经济强化经济韧性的过程中可能存在的门槛效应，即不同水平的创业活力对于数字经济强化经济韧性的效果所造成的影响。创业活力门槛效应检验结果如表6-6中第2列所示，可以发现，将创业活力水平（ENA）作为门槛变量时，数字经济作用于经济韧性的直接效应确实存在门槛效应，当城市创业活力水平不同时，数字经济直接作用于经济韧性的影响过程是非线性的，与本章的理论分析保持一致。这在一定程度上说明城市之间的创业活力水平的差异，确实会影响数字经济作用于经济韧性的强化效果。具体来看：随着城市创业活力水平（ENA）的逐渐提升，数字经济发展水平对于经济韧性的直接效应会发生结构性变化，数字经济对于经济韧性的直接影响呈现非线性特征，存在门槛效应，不同创业活力水平下影响过程的门槛值是10.762，门槛值将该作用过程划分为两个阶段，随着城市创业活力水平的提高，两个阶段的数字经济作用效果估计系数β_1、β_2分别为0.004和0.067，并且第一阶段对于经济韧性的回归系数没有通过显著性检验，而第二阶段对于经济韧性的回归系数通过了1%水平的显著性检验，说明随着城市创业活力水平的提高，数字经济作用于经济韧性的直接效应影响具备非线性特征，创业活力对于发展数字经济强化经济韧性的直接效应存在积极影响，较高水平的创业活力能够促进发展数字经济强化经济韧性的本地效果，与本章的研究假设6.2结论一致，由此验证了研究假设6.2。

6.3.7　创新绩效的门槛效应实证分析

以城市创新绩效水平作为门槛变量，检验不同创新绩效水平在发展数字经济强化经济韧性的过程中可能存在的门槛效应，即不同水平的创新绩效对于数字经济强化经济韧性的效果所造成的影响。创新绩效门槛效应检验结果如表6-6中第3列所示，可以发现将创新绩效水平（INP）作为门槛变量时，数字经济作用于经济韧性的直接效应确实存在门槛效应，当城市创新绩效水平不同时，数字经济直接作用于经济韧性的影响过程是非线性的，与本章的理论分析保持一致。这在一定程度上说明城市之间的创新绩效水平的差异，确实会影响数字经济作用于经济韧性的强化效果。具体来看：随着城市创新绩效水平（INP）的逐渐提升，数字经济发展水平对于经济韧性的直接效应会发生结构性变化，数字经济对于经济韧性的直接影响呈现非线性特征，存在门槛效应，不同创新绩效水平下影响过程的门槛值是0.150，门槛值将该作用过程划分为两个阶段，随着城市创新绩效水平的提高，两个阶段的数字经济作用效果估计系数β_1、β_2分别为0.067和0.089，并且两个阶段对于经济韧性的回归系数均通过了1%水平的显著性检验，说明随着城市创新绩效水平的提高，数字经济作用于经济韧性的直接效应影响具备非线性特征，创新绩效对于发展数字经济强化经济韧性的直接效应存在积极影响，较高水平的创新绩效能够促进发展数字经济强化经济韧性的本地效果，具体表现为发展数字经济与城市创新绩效的相辅相成、良性互动，即数字经济作用于经济韧性的积极效应随着创新绩效水平的提升而得到加强，这与本章的研究假设6.3结论一致，由此验证了研究假设6.3。

6.3.8 稳健性检验

在研究过程中如果多种稳健性检验的结果一致，则能够说明上述研究结论的可靠性。为进一步验证回归结果的稳健性，本节还选取以下两种方法进行三次稳健性验证：其一是减少数据样本量。在研究样本中筛选属于五个少数民族自治区行政区域的城市样本并作剔除处理，余下样本再进行实证检验；同时，在研究样本中筛选出中国内地的四个省级行政级别城市，即四个直辖市样本并作剔除处理，余下样本再次进行实证检验。其二是减少控制变量。将控制变量经济规模（GRP）、人力资本水平（HUMAN）、外商直接投资（FDI）和科技支出水平（RD）予以剔除，而后进行实证检验。稳健性检验结果见表6-7、表6-8和表6-9，结果显示，核心解释变量数字经济（DIGIT）的回归系数均为正且显著性与上述研究结论基本保持一致，表明数字经济对本地城市经济韧性的促进作用存在非线性特征，并且随着创业活力水平和创新绩效水平的提高，其推动城市自身经济韧性的效果得到加强，同时代表既有实证分析论断是具备一定稳健性的。

表 6-7　　门槛效应稳健性检验 1（不含自治区）

变量		(1)	(2)	(3)
		数字经济的门槛回归	创业活力的门槛回归	创新绩效的门槛回归
		RES	*RES*	*RES*
门槛值	q_1	0.171	10.762	0.202
	q_2	0.333		
$DIGIT(Th \leqslant q_1)$		0.084*** (0.015)	-0.003 (0.015)	0.066*** (0.006)
$DIGIT(q_1 < Th < q_2)$		0.102*** (0.010)	0.086*** (0.016)	0.070*** (0.006)
$DIGIT(Th \geqslant q_2)$		0.078*** (0.007)		
GRP		0.009*** (0.002)	0.011*** (0.002)	0.010*** (0.002)
FDI		-1.022*** (0.251)	-0.889*** (0.252)	-0.879*** (0.252)
HUMAN		0.027*** (0.009)	0.034*** (0.009)	0.030*** (0.009)
RD		0.052*** (0.010)	0.049*** (0.010)	0.053*** (0.010)
CONS		0.400*** (0.011)	0.390*** (0.011)	0.396*** (0.011)
N		2 295	2 295	2 295
R^2		0.370	0.361	0.359

注：括号内为标准误，*、** 和 *** 分别表示 $P<0.1$、$P<0.05$ 和 $P<0.01$，即在 10%、5% 和 1% 水平上显著。

表 6-8　　门槛效应稳健性检验 2（不含直辖市）

变量		(1) 数字经济的门槛回归	(2) 创业活力的门槛回归	(3) 创新绩效的门槛回归
		RES	*RES*	*RES*
门槛值	q_1	0.171	10.762	0.157
	q_2	0.333		
$DIGIT(Th \leqslant q_1)$		0.134*** (0.009)	0.002 (0.015)	0.048*** (0.010)
$DIGIT(q_1 < Th < q_2)$		0.121*** (0.008)	0.062*** (0.007)	0.069*** (0.006)
$DIGIT(Th \geqslant q_2)$		0.097*** (0.007)		
GRP		0.009*** (0.001)	0.010*** (0.002)	0.009*** (0.002)
FDI		-1.104*** (0.236)	-0.953*** (0.238)	-0.953*** (0.237)
HUMAN		0.040*** (0.008)	0.044*** (0.008)	0.041*** (0.008)
RD		0.052*** (0.010)	0.050*** (0.010)	0.053*** (0.010)
CONS		0.396*** (0.010)	0.390*** (0.011)	0.394*** (0.011)
N		2 529	2 529	2 529
R^2		0.374	0.358	0.361

注：括号内为标准误，*、** 和 *** 分别表示 $P<0.1$、$P<0.05$ 和 $P<0.01$，即在 10%、5% 和 1% 水平上显著。

表 6-9　　门槛效应稳健性检验 3（剔除控制变量）

变量		(1) 数字经济的门槛回归	(2) 创业活力的门槛回归	(3) 创新绩效的门槛回归
		RES	*RES*	*RES*
门槛值	q_1	0.171	10.762	0.150
	q_2	0.349		

续表

变量	(1)	(2)	(3)
	数字经济的门槛回归	创业活力的门槛回归	创新绩效的门槛回归
	RES	*RES*	*RES*
$DIGIT(Th \leqslant q_1)$	0.136*** (0.014)	0.091*** (0.008)	0.050*** (0.014)
$DIGIT(q_1 < Th < q_2)$	0.132*** (0.008)	0.109*** (0.003)	0.109*** (0.003)
$DIGIT(Th \geqslant q_2)$	0.123*** (0.005)		
CONS	0.464*** (0.001)	0.468*** (0.001)	0.468*** (0.001)
N	2 565	2 565	2 565
R^2	0.346	0.328	0.330

注：括号内为标准误，*、** 和 *** 分别表示 $P<0.1$、$P<0.05$ 和 $P<0.01$，即在 10%、5% 和 1% 水平上显著。

6.4 本章小结

剖析数字经济发展水平、创业活力水平和创新绩效水平对于数字经济作用于经济韧性的直接效应影响，对于有针对性地改善发展数字经济的本地环境，促进数字经济助力经济韧性的强化效果提供了重要依据，厘清创业活力与创新绩效如何影响数字经济强化经济韧性的研究对于政府制定激励政策等现实问题具有重要意义。为此，本章阐述了以数字经济发展指数、创业活力水平和创新绩效水平为代表的门槛变量对于数字经济强化经济韧性影响的理论分析和研究假设，通过构建面板门槛模型加以验证并得到如下结论：当数字经济发展水平（DIGIT）作为门槛变量时，数字经济作用于经济韧性的直接影响确实存在门槛效应，表明数字经济发展水平不同时，数字经济直接作用于经济韧性的过程是非线性的，数字经济发展水平对于经济韧性的直接效应影响过程的门槛值分别是 0.171 和 0.349，两个门槛值将该过程划分为三个阶段，随着数字经济发展水平的提高，三个阶段的数字经济作用效果估计系数依次降低，说明随着数字经济发展水平的提高，数字经济作用于经济韧性的直接效应存在边际效应递减的趋势，本章的研究假设6.1由此得以验证；当创业活力水平（ENA）作为门槛变量时，数字经济作用于经济韧性的直接影响确实存在门槛效应，即创业活力水平不同时，数字经济直接作用于经济韧性的影响过程是非线性的，不同水平创业活力下影响过程的门槛值是10.762，门槛值将该作用过程划分为两个阶段，随着城市创业活力水平的提高，两个阶段的数字经济作用效果得到增强，并且只有第二阶段对于经济韧性的回归系数通过了1%水平的显著性检验，说明较高水平的创业活力能够促进发展数字经济强化经济韧性的本地效果，本章的研究假设6.2由此得以验证；当创新绩效水平（INP）作为门槛变量时，数字经济作用于经济韧性的直接影响同样存在门槛效应，即创新绩效水平不同时，数字经济直接作用于经济韧性的影响过程是非线性的，不同水平创新绩效下影响过程的门槛值是0.150，门槛值将该作用过程划分为两个阶段，随着创新绩效水平的提高，两个阶段的数字经济作用效果得到加强，并且两个阶段对于经济韧性的回归系数均通过了1%水平的显著性检验，说明数字经济作用于经济韧性的积极效应随着创新绩效水平的提升而得到加强，本章的研究假设6.3由此得以验证。

第7章

制度环境对于数字经济与经济韧性关系的调节效应分析

本书第3章分别对中国城市层面的数字经济发展水平和经济韧性综合水平进行了测算和分析，第4章实证检验了发展数字经济作用于经济韧性的直接效应和空间溢出效应，第5章在此基础上进一步研究了数字经济影响经济韧性的传导路径，第6章检验了数字经济影响经济韧性的非线性特征，并以创业活力和创新绩效为门槛变量分析其在二者关系中的门槛效应。此外，新制度经济学指出，影响技术进步和创新行为的关键性要素之一是制度环境，良好的制度环境意味着更加公平合理的市场竞争氛围，这是依托于数字技术的数字经济能够发挥更大作用的基础和保障，为转型数字化发展道路的企业学习先进的技术和管理经验提供可能，还可以保障数字经济前沿企业的创新收益。此外，良好的制度环境能够提升创新要素的配置效率，降低创新型企业的刚性交易成本和信息不对称性，进一步激发企业层面的创新意愿和再创业的热情，创新型企业的技术升级和新产品销售收益可以产生集群效应，从而能够对城市本身及周边地区的创新绩效起到助推效应。由此，本章将从制度环境研究视角切入，以新制度经济学理论为研究基础，在上文研究结论的基础上，通过空间杜宾调节效应模型深入探究制度环境对于发展数字经济强化经济韧性的直接效应与空间溢出效应的影响。

本章节的具体安排如下：7.1为理论分析与研究假设；7.2为研究设计；7.3为制度环境指数及分指数调节效应分析；7.4为具体制度环境指标的调节效应分析；7.5为本章小结。

7.1 理论分析与研究假设

本章研究内容主要集中于制度环境在数字经济与经济韧性之间是否存在调节效应，调节效应又称交互效应，具体是指若解释变量对于被解释变量的影响效应会因为调节变量的水平不同而产生一定程度的差异性，那么上述变量之间的调节效应就成立。尽管大多数文献在经济学领域的研究范式中所提研究假设的影响因素为独立变量或平行变量，并不过多地考虑变量之间的调节和交互作用，但是现实情形中发展数字经济作用于经济韧性的过程不太可能不受外界环境的影响，因此本章研究内容引入制度环境变量，并进一步将其划分为正式制度环境与非正式制度环境，同时将其所包含的具体指标等外界环境要素作为调节变量，以探讨发展数字经济和制度环境等要素的交互作用对于经济韧性的影响，这也属于本书研究的进一步深入。基于此，由于数字经济作用于经济韧性的效用受到创新绩效的影响较大，而根据新制度经济学的观点，制度环境是影响创新的关键性要素之一，同时制度对经济的影响也一直属于经济类研究中的重要研究领域，甚至于首创制度影响经济发展研究方向的诺斯（North）和托马斯（Thomas）等学者于1973年提出制度是经济发展的根本原因，而中国学者基于中国情境提出财政分权与政治锦标赛体制是创造东方经济增长奇迹的根源（周黎安，2007；刘慧龙和吴联生，2014）。从经济韧性视角看待制度环境的作用，良好的制度环境还有利于削弱创新要素的流通壁垒，降低创新成本的同时提升创新绩效，从而有助于数字经济进一步强化作用于经济韧性的效用。基于此，本章提出如下基准研究假设：

研究假设7.1：制度环境对数字经济强化经济韧性的影响起到正向调节作用，即较优的制度环境有利于强化数字经济作用于经济韧性的影响。

在正式制度环境方面，主要包括行政环境、法律环境以及市场化水平等诸多要素。首先，政府主导性较强的地区通常创新水平较低，这会抑制数字经济对经济韧性的促进作用。由于本地政府投资偏向性行为会对周边地区政府造成绩效压力，使周边地方政府不得不选择相同的投资政策以快速提升地区绩效，满足政府评估要求，所以周边地区政府的创新投入水平亦会随之降低，进而影响到数字经济的发展以及强化经济韧性的效果。其次，在市场化程度比较高的地区，竞争环境相对比较公平自由，这能够激发地区创新活力，并且数字化相关企业可以在更加公平有序的环境之下开展相应的经营活动，所以较高的市场化程度意味着公平有序的经营环境，这有利于提升数字经济对经济韧性的促进作用。再次，良好的专利保护水平表示经济体可以营造出尊重知识、尊重产权的外部环境，激发创新活力与创业热情，进而强化数字经济对经济韧性的促进作用，并且在专利保护水平较高的地区，市场竞争通常较为激烈，企业家为了保持并提升自身企业的竞争优势，会选择技术创新的方式发展企业，这有利于地区创新水平的提升，促进技术创新溢出效应，从而强化本地数字经济对于周边地区经济韧性的溢出效应。最后，政府作为执法部门可以说是正式制度环境的主要建构方，而审计作为政府专设机关依照法律对各级政府及企事业单位进行独立性经济监督活动，政府审计信息是正式制度环境中信息透明程度的具体表现，在信息透明程度较高的情况下，市场上的信息不对称性得到抑制，相关企业之间进行合作所面对的道德风险也得到有效控制，而企业间的合作有利于知识溢出和技术的溢出，进而强化数字经济对经济韧性的促进作用。综合上述关于地区正式制度环境对数字经济与经济韧性关系调节效应的分析论证，本章提出如下基准研究假设和分假设：

研究假设 7.2：正式制度环境对数字经济强化经济韧性的影响起到正向调节作用，即较优的正式制度环境有利于强化数字经济作用于经济韧性的影响。

研究假设 7.2a：政府主导性的增强对于数字经济强化经济韧性的影响起到负向调节作用，即较强的政府主导性不利于强化数字经济作用于经济韧性的影响。

研究假设 7.2b：市场化程度的提升对于数字经济强化经济韧性的影响起到正向调节作用，即较高的市场化程度有利于强化数字经济作用于经济韧性的影响。

研究假设 7.2c：专利保护水平的提升对于数字经济强化经济韧性的影响起到正向调节作用，即较高的专利保护水平有利于强化数字经济作用于经济韧性的影响。

研究假设7.2d：信息透明度的提升对于数字经济强化经济韧性的影响起到正向调节作用，即较高的信息透明度有利于强化数字经济作用于经济韧性的影响。

在非正式制度环境方面，主要包含了一个社会的习俗规范、价值观和信仰，是人与人之间在长期社会交往过程中慢慢形成的且为社会所普遍认可的行为准则。企业家创新精神反映了本地区的企业家文化，被视为一种典型的非正式制度，对于培育创新精神和竞争意识、激发市场活力，营造自由公开的创新环境具有重要的作用。社会信任反映的是一个组织、团队或者地区相互信任的程度，信任文化是非正式制度环境的典型代表。本章的非正式制度环境部分将主要探讨企业家创新精神和社会信任水平对数字经济强化经济韧性作用的调节效应。首先，企业家创新精神的提升有利于加强市场中的合理竞争，各企业为进一步保持并提升自身创新能力，倾向于选择与周边地区相关企业进行合作以形成战略联盟的形式来应对激烈的竞争，在合作过程中，企业会派遣员工对合作企业进行指导、监督和交流，这有利于促进技术创新和相关知识的溢出，从而强化数字经济对经济韧性的促进作用。其次，社会信任水平代表一个地区的普遍商业信任水平，能够影响创新投入、产出及企业创新能力的提升。在社会信任水平较高的地区，企业面临的融资约束相对较低，这能够为企业创新和地区创新水平的提升提供资金保障，提升地区整体创新水平，进而强化数字经济对经济韧性的促进作用。同时，在地区社会信任水平较高的情况下，人与人、企业与企业之间更倾向于合作，形成战略联盟。因此，企业将会深受地区社会信任水平的影响，在与相关企业合作的同时亦会帮助合作方提升竞争力，如此便能够形成良好的战略合作关系，这样即使企业资金借贷更加便捷、成本更低，缓解了技术创新面临的融资约束，又能够产生技术创新和知识溢出效应，有助于强化数字经济对经济韧性的溢出效应。综合上述关于地区非正式制度环境对数字经济与经济韧性关系调节效应的分析论证，本章提出如下基准研究假设和分假设：

研究假设7.3：非正式制度环境对数字经济强化经济韧性的影响起到正向调节作用，即较优的非正式制度环境有利于强化数字经济作用于经济韧性的影响。

研究假设 7.3a：企业家创新精神的提升对于数字经济强化经济韧性的影响起到正向调节作用，即较强的企业家创新精神有利于强化数字经济作用于经济韧性的影响。

研究假设 7.3b：社会信任水平的提升对于数字经济强化经济韧性的影响起到正向调节作用，即较高的社会信任水平有利于强化数字经济作用于经济韧性的影响。

7.2 研究设计

7.2.1 变量选取

本章的研究样本范围为中国内地，即不包括香港特别行政区、澳门特别行政区和台湾地区，考虑到数据的可获取性，重点选取了 285 个地级及以上城市并在文末附录之中全部详细列出。本章所涉及变量的原始数据主要来源于《中国城市统计年鉴》，部分省（市、地区）的统计年报，WIND、EPS、CNRDS 和中经网数据库等，对于无法直接从官方渠道获取的数据以及官方公布数据报表中的部分缺失数据，本章采用相关指标代替或估算的方法予以补齐。

本章研究内容以第 3 章中测算得到的中国内地 285 个地级及以上城市 2011 年至 2019 年经济韧性综合指数为被解释变量，数字经济发展指数为解释变量，制度环境指数为主要调节变量，以检验制度环境对于发展数字经济强化经济韧性的直接效应与空间效应中可能存在的调节作用。在此基础上，将制度环境指数区分为正式制度环境指数和非正式制度环境指数，进一步分析不同类型制度环境对于数字经济与经济韧性之间关系的差异性影响。

本章所涉及的新变量主要是调节变量，具体包括：制度环境指数、正式制度环境指数、非正式制度环境指数以及各具体指标，其中制度环境指数记为 *IE*，包括正式制度环境指数和非正式制度环境指数；正式制度环境指数记为 *FIE*，包括政府主导性、市场化指数、专利保护水平和信息透明度；非正式制度环境指数记为 *IIE*，包括企业家创新精神和社会信任水平。其中，政府主导性记为 $IE^{(1)}$，通过城市经济单元年度财政支出与全市年度生产总值的比值测量；市场化水平记为 $IE^{(2)}$，通过王小鲁和樊纲等人计算的市场化指数各指标结合本书研究样本中各地级及以上城市的相关数据进行测算；专利保护水平记为 $IE^{(3)}$，通过城市经济单元年度专利保护立案数量与年度发明专利授权量的比值测度；信息透明度记为 $IE^{(4)}$，通过城市经济单元年度地方政府审计信息中披露的提交审计信息数量测量，再对其取自然对数（Ln）以规避可能存在的异方差等问题干扰实证结果，由于存在部分城市年度提交审计信息数量为 0 的情形，故取自然对数之前先对该指标全部数据做“+1”处理；企业家创新精神记为 *ES*，通过城市经济单元所属省级行政单位年度技术市场成交额数值进行衡量；社会信任水平记为 *STR*，通过由中国管理科学研究院等单位联合发布的中国城市商业环境指数（简称 CEI 指数）进行衡量。另外制度环境指数、正式制度环境指数和非正式制度环境指数分别由各自构成指标通过熵值法计算得到具体数值。为保证回归结果能够准确体现制度环境在数字经济与经济韧性的关系之中所起到的调节作用，本章实证研究中控制了包括经济规模（GRP）、外商直接投资（FDI）、人力资本水平（HUMAN）、人口密度（CITY）和科技支出水平（RD）等在内的可能影响经济韧性水平的控制变量。制度环境的指标说明见表 7－1，制度环境各指标的原始数据主要来源于 WIND 数据库、CNRDS 数据库和《中国城市统计年鉴》以及部分省（市、地区）的统计年报，其余变量的测算方法与数据来源均与前文保持一致。

表 7－1　制度环境指标说明

一级指标	二级指标	三级指标	补充说明	指标属性
制度环境指数	正式制度环境指数	政府主导性	财政支出/GDP	负向
		市场化水平	市场化指数	正向
		专利保护水平	专利保护案数/专利授权量	正向
		信息透明度	审计信息提交数量	正向
	非正式制度环境指数	企业家创新精神	技术市场成交额	正向
		社会信任水平	中国城市商业环境指数	正向

资料来源：国家统计局发布的《中国城市统计年鉴》，WIND、EPS、CNRDS 和中经网数据库等，作者对其进行了整理和分析。

7.2.2 模型构建

为了检验制度环境对于发展数字经济强化经济韧性的直接效应和空间效应中可能存在的调节作用，考虑到空间杜宾模型能够较为全面地检验各个城市的数字经济作用于经济韧性的直接效应和间接效应，由此，本节构建如下空间杜宾基准模型和空间杜宾调节效应基准模型：

$$RES_{i,t} = \chi_0 + \rho W_1 RES_{i,t} + \varphi_1 W_1 DIGE_{i,t} + \chi_1 DIGE_{i,t} + \varphi_c W_1 Z_{i,t} + \chi_c Z_{i,t} + \mu_i + \delta_t + \varepsilon_{i,t} \tag{7.1}$$

$$RES_{i,t} = \chi_0 + \rho W_1 RES_{i,t} + \varphi_2 W_1 DIGE_{i,t} + \varphi_3 W_1 IE_{i,t} + \chi_2 DIGE_{i,t} + \chi_3 IE_{i,t} + \varphi_c W_1 Z_{i,t} + \chi_c Z_{i,t} + \mu_i + \delta_t + \varepsilon_{i,t} \tag{7.2}$$

$$\begin{aligned} RES_{i,t} = {} & \chi_0 + \rho W_1 RES_{i,t} + \varphi_4 W_1 DIGE_{i,t} + \varphi_5 W_1 IE_{i,t} + \varphi_6 W_1 DIGE_{i,t} \times IE_{i,t} \\ & + \chi_4 DIGE_{i,t} + \chi_5 IE_{i,t} + \chi_6 DIGE_{i,t} \times IE_{i,t} + \varphi_c W_1 Z_{i,t} + \chi_c Z_{i,t} \\ & + \mu_i + \delta_t + \varepsilon_{i,t} \end{aligned} \tag{7.3}$$

在式（7.1）、式（7.2）和式（7.3）中，以制度环境指数（IE）为例构建了空间杜宾模型和空间杜宾调节效应模型，由于本章涉及的调节变量较多，且构建模型的形式较为一致，因此仅列出制度环境指数（IE）的具体模型形式并进行说明，其余空间杜宾调节效应模型将调节变量替换即可，不再具体列出并作说明。χ_0 为常数项，χ_1、χ_2、χ_3、χ_4、χ_5、χ_6 为回归系数向量，ρ 表示的是空间自回归系数，W 代表的是空间权重矩阵，在此采用经济距离矩阵 W_1 进行回归，φ_1、φ_2、φ_3、φ_4、φ_5、φ_6 分别代表的是解释变量数字经济 $DIGIT_{i,t}$、调节变量制度环境指数 $IE_{i,t}$ 以及二者交互项的空间加权弹性系数，φ_c 则表示的是一系列控制变量空间交互项的弹性系数，μ_i 和 δ_t 分别代表时间和个体效应，$\varepsilon_{i,t}$ 代表随机干扰项。

7.2.3 调节变量描述性统计

本章所涉调节变量的描述性统计分析数值参见表7-2。根据表7-2，制度环境指数（IE）的均值为0.203，标准差为0.091，最小值和最大值分别为0.023、0.650，以上数据显示研究样本之间的制度环境指数具备一定差异性。正式制度环境指数（FIE）和非正式制度环境指数（IIE）的均值分别为 0.302 和 0.152，标准差分别为 0.147 和 0.094，最小值分别为 0.061 和 0.001，最大值分别为 0.989 和 1.037，以上数据表明中国各城市之间的正式制度环境水平和非正式制度环境水平具备不平衡属性。进一步观察制度环境各具体指标发现，政府主导性（$IE^{(1)}$）、市场化水平（$IE^{(2)}$）、专利保护水平（$IE^{(3)}$）、信息透明度（$IE^{(4)}$）、企业家创新精神（ES）和社会信任水平（STR）的均值分别为 0.200、11.605、0.991、5.317、0.944、70.341，标准差分别为 0.102、2.228、0.010、1.466、2.133、3.574，且其最大值和最小值之间大都存在一定的差距，表明中国内地不同城市在以上几个方面大多存在显著的差异性，由此也为考察各变量之间的关系提供了可能性。

表 7-2　调节变量描述性统计

变量名称	变量符号	观测数	平均值	标准差	最小值	最大值
制度环境指数	*IE*	2 565	0.203	0.091	0.023	0.650
正式制度环境指数	*FIE*	2 565	0.302	0.147	0.061	0.989
非正式制度环境指数	*IIE*	2 565	0.152	0.094	0.001	1.037
政府主导性	$IE^{(1)}$	2 565	0.200	0.102	0.044	0.916
市场化水平	$IE^{(2)}$	2 565	11.605	2.228	4.960	19.163
专利保护水平	$IE^{(3)}$	2 565	0.991	0.010	0.925	1
信息透明度	$IE^{(4)}$	2 565	5.317	1.466	0	9.234
企业家创新精神	*ES*	2 565	0.944	2.133	0.009	44.739
社会信任水平	*STR*	2 565	70.341	3.574	61.809	90.630

资料来源：国家统计局发布的《中国城市统计年鉴》，WIND、EPS、CNRDS 和中经网数据库等，作者对其进行了整理和分析。

7.3

制度环境指数及分指数调节效应分析

本节旨在通过空间杜宾调节效应模型，使用面板数据研究制度环境对于发展数字经济强化经济韧性的直接效应和空间效应是否存在调节作用。为确保分析结果的准确性，在实证检验之前需要对面板数据进行相关变量的单位根检验、面板协整检验和空间自相关检验等相关检验，由于本节的主要变量设定除调节变量外与第 4 章基本保持一致，且主要相关变量的上述检验均已通过，本节将不再阐述以上相关检验分析。

正式制度与非正式制度都是制度环境的重要组成部分，二者共同构成了较为全面的制度环境，同时又各自具备不同的特征与作用，本节将分别对于制度环境指数（IE）、正式制度环境指数（FIE）以及非正式制度环境指数（IIE）的调节作用进行验证。制度环境的优化可以改善经济运营环境、降低生产成本和交易成本并提高生产效率与创新绩效，在邻近城市之间还可能因为示范效应的作用而影响数字经济的空间溢出效应。因此，本节分析制度环境对于数字经济与经济韧性的调节作用，会以空间杜宾模型结合调节效应模型的方式进行，在分析直接效应调节作用的基础上，进一步分析空间溢出效应的调节作用，检验结果如表 7 - 3 和表 7 - 4 所示。其中，制度环境与数字经济交互项 *DIGIT* ∗ *IE* 的系数以及直接效应系数分别为 0.068 和 0.074 且 *P* 值均小于 0.05，正向显著即表明本地制度环境总指数的优化促进了本地数字经济的发展。空间交互项 *W* ∗ *DIGIT* ∗ *IE* 的系数和间接效应系数分别为 0.219 和 0.248，并且均通过了 1% 的显著性水平验证，说明其他地区制度环境总指数的优化有利于其他地区数字经济发展作用于本地经济韧性的影响，本章的基准研究假设 7.1 由此得以验证。进一步观察制度环境的两个分指数，正式制度环境与数字经济交互项 *DIGIT* ∗ *FIE* 的系数以及直接效应系数分别为 0.049 和 0.054 且 *P* 值均小于 0.01，正向显著即表明本地正式制度环境指数的优化促进了本地数字经济的发展。空间交互项 *W* ∗ *DIGIT* ∗ *FIE* 的系数和间接效应系数分别为 0.158 和 0.179，并且均通过了 1% 的显著性水平验证，说明其他地区正式制度环境指数的优化有利于其他地区数字经济发展作用于本地经济韧性的影响，本章的基准研究假设 7.2 由此得以验证；非正式制度环境与数字经济交互项 *DIGIT* ∗ *IIE* 的系数以及直接效应系数分别为 0.010 和 0.014，但均没有通过显著性检验，正向但不显著表明本地非正式制度环境指数的优化有影响本地数字经济发展的正向趋势，但还有待进一步研究。空间交互项 *W* ∗ *DIGIT* ∗ *IIE* 的系数和间接效应系数分别为 0.085 和 0.093，并且均通过了 10% 的显著性水平验证，说明其他地区非正式制度环境指数的优化有利于其他地区数字经济发展作用于本地经济韧性的影响，所以本章的基准研究假设7.3由此部分得以验证。综合来看，良好的制度环境提升了创新绩效水平，同时验证了新经济地理学和索洛余量理论的观点，即创新存在空间维度的溢出效应，周边地区创新绩效水平的提升同样可以强化数字经济作用于经济韧性的影响，良好的制度环境不但能够正向调节本地数字经济作用于经济韧性的影响，还有利于本地数字经济空间溢出效应的发挥，进而促进周边地区经济韧性的提升。

表7-3　制度环境指数及分指数调节效应SDM模型回归结果

变量	(1)	(2)	(3)	(4)	(5)	(6)	(7)
	SDM	SDM	SDM	SDM	SDM	SDM	SDM
	RES	*RES*	*RES*	*RES*	*RES*	*RES*	*RES*
DIGIT	0.029***	0.030***	0.018	0.030***	0.020**	0.028***	0.026**
	(0.010)	(0.010)	(0.011)	(0.010)	(0.010)	(0.010)	(0.011)
IE		-0.008**	-0.010**				
		(0.003)	(0.003)				
DIGIT * *IE*			0.068**				
			(0.031)				
FIE				-0.005***	-0.006***		
				(0.002)	(0.002)		
DIGIT * *FIE*					0.049***		
					(0.019)		
IIE						0.001	0.001
						(0.005)	(0.005)
DIGIT * *IIE*							0.010
							(0.029)
GRP	0.009***	0.009***	0.010***	0.009***	0.009***	0.009***	0.009***
	(0.001)	(0.001)	(0.001)	(0.001)	(0.001)	(0.001)	(0.001)
FDI	-1.144***	-1.142***	-1.118***	-1.154***	-1.138***	-1.160***	-1.149***
	(0.219)	(0.219)	(0.218)	(0.219)	(0.218)	(0.219)	(0.219)

续表

变量	(1)	(2)	(3)	(4)	(5)	(6)	(7)
	SDM	SDM	SDM	SDM	SDM	SDM	SDM
	RES	*RES*	*RES*	*RES*	*RES*	*RES*	*RES*
CITY	-0.024***	-0.024***	-0.028***	-0.025***	-0.027***	-0.025***	-0.026***
	(0.006)	(0.006)	(0.006)	(0.006)	(0.006)	(0.006)	(0.006)
HUMAN	0.037***	0.036***	0.038***	0.036***	0.037***	0.037***	0.037***
	(0.008)	(0.008)	(0.008)	(0.008)	(0.008)	(0.008)	(0.008)
RD	0.054***	0.054***	0.054***	0.054***	0.054***	0.054***	0.054***
	(0.009)	(0.009)	(0.009)	(0.009)	(0.009)	(0.009)	(0.009)
*W * DIGIT*	0.061**	0.062**	-0.008	0.062**	0.018	0.060**	0.033
	(0.028)	(0.028)	(0.033)	(0.028)	(0.030)	(0.028)	(0.032)
*W * IE*		0.006	0.003				
		(0.011)	(0.011)				
*W * DIGIT * IE*			0.219***				
			(0.069)				
*W * FIE*				0.001	-0.001		
				(0.006)	(0.006)		
*W * DIGIT * FIE*					0.158***		
					(0.053)		
*W * IIE*						0.016	0.014
						(0.014)	(0.014)
*W * DIGIT * IIE*							0.085*
							(0.049)
*W * GRP*	-0.010**	-0.011**	-0.010**	-0.010**	-0.010**	-0.010**	-0.010**
	(0.004)	(0.004)	(0.004)	(0.004)	(0.004)	(0.004)	(0.004)
*W * FDI*	0.507	0.493	0.591	0.443	0.495	0.453	0.482
	(0.616)	(0.617)	(0.615)	(0.618)	(0.616)	(0.618)	(0.619)
*W * CITY*	0.035*	0.035*	0.002	0.034*	0.020	0.030	0.016
	(0.020)	(0.020)	(0.021)	(0.020)	(0.020)	(0.020)	(0.022)

续表

变量	(1)	(2)	(3)	(4)	(5)	(6)	(7)
	SDM	SDM	SDM	SDM	SDM	SDM	SDM
	RES	*RES*	*RES*	*RES*	*RES*	*RES*	*RES*
W * *HUMAN*	-0.046*	-0.046*	-0.038	-0.047**	-0.041*	-0.043*	-0.039
	(0.024)	(0.024)	(0.024)	(0.024)	(0.024)	(0.024)	(0.024)
W * *RD*	0.042	0.042	0.038	0.042	0.046*	0.042	0.038
	(0.026)	(0.026)	(0.026)	(0.026)	(0.026)	(0.026)	(0.026)
RHO	0.128***	0.130***	0.119***	0.128***	0.116***	0.129***	0.129***
	(0.038)	(0.038)	(0.038)	(0.038)	(0.038)	(0.038)	(0.038)
N	2 565	2 565	2 565	2 565	2 565	2 565	2 565
R^2	0.182	0.159	0.002	0.161	0.058	0.197	0.127

注：括号内为标准误，*、** 和 *** 分别表示 $P<0.1$、$P<0.05$ 和 $P<0.01$，即在 10%、5% 和 1% 水平上显著。

表 7-4　制度环境指数及分指数调节效应 SDM 模型空间分解效应

分解效应	变量	(1)	(2)	(3)	(4)	(5)	(6)	(7)
		SDM	SDM	SDM	SDM	SDM	SDM	SDM
		RES	*RES*	*RES*	*RES*	*RES*	*RES*	*RES*
直接效应	*DIGIT*	0.030***	0.031***	0.018	0.031***	0.021**	0.030***	0.027**
		(0.010)	(0.010)	(0.011)	(0.010)	(0.011)	(0.010)	(0.011)
	IE		-0.008***	-0.010***				
			(0.003)	(0.003)				
	DIGIT * *IE*			0.074**				
				(0.030)				
	FIE				-0.005***	-0.006***		
					(0.002)	(0.002)		
	DIGIT * *FIE*					0.054***		
						(0.018)		
	IIE						0.001	0.001
							(0.005)	(0.005)

续表

分解效应	变量	(1)	(2)	(3)	(4)	(5)	(6)	(7)
		SDM	SDM	SDM	SDM	SDM	SDM	SDM
		RES	*RES*	*RES*	*RES*	*RES*	*RES*	*RES*
直接效应	*DIGIT* * *IIE*							0.014 (0.028)
	GRP	0.009 *** (0.001)	0.009 *** (0.001)	0.009 *** (0.001)	0.009 *** (0.001)	0.009 *** (0.001)	0.009 *** (0.001)	0.009 *** (0.001)
	FDI	−1.113 *** (0.210)	−1.145 *** (0.207)	−1.109 *** (0.210)	−1.158 *** (0.207)	−1.130 *** (0.211)	−1.164 *** (0.208)	−1.141 *** (0.211)
	CITY	−0.024 *** (0.005)	−0.024 *** (0.005)	−0.028 *** (0.006)	−0.024 *** (0.005)	−0.026 *** (0.006)	−0.024 *** (0.005)	−0.026 *** (0.006)
	HUMAN	0.036 *** (0.007)	0.035 *** (0.008)	0.037 *** (0.008)	0.035 *** (0.008)	0.036 *** (0.008)	0.037 *** (0.008)	0.036 *** (0.008)
	RD	0.055 *** (0.009)	0.055 *** (0.010)	0.054 *** (0.009)	0.055 *** (0.010)	0.055 *** (0.009)	0.055 *** (0.010)	0.055 *** (0.009)
间接效应	*DIGIT*	0.073 ** (0.032)	0.072 ** (0.030)	−0.003 (0.037)	0.073 ** (0.030)	0.031 (0.033)	0.071 ** (0.030)	0.044 (0.035)
	IE		0.007 (0.012)	0.002 (0.012)				
	DIGIT * *IE*			0.248 *** (0.076)				
	FIE				0.001 (0.007)	−0.002 (0.007)		
	DIGIT * *FIE*					0.179 *** (0.058)		
	IIE						0.019 (0.016)	0.016 (0.016)
	DIGIT * *IIE*							0.093 * (0.055)

续表

分解效应	变量	(1)	(2)	(3)	(4)	(5)	(6)	(7)
		SDM	SDM	SDM	SDM	SDM	SDM	SDM
		RES	*RES*	*RES*	*RES*	*RES*	*RES*	*RES*
间接效应	*GRP*	-0.010**	-0.010**	-0.009*	-0.010**	-0.009*	-0.009**	-0.009*
		(0.004)	(0.005)	(0.005)	(0.005)	(0.005)	(0.005)	(0.005)
	FDI	0.472	0.367	0.464	0.312	0.354	0.314	0.328
		(0.686)	(0.695)	(0.657)	(0.691)	(0.657)	(0.695)	(0.669)
	CITY	0.037	0.038	-0.001	0.037	0.020	0.031	0.015
		(0.022)	(0.023)	(0.024)	(0.023)	(0.023)	(0.024)	(0.025)
	HUMAN	-0.048*	-0.050*	-0.039	-0.050*	-0.042*	-0.044	-0.040
		(0.027)	(0.027)	(0.026)	(0.027)	(0.026)	(0.027)	(0.026)
	RD	0.057*	0.057*	0.050*	0.057*	0.059**	0.057*	0.051*
		(0.030)	(0.029)	(0.029)	(0.029)	(0.029)	(0.029)	(0.030)
总效应	*DIGIT*	0.103***	0.103***	0.014	0.105***	0.046	0.101***	0.071*
		(0.035)	(0.031)	(0.040)	(0.031)	(0.036)	(0.031)	(0.038)
	IE		-0.002	-0.008				
			(0.013)	(0.013)				
	DIGIT * *IE*			0.322***				
				(0.082)				
	FIE				-0.005	-0.008		
					(0.007)	(0.007)		
	DIGIT * *FIE*					0.233***		
						(0.062)		
	IIE						0.021	0.017
							(0.016)	(0.017)
	DIGIT * *IIE*							0.108*
								(0.064)
	GRP	-0.001	-0.001	-0.000	-0.001	-0.000	-0.000	0.000
		(0.005)	(0.005)	(0.005)	(0.005)	(0.005)	(0.005)	(0.005)

续表

分解效应	变量	(1)	(2)	(3)	(4)	(5)	(6)	(7)
		SDM	SDM	SDM	SDM	SDM	SDM	SDM
		RES	*RES*	*RES*	*RES*	*RES*	*RES*	*RES*
总效应	*FDI*	-0.641 (0.727)	-0.778 (0.718)	-0.645 (0.709)	-0.846 (0.717)	-0.776 (0.709)	-0.850 (0.722)	-0.813 (0.724)
	CITY	0.013 (0.023)	0.014 (0.024)	-0.029 (0.025)	0.012 (0.024)	-0.006 (0.023)	0.006 (0.025)	-0.010 (0.026)
	HUMAN	-0.012 (0.029)	-0.014 (0.030)	-0.002 (0.028)	-0.015 (0.030)	-0.006 (0.028)	-0.008 (0.030)	-0.003 (0.029)
	RD	0.112*** (0.033)	0.111*** (0.031)	0.104*** (0.030)	0.111*** (0.031)	0.113*** (0.030)	0.112*** (0.031)	0.106*** (0.031)

注：括号内为标准误，*、** 和 *** 分别表示 $P<0.1$、$P<0.05$ 和 $P<0.01$，即在 10%、5% 和 1% 水平上显著。

7.4 具体制度环境指标的调节效应分析

制度环境指数以及分指数的内涵较为丰富、内容也比较广泛，但无法表现出各项制度环境指标的具体作用，正如青木昌彦于 2001 年所提出的观点，制度与制度之间是相互补充、相互依存的，制度环境指数难以区分制度之间的遮掩效应和重叠效应，无法分析制度环境各指标的影响。本节内容将丰富制度环境指数各指标的调节效应检验，延续本章所构建的空间杜宾调节效应模型，将制度环境指数各指标按照正式制度与非正式制度两个类型分别进行细化分析，进一步充实本章的调节效应研究内容。

7.4.1 正式制度环境各指标调节效应检验

正式制度环境各指标调节效应检验结果如表 7 - 5 和表 7 - 6 所示。其中，政府主导性与数字经济交互项 $DIGIT*IE^{(1)}$ 的系数以及直接效应系数

分别为 -0.110 和 -0.105 且 P 值均小于 0.01，负向显著即表明本地较强的政府主导性不利于本地数字经济的发展，可能的原因在于政府绩效评估的标准通常是可见的价值指标，因而地方政府倾向于投资能够带来短期效益提升的项目，这会在一定程度上挤占创新资源，降低地区创新水平。空间交互项 $W*DIGIT*IE^{(1)}$ 的系数和间接效应系数分别为 0.050 和 0.037，并且均没有通过显著性水平验证，说明其他地区的政府主导性水平调节其他地区数字经济发展作用于本地经济韧性的影响还有待进一步研究，所以本章的研究假设 7.2a 部分得以验证。

表 7-5　正式制度环境各指标调节效应 SDM 模型回归结果

变量	(1)	(2)	(3)	(4)	(5)	(6)	(7)	(8)	(9)
	RES	*RES*	*RES*	*RES*	*RES*	*RES*	*RES*	*RES*	*RES*
DIGIT	0.029*** (0.010)	0.028*** (0.010)	0.024** (0.010)	0.028*** (0.010)	0.021** (0.010)	0.029*** (0.010)	0.018* (0.010)	0.029*** (0.010)	0.029*** (0.010)
$IE^{(1)}$		-0.024*** (0.007)	-0.022*** (0.007)						
$DIGIT*IE^{(1)}$			-0.110*** (0.041)						
$IE^{(2)}$				-0.001 (0.028)	0.003 (0.028)				
$DIGIT*IE^{(2)}$					0.292** (0.139)				
$IE^{(3)}$						-0.022 (0.028)	-0.121*** (0.035)		
$DIGIT*IE^{(3)}$							1.467*** (0.308)		
$IE^{(4)}$								-0.000 (0.005)	0.002 (0.006)
$DIGIT*IE^{(4)}$									0.116** (0.057)
GRP	0.009*** (0.001)	0.006*** (0.002)	0.006*** (0.002)	0.009*** (0.001)	0.009*** (0.001)	0.009*** (0.001)	0.009*** (0.001)	0.009*** (0.001)	0.010*** (0.001)

续表

变量	(1)	(2)	(3)	(4)	(5)	(6)	(7)	(8)	(9)
	RES	RES	RES	RES	RES	RES	RES	RES	RES
FDI	-1.144*** (0.219)	-1.091*** (0.219)	-1.123*** (0.220)	-1.141*** (0.219)	-1.125*** (0.218)	-1.150*** (0.219)	-1.069*** (0.218)	-1.142*** (0.219)	-1.128*** (0.219)
CITY	-0.024*** (0.006)	-0.024*** (0.006)	-0.023*** (0.006)	-0.024*** (0.006)	-0.028*** (0.006)	-0.025*** (0.006)	-0.027*** (0.006)	-0.024*** (0.006)	-0.026*** (0.006)
HUMAN	0.037*** (0.008)	0.036*** (0.008)	0.037*** (0.008)	0.036*** (0.008)	0.037*** (0.008)	0.036*** (0.008)	0.037*** (0.008)	0.037*** (0.008)	0.035*** (0.008)
RD	0.054*** (0.009)	0.056*** (0.009)	0.056*** (0.009)	0.054*** (0.009)	0.052*** (0.009)	0.054*** (0.009)	0.052*** (0.009)	0.054*** (0.009)	0.054*** (0.009)
W * DIGIT	0.061** (0.028)	0.045 (0.028)	0.034 (0.029)	0.057** (0.028)	0.031 (0.029)	0.063** (0.028)	0.018 (0.029)	0.062** (0.028)	0.050* (0.028)
W * IE (1)		-0.018 (0.015)	-0.014 (0.015)						
W * DIGIT * IE (1)			0.050 (0.091)						
W * IE (2)				-0.171** (0.086)	-0.150* (0.087)				
W * DIGIT * IE (2)					0.624* (0.336)				
W * IE (3)						-0.032 (0.093)	-0.159 (0.105)		
W * DIGIT * IE (3)							2.527*** (0.867)		
W * IE (4)								-0.009 (0.018)	-0.019 (0.018)
W * DIGIT * IE (4)									-0.339** (0.150)
W * GRP	-0.010** (0.004)	-0.013*** (0.005)	-0.011** (0.005)	-0.010** (0.004)	-0.010** (0.004)	-0.010** (0.004)	-0.009** (0.004)	-0.010** (0.004)	-0.012*** (0.004)

续表

变量	(1)	(2)	(3)	(4)	(5)	(6)	(7)	(8)	(9)
	RES	*RES*	*RES*	*RES*	*RES*	*RES*	*RES*	*RES*	*RES*
W * *FDI*	0.507 (0.616)	0.707 (0.617)	0.524 (0.623)	0.441 (0.617)	0.642 (0.621)	0.460 (0.620)	0.681 (0.617)	0.517 (0.617)	0.465 (0.616)
W * *CITY*	0.035* (0.020)	0.027 (0.020)	0.023 (0.020)	0.032 (0.020)	0.018 (0.021)	0.033* (0.020)	0.016 (0.020)	0.035* (0.020)	0.037* (0.020)
W * *HUMAN*	-0.046* (0.024)	-0.041* (0.024)	-0.038 (0.024)	-0.051** (0.024)	-0.046* (0.024)	-0.046* (0.024)	-0.033 (0.024)	-0.047* (0.024)	-0.038 (0.024)
W * *RD*	0.042 (0.026)	0.045* (0.026)	0.043* (0.026)	0.044* (0.026)	0.038 (0.026)	0.041 (0.026)	0.039 (0.026)	0.041 (0.026)	0.039 (0.026)
RHO	0.128*** (0.038)	0.114*** (0.039)	0.115*** (0.039)	0.125*** (0.038)	0.117*** (0.038)	0.127*** (0.038)	0.106*** (0.038)	0.128*** (0.038)	0.132*** (0.038)
N	2 565	2 565	2 565	2 565	2 565	2 565	2 565	2 565	2 565
R^2	0.182	0.068	0.093	0.141	0.023	0.170	0.037	0.182	0.164

注：括号内为标准误，*、** 和 *** 分别表示 $P<0.1$、$P<0.05$ 和 $P<0.01$，即在 10%、5% 和 1% 水平上显著。

表 7-6　正式制度环境各指标调节效应 SDM 模型空间分解效应

分解效应	变量	(1)	(2)	(3)	(4)	(5)	(6)	(7)	(8)	(9)
		RES	*ISU*	*RES*	*ISR*	*RES*	*RES*	*RES*	*RES*	*RES*
直接效应	*DIGIT*	0.030*** (0.010)	0.029*** (0.010)	0.025** (0.011)	0.030*** (0.010)	0.022** (0.011)	0.031*** (0.010)	0.019* (0.011)	0.030*** (0.010)	0.030*** (0.010)
	$IE^{(1)}$		-0.025*** (0.007)	-0.022*** (0.007)						
	$DIGIT*IE^{(1)}$			-0.105*** (0.038)						
	$IE^{(2)}$				-0.005 (0.027)	-0.001 (0.027)				
	$DIGIT*IE^{(2)}$					0.315** (0.134)				
	$IE^{(3)}$						-0.023 (0.027)	-0.125*** (0.034)		

续表

分解效应	变量	(1)	(2)	(3)	(4)	(5)	(6)	(7)	(8)	(9)
		RES	*ISU*	*RES*	*ISR*	*RES*	*RES*	*RES*	*RES*	*RES*
直接效应	$DIGIT*IE^{(3)}$							1.535*** (0.297)		
	$IE^{(4)}$								-0.000 (0.005)	0.002 (0.005)
	$DIGIT*IE^{(4)}$									0.116** (0.055)
	GRP	0.009*** (0.001)	0.006*** (0.002)	0.006*** (0.002)	0.009*** (0.001)	0.009*** (0.001)	0.009*** (0.001)	0.009*** (0.001)	0.009*** (0.001)	0.010*** (0.001)
	FDI	-1.113*** (0.210)	-1.091*** (0.208)	-1.114*** (0.212)	-1.145*** (0.207)	-1.115*** (0.211)	-1.154*** (0.208)	-1.057*** (0.210)	-1.145*** (0.207)	-1.120*** (0.211)
	CITY	-0.024*** (0.005)	-0.024*** (0.005)	-0.023*** (0.006)	-0.024*** (0.005)	-0.027*** (0.006)	-0.024*** (0.005)	-0.027*** (0.006)	-0.024*** (0.005)	-0.025*** (0.006)
	HUMAN	0.036*** (0.007)	0.036*** (0.008)	0.037*** (0.008)	0.036*** (0.008)	0.037*** (0.008)	0.036*** (0.008)	0.037*** (0.008)	0.036*** (0.008)	0.034*** (0.008)
	RD	0.055*** (0.009)	0.057*** (0.010)	0.057*** (0.009)	0.055*** (0.010)	0.053*** (0.009)	0.055*** (0.010)	0.052*** (0.009)	0.055*** (0.010)	0.054*** (0.009)
间接效应	*DIGIT*	0.073** (0.032)	0.052* (0.030)	0.045 (0.032)	0.067** (0.029)	0.040 (0.032)	0.074** (0.030)	0.025 (0.032)	0.073** (0.029)	0.064** (0.031)
	$IE^{(1)}$		-0.022 (0.016)	-0.017 (0.017)						
	$DIGIT*IE^{(1)}$			0.037 (0.094)						
	$IE^{(2)}$				-0.184* (0.096)	-0.163* (0.097)				
	$DIGIT*IE^{(2)}$					0.714** (0.360)				
	$IE^{(3)}$						-0.030 (0.103)	-0.185 (0.115)		

续表

分解效应	变量	(1) RES	(2) ISU	(3) RES	(4) ISR	(5) RES	(6) RES	(7) RES	(8) RES	(9) RES
间接效应	DIGIT * IE(3)							2.902*** (0.952)		
	IE(4)								-0.009 (0.019)	-0.020 (0.021)
	DIGIT * IE(4)									-0.367** (0.166)
	GRP	-0.010** (0.004)	-0.014*** (0.005)	-0.011* (0.006)	-0.010** (0.005)	-0.009* (0.005)	-0.010** (0.005)	-0.009* (0.005)	-0.010** (0.005)	-0.012** (0.005)
	FDI	0.472 (0.686)	0.624 (0.683)	0.393 (0.668)	0.314 (0.690)	0.518 (0.665)	0.332 (0.692)	0.578 (0.653)	0.392 (0.692)	0.307 (0.672)
	CITY	0.037 (0.022)	0.029 (0.023)	0.023 (0.023)	0.035 (0.023)	0.017 (0.023)	0.036 (0.024)	0.016 (0.023)	0.037 (0.023)	0.039* (0.023)
	HUMAN	-0.048* (0.027)	-0.043 (0.027)	-0.039 (0.026)	-0.053** (0.027)	-0.047* (0.026)	-0.049* (0.027)	-0.033 (0.026)	-0.049* (0.027)	-0.039 (0.026)
	RD	0.057* (0.030)	0.057** (0.029)	0.056* (0.029)	0.058** (0.029)	0.050* (0.029)	0.055* (0.029)	0.050* (0.029)	0.056* (0.029)	0.053* (0.030)
总效应	DIGIT	0.103*** (0.035)	0.081*** (0.031)	0.070** (0.034)	0.096*** (0.031)	0.062* (0.034)	0.104*** (0.031)	0.043 (0.034)	0.103*** (0.031)	0.094*** (0.033)
	IE(1)		-0.047*** (0.017)	-0.040** (0.018)						
	DIGIT * IE(1)			-0.068 (0.091)						
	IE(2)				-0.189* (0.100)	-0.164 (0.102)				
	DIGIT * IE(2)					1.029*** (0.390)				
	IE(3)						-0.053 (0.108)	-0.310** (0.121)		

续表

分解效应	变量	(1)	(2)	(3)	(4)	(5)	(6)	(7)	(8)	(9)
		RES	*ISU*	*RES*	*ISR*	*RES*	*RES*	*RES*	*RES*	*RES*
总效应	$DIGIT*IE^{(3)}$							4.438***		
								(1.026)		
	$IE^{(4)}$								-0.010	-0.018
									(0.021)	(0.022)
	$DIGIT*IE^{(4)}$									-0.251
										(0.187)
	GRP	-0.001	-0.008	-0.005	-0.001	-0.000	-0.001	-0.000	-0.001	-0.002
		(0.005)	(0.005)	(0.006)	(0.005)	(0.005)	(0.005)	(0.005)	(0.005)	(0.005)
	FDI	-0.642	-0.468	-0.721	-0.832	-0.597	-0.823	-0.480	-0.753	-0.813
		(0.727)	(0.709)	(0.724)	(0.714)	(0.718)	(0.719)	(0.706)	(0.718)	(0.725)
	CITY	0.013	0.005	0.000	0.011	-0.010	0.012	-0.011	0.013	0.014
		(0.023)	(0.024)	(0.023)	(0.024)	(0.024)	(0.024)	(0.023)	(0.024)	(0.024)
	HUMAN	-0.012	-0.007	-0.002	-0.017	-0.011	-0.013	0.004	-0.012	-0.005
		(0.029)	(0.029)	(0.029)	(0.030)	(0.028)	(0.030)	(0.028)	(0.030)	(0.029)
	RD	0.112***	0.114***	0.113***	0.113***	0.102***	0.110***	0.102***	0.110***	0.107***
		(0.033)	(0.031)	(0.030)	(0.031)	(0.030)	(0.031)	(0.030)	(0.031)	(0.031)

注：括号内为标准误，*、** 和 *** 分别表示 $P<0.1$、$P<0.05$ 和 $P<0.01$，即在 10%、5% 和 1% 水平上显著。

市场化水平与数字经济交互项 $DIGIT*IE^{(2)}$ 的系数以及直接效应系数分别为 0.292 和 0.315 且 P 值均小于 0.05，正向显著即表明本地市场化水平的提高促进了本地数字经济的发展，可能的原因在于市场化程度较高意味着推动要素流动和资源配置的主体是市场，这能够有效降低地区内部获取创新要素的成本，提升地区创新意愿和活力。空间交互项 $W*DIGIT*IE^{(2)}$ 的系数和间接效应系数分别为 0.624 和 0.714，并且分别通过了 10% 和 5% 的显著性水平验证，说明其他地区市场化水平的提高有利于其他地区数字经济发展作用于本地经济韧性的影响，可能的原因在于本地市场化程度的提升能够促使本地企业雇佣更多的创新型人才，随着企业创新能力的不断提升，其为了获取更加充足的创新资源会增加与周边地区上下游产业的沟通和交流，而高水平的市场化程度为创新要素及人才在区域间的流动和不同地区的企业间合作提供了良好的环境，促进数字经济的溢出效应，由此本章的研究假设 7.2b 得以验证。

专利保护水平与数字经济交互项 $DIGIT * IE^{(3)}$ 的系数以及直接效应系数分别为 1.467 和 1.535，并且均通过了 1% 水平的显著性检验，正向显著即表明本地专利保护水平的提升有利于本地数字经济的发展，可能的原因在于专利保护水平的提升能够为技术创新市场提供规范性指导和良好的交易环境，为技术创新成果的转化提供保障，这会加强企业家追求高额乃至超额收益的动机。空间交互项 $W * DIGIT * IE^{(3)}$ 的系数和间接效应系数分别为 2.527 和 2.902，并且均通过了 1% 的显著性水平验证，说明其他地区专利保护水平的提高同样有利于其他地区数字经济发展，并正向调节了作用于本地经济韧性的影响。由于本地专利保护水平的提升强化了企业的创新动机，促使其雇用更多的创新型人才，获取更多的创新资源，所以企业更有意愿加强与周边地区相关企业以及上下游产业的沟通与交流。较高的专利保护水平使企业创新成果得以保障，这有利于企业派遣员工去周边合作地区和企业进行指导监督，促进技术创新溢出效应，从而强化本地数字经济对于周边地区经济韧性的溢出效应，由此本章的研究假设 7.2c 得以验证。

信息透明度与数字经济交互项 $DIGIT * IE^{(4)}$ 的系数以及直接效应系数分别为 0.116 和 0.116，并且均通过了 5% 水平的显著性检验，正向显著即表明本地信息透明程度的优化有利于本地数字经济的发展，可能的原因在于信息透明程度的提升弱化了市场信息的不对称性，有利于降低交易的道德风险，促进资金提供方和需求方的相互了解，进一步增强投资方对于本地区创新项目的投资热情和信心，有助于提升地区创新能力与创业活力，进而影响数字经济对经济韧性的促进作用。空间交互项 $W * DIGIT * IE^{(4)}$ 的系数和间接效应系数分别为 -0.339 和 -0.367，并且均通过了 5% 的显著性水平验证，说明其他地区信息透明程度的优化很可能形成了示范效应，在本地信息透明程度较高的情况下，周边地区的相关企业会优先选择本地区的企业进行合作，进一步助力本地数字经济的发展，而较高的信息透明程度还在本地区数字经济发展的过程中起到了虹吸作用，因此抑制了数字经济的空间溢出效应，所以本章的研究假设 7.2d 部分得以验证。

7.4.2　非正式制度环境各指标调节效应检验

非正式制度环境各指标调节效应检验结果如表 7－7 和表 7－8 所示。其中，企业家创新精神与数字经济交互项 *DIGIT* ∗ *ES* 的系数以及直接效应系数分别为 0.002 和 0.002 且 *P* 值均小于 0.05，正向显著即表明本地企业家创新精神的优化有利于本地数字经济的发展，说明在企业家创新精神较强的地区，企业家创新精神引领本地市场激发潜能、提升活力，使本地企业身处自由与公正并存的市场环境之中，在这种良性竞争氛围下，企业家为了应对市场竞争会选择自主创新，不断提升创新能力和创新产出以保持竞争优势地位，从而能够强化数字经济对经济韧性的促进作用。空间交互项 *W* ∗ *DIGIT* ∗ *ES* 的系数和间接效应系数分别为 －0.002 和 －0.002，并且均没有通过显著性水平验证，说明其他地区的企业家创新精神调节其他地区数字经济发展并作用于本地经济韧性的影响还有待进一步研究，所以本章的研究假设 7.3a 部分得以验证；社会信任水平与数字经济交互项 *DIGIT* ∗ *STR* 的系数以及直接效应系数分别为 0.110 和 0.118 且 *P* 值均小于 0.1，正向显著即表明社会信任水平的提高促进了本地数字经济的发展，可能的原因在于社会信任水平较高意味着地区内存在一种隐形的契约保护机制，这使信息传递和沟通能够有效进行，信息不对称问题得到有效缓解，从而抑制了道德风险，提高创新投资人资本供给的信心和意愿，进而提升地区创业活力和创新绩效，强化数字经济对经济韧性的促进作用。空间交互项 *W* ∗ *DIGIT* ∗ *STR* 的系数和间接效应系数分别为 0.179 和 0.203，并且都没有通过显著性水平验证，说明其他地区社会信任水平的提高有正向调节其他地区数字经济发展并作用于本地经济韧性影响的趋势，但依然还有待进一步研究，所以本章的研究假设 7.3b 部分得以验证。

表 7-7　非正式制度环境各指标调节效应 SDM 模型回归结果

变量	(1)	(2)	(3)	(4)	(5)
	SDM	SDM	SDM	SDM	SDM
	RES	*RES*	*RES*	*RES*	*RES*
DIGIT	0.029*** (0.010)	0.030*** (0.010)	0.027*** (0.010)	0.027*** (0.010)	0.018 (0.011)
ES		-0.001*** (0.000)	-0.002*** (0.000)		
DIGIT * *ES*			0.002** (0.001)		
STR				0.014 (0.009)	0.012 (0.009)
DIGIT * *STR*					0.110* (0.065)
GRP	0.009*** (0.001)	0.010*** (0.001)	0.010*** (0.001)	0.009*** (0.001)	0.009*** (0.001)
FDI	-1.144*** (0.219)	-1.159*** (0.218)	-1.188*** (0.218)	-1.186*** (0.219)	-1.181*** (0.219)
CITY	-0.024*** (0.006)	-0.025*** (0.006)	-0.026*** (0.006)	-0.026*** (0.006)	-0.028*** (0.006)
HUMAN	0.037*** (0.008)	0.033*** (0.008)	0.033*** (0.008)	0.038*** (0.008)	0.039*** (0.008)
RD	0.054*** (0.009)	0.055*** (0.009)	0.055*** (0.009)	0.054*** (0.009)	0.054*** (0.009)
W * *DIGIT*	0.061** (0.028)	0.046* (0.028)	0.055* (0.029)	0.051* (0.028)	0.022 (0.033)
W * *ES*		0.001** (0.000)	0.002 (0.001)		
W * *DIGIT* * *ES*			-0.002 (0.002)		

续表

变量	(1)	(2)	(3)	(4)	(5)
	SDM	SDM	SDM	SDM	SDM
	RES	*RES*	*RES*	*RES*	*RES*
*W * STR*				0.034 (0.023)	0.026 (0.024)
*W * DIGIT * STR*					0.179 (0.138)
*W * GRP*	-0.010** (0.004)	-0.012*** (0.004)	-0.012*** (0.004)	-0.009** (0.004)	-0.009** (0.004)
*W * FDI*	0.507 (0.616)	0.449 (0.613)	0.508 (0.613)	0.387 (0.618)	0.461 (0.618)
*W * CITY*	0.035* (0.020)	0.050** (0.020)	0.040* (0.021)	0.022 (0.021)	0.006 (0.022)
*W * HUMAN*	-0.046* (0.024)	-0.029 (0.024)	-0.031 (0.025)	-0.040* (0.024)	-0.038 (0.024)
*W * RD*	0.042 (0.026)	0.044* (0.026)	0.042 (0.026)	0.042 (0.026)	0.037 (0.026)
RHO	0.128*** (0.038)	0.141*** (0.038)	0.141*** (0.038)	0.126*** (0.038)	0.122*** (0.038)
N	2 565	2 565	2 565	2 565	2 565
R^2	0.182	0.183	0.148	0.177	0.076

注：括号内为标准误，*、** 和 *** 分别表示 $P<0.1$、$P<0.05$ 和 $P<0.01$，即在 10%、5% 和 1% 水平上显著。

表 7－8　非正式制度环境各指标调节效应 SDM 模型空间分解效应

分解效应	变量	(1)	(2)	(3)	(4)	(5)
		SDM	SDM	SDM	SDM	SDM
		RES	*ISU*	*RES*	*ISR*	*RES*
直接效应	*DIGIT*	0.030*** (0.010)	0.031*** (0.010)	0.028*** (0.010)	0.028*** (0.010)	0.019 (0.012)
	ES		-0.001*** (0.000)	-0.002*** (0.000)		

续表

分解效应	变量	(1)	(2)	(3)	(4)	(5)
		SDM	SDM	SDM	SDM	SDM
		RES	*ISU*	*RES*	*ISR*	*RES*
直接效应	*DIGIT * ES*			0.002 ** (0.001)		
	STR				0.014 * (0.008)	0.013 (0.008)
	*DIGIT * STR*					0.118 * (0.063)
	GRP	0.009 *** (0.001)	0.010 *** (0.001)	0.009 *** (0.001)	0.009 *** (0.001)	0.009 *** (0.001)
	FDI	-1.113 *** (0.210)	-1.163 *** (0.206)	-1.181 *** (0.212)	-1.191 *** (0.208)	-1.174 *** (0.211)
	CITY	-0.024 *** (0.005)	-0.024 *** (0.005)	-0.025 *** (0.006)	-0.025 *** (0.005)	-0.027 *** (0.006)
	HUMAN	0.036 *** (0.007)	0.033 *** (0.008)	0.033 *** (0.008)	0.037 *** (0.008)	0.039 *** (0.008)
	RD	0.055 *** (0.009)	0.056 *** (0.010)	0.056 *** (0.009)	0.055 *** (0.010)	0.054 *** (0.009)
间接效应	*DIGIT*	0.073 ** (0.032)	0.056 * (0.030)	0.071 ** (0.032)	0.061 ** (0.030)	0.031 (0.037)
	ES		0.001 ** (0.001)	0.002 (0.001)		
	*DIGIT * ES*			-0.002 (0.003)		
	STR				0.043 * (0.025)	0.032 (0.026)
	*DIGIT * STR*					0.203 (0.154)
	GRP	-0.010 ** (0.004)	-0.012 ** (0.005)	-0.011 ** (0.005)	-0.009 * (0.005)	-0.008 (0.005)

续表

分解效应	变量	(1)	(2)	(3)	(4)	(5)
		SDM	SDM	SDM	SDM	SDM
		RES	*ISU*	*RES*	*ISR*	*RES*
间接效应	*FDI*	0.472 (0.686)	0.299 (0.697)	0.341 (0.670)	0.238 (0.693)	0.304 (0.665)
	CITY	0.037 (0.022)	0.055 ** (0.025)	0.042 * (0.025)	0.022 (0.024)	0.003 (0.025)
	HUMAN	-0.048 * (0.027)	-0.029 (0.027)	-0.032 (0.027)	-0.041 (0.027)	-0.038 (0.026)
	RD	0.057 * (0.030)	0.061 ** (0.029)	0.057 * (0.030)	0.056 * (0.029)	0.049 * (0.030)
总效应	*DIGIT*	0.103 *** (0.035)	0.088 *** (0.031)	0.099 *** (0.034)	0.088 *** (0.031)	0.050 (0.040)
	ES		-0.000 (0.001)	0.000 (0.002)		
	DIGIT * *ES*			0.000 (0.003)		
	STR				0.058 ** (0.026)	0.044 (0.028)
	DIGIT * *STR*					0.321 * (0.169)
	GRP	-0.001 (0.005)	-0.002 (0.005)	-0.002 (0.005)	0.001 (0.005)	0.001 (0.005)
	FDI	-0.642 (0.727)	-0.864 (0.723)	-0.840 (0.725)	-0.953 (0.719)	-0.870 (0.719)
	CITY	0.013 (0.023)	0.031 (0.025)	0.016 (0.026)	-0.004 (0.025)	-0.024 (0.026)
	HUMAN	-0.012 (0.029)	0.004 (0.030)	0.001 (0.029)	-0.004 (0.030)	0.000 (0.029)
	RD	0.112 *** (0.033)	0.117 *** (0.031)	0.113 *** (0.031)	0.111 *** (0.031)	0.104 *** (0.031)

注：括号内为标准误，*、** 和 *** 分别表示 $P<0.1$、$P<0.05$ 和 $P<0.01$，即在 10%、5% 和 1% 水平上显著。

7.5 本章小结

本章以制度环境为研究视角，以新制度经济学理论为理论基础，通过空间杜宾调节效应模型深入分析制度环境对于发展数字经济强化经济韧性的直接效应与空间溢出效应的影响。对于有针对性地改善发展数字经济的外部环境因素，提升数字经济强化经济韧性的效果提供了理论分析与实证支撑。研究结果表明：制度环境整体水平的提高有利于数字经济的发展，在数字经济强化经济韧性的直接效应和空间溢出效应中均存在显著的正向调节作用；正式制度环境的优化在作用和效果方面与制度环境总指数保持基本一致，可以正向调节数字经济作用于经济韧性的直接效应和空间溢出效应；非正式制度环境方面，数字经济与经济韧性的直接效应中非正式制度环境的交互项系数为正但没有通过显著性检验，说明还有待进一步研究，空间溢出效应中非正式制度环境可以起到正向调节的作用。由于制度环境指数无法分析制度环境各项指标的影响，本章还按照正式制度与非正式制度的分类标准细化研究了制度环境指数的各项指标。研究结果表明：正式制度环境中的政府主导性在数字经济与经济韧性的直接效应中抑制了数字经济的作用，而空间溢出效应的检验结果没有通过显著性检验还有待进一步研究；市场化水平的提高有利于数字经济的发展，在数字经济强化经济韧性的直接效应和空间溢出效应中均存在显著的正向调节作用；专利保护水平的提高在作用与效果方面与市场化水平基本一致，可以正向调节数字经济作用于经济韧性的直接效应和空间溢出效应；而信息透明度在数字经济与经济韧性的直接效应中交互项系数为正向显著，说明本地信息透明程度的优化有利于本地数字经济的发展，在空间溢出效应中信息透明度交互项的系数为负向显著，说明其他地区信息透明程度的优化可能形成了虹吸效应，在其他地区数字经济发展的过程中抑制了其空间溢出效应。非正式制度环境中的企业家创新精神在数字经济与经济韧性的直接效应中促进了数字经济的发展，而空间溢出效应的检验结果没有通过显著性检验还有待进一步研究；社会信任水平的提高有利于数字经济在本地区的发展，在数字经济强化经济韧性的直接效应中存在显著的正向调节作用，而空间溢出效应中的调节作用同样没有通过显著性检验。

第 8 章

研究结论与政策建议

8.1 研究结论与启示

本书立足于发展数字经济对于我国城市经济系统的直接和间接影响，以数字经济、创业活力和创新绩效作为门槛变量，投资活力、消费升级和产业结构转型升级为影响路径，制度环境为调节变量，并基于中国内地2011—2019 年 285 个地级及以上城市层面数据，构建了经济韧性多维度综合评价指标体系与数字经济发展综合指数并运用熵权法赋权测算，通过面板门槛模型、空间杜宾时空双固定模型、空间杜宾中介效应模型和空间杜宾调节效应模型，多维度实证检验城市层面数字经济的发展对于经济韧性的影响及内在机理，得出的主要结论如下：

第一，发展数字经济可以显著提升城市层面经济韧性水平，在新常态时期是中国应对经济冲击的重要发展方向。实证结果表明，当前中国内地城市发展数字经济有助于强化经济韧性总体水平，并有利于经济韧性的三个子维度（抵御能力、恢复能力和转型能力）水平的提升。同时，数字经济作用于周边城市经济韧性及其三个子维度的正向空间溢出效应全部显著存在，并且其效力还要大于对本地经济韧性及其三个子维度的直接促进作用；控制变量方面，经济规模、人口密度、人力资本水平和科技支出水平对于经济韧性影响的总体趋势均为正，但外商直接投资对于经济韧性影响的总体趋势为负，表明过度依赖外资反而不利于经济韧性的提升，可能的原因在于外资所引进的前沿技术存在较强的传播壁垒而无法形成良好的扩散效应，且易于产生外资依赖和技术锁定的情形，导致我国的经济发展和技术创新领域出现外商“卡脖子”的现象而有损经济韧性。从分地区样本回归结果来看，数字经济有助于提升中国内地各地区城市的经济韧性，同时数字经济对西部地区城市经济韧性的直接效应强过东部地区城市和中部地区城市，但空间溢出效应的结果表明东部地区城市发展数字经济可以同时强化邻近城市的经济韧性水平，而宏观看待中部地区和西部地区城市的数字经济发展并不存在显著的空间溢出效应。从不同层级城市回归结果来看，发展数字经济将有利于提高中国内地各类层级城市的经济韧性，但中心城市直接效应的作用强度更大，空间溢出效应检验结果表明中国内地不同层级的城市发展数字经济均存在显著的空间溢出效应，且中心城市发展数字经济而提升周边城市经济韧性的程度更强于外围城市。

第二，发展数字经济将通过提升投资活力、推动产业结构转型升级与消费升级等中介路径提升经济韧性，在空间溢出效应中投资活力的中介路径依然成立。实证结果表明，投资活力传导路径之中，发展数字经济可以通过社会资本投资和固定资产投资两个维度，在直接效应传导路径上影响经济韧性水平，并且投资活力直接效应传导路径中社会资本投资的传导效果比固定资产投资的传导效果更加明显；而在空间溢出效应传导路径上，投资活力传导路径的两个维度（社会资本投资和固定资产投资）仍然成立，并且投资活力空间溢出效应传导路径中社会资本投资的传导效果同样比固定资产投资的传导效果更明显。其次，消费升级传导路径之中，发展数字经济可以通过消费需求升级和消费结构升级两个维度，在直接效应传导路径上影响经济韧性水平，并且消费升级直接效应传导路径中消费需求升级的传导效果比消费结构升级的传导效果更加明显；而在空间溢出传导路径上，消费升级传导路径的两个维度（消费需求升级和消费结构升级）均不构成显著的空间中介效应。最后，产业结构转型升级传导路径之中，发展数字经济可以通过产业结构高级化和产业结构合理化两个维度，在直接效应传导路径上影响经济韧性水平，并且产业结构转型升级直接效应传导路径中产业结构高级化的传导效果比产业结构合理化的传导效果更加明显；而在空间溢出传导路径上，产业结构转型升级的两个维度（产业结构高级化和产业结构合理化）均不构成显著的空间中介效应。

第三，发展数字经济作用于经济韧性的影响表现出非线性特征，在差异化的创业活力水平与创新绩效水平之下，数字经济对于经济韧性的影响基于不同水平的城市创业活力、创新绩效均存在显著的门槛效应。实证结果表明，当数字经济作为门槛变量时，数字经济作用于经济韧性的直接影响中确实存在门槛效应，表明数字经济发展水平不同时，数字经济直接作用于经济韧性的过程是非线性的，并且随着数字经济发展水平的提高，数字经济作用于经济韧性的正向直接效应存在边际效应递减的趋势；当创业活力作为门槛变量时，数字经济作用于经济韧性的直接影响中确实存在门槛效应，门槛值将该作用过程划分为两个阶段，随着城市创业活力水平的提高，两个阶段的数字经济作用效果得到增强，并且只有第二阶段对于经济韧性的回归系数通过了1%水平的显著性检验，说明只有较高水平的创业活力才能够促进发展数字经济强化经济韧性的本地效果；当创新绩效作为门槛变量时，数字经济作用于经济韧性的直接影响同样存在门槛效应，即创新绩效水平不同时，数字经济直接作用于经济韧性的影响过程是非线性的，并且随着创新绩效水平的提高，两个阶段的数字经济作用效果得到加强，证明数字经济作用于经济韧性的积极效应随着创新绩效水平的提高而得到了加强。

第四，制度环境的优化可以提升数字经济作用于经济韧性的影响，良好的制度环境不但能够正向调节本地数字经济作用于经济韧性的影响，还有利于数字经济空间溢出效应的发挥，强化周边城市的经济韧性，但具体制度环境指标在数字经济与经济韧性的关系之中发挥的调节作用存在差异性。实证结果表明，制度环境整体水平的提高有利于数字经济的发展，在数字经济强化经济韧性的直接效应和空间溢出效应中均存在显著的正向调节作用；正式制度环境的优化在作用和效果方面与制度环境总指数保持基本一致，可以正向调节数字经济作用于经济韧性的直接效应和空间溢出效应；而非正式制度环境指数则仅在空间溢出效应中可以起到正向调节的作用。正式制度环境中的政府主导性在数字经济与经济韧性的直接效应中抑制了数字经济的作用；市场化水平的提高有利于数字经济的发展，在数字经济强化经济韧性的直接效应和空间溢出效应中均存在显著的正向调节作用；专利保护水平的提高在作用与效果方面与市场化水平基本一致，可以正向调节数字经济作用于经济韧性的直接效应和空间溢出效应；而信息透明度在数字经济与经济韧性的直接效应中交互项系数为正向显著，说明本地信息透明程度的优化有利于本地数字经济的发展，在空间溢出效应中信息透明度交互项的系数为负向显著，说明其他地区信息透明程度的优化可能形成了虹吸效应，在其他地区数字经济发展的过程中抑制了其空间溢出效应。非正式制度环境中的企业家创新精神在数字经济与经济韧性的直接效应中促进了数字经济的发展；社会信任水平的提高有利于数字经济在本地区的发展，在数字经济强化经济韧性的直接效应中存在显著的正向调节作用。

本书为发展数字经济有助于强化经济韧性提供了一定的经验证据，根据研究结论提出如下启示：首先，应知晓危机之中存先机，努力实现变局之中启新局，历史证明英国开启第一次工业革命成为“日不落帝国”，美国推动第二次工业革命至今仍是世界第一大经济体，日本积极参与第三次工业革命实现经济迅猛发展，在当前第四次工业革命方兴未艾的历史节点，数字经济作为新技术革命的成果是必须要牢牢把握的发展机遇。其次，依托于前沿数字化、智能化技术的数字经济，其发展与创新能力和创新效率息息相关，数字经济有助于培育经济发展的转型能力，坚持创新驱动发展战略，不断完善科技创新体制机制将有利于数字经济对经济韧性发挥更大效用。再次，制度环境的优化对于数字经济全面提升宏观经济韧性具有重要作用，政府经济治理能力的提升与职能的转变，尊重知识产权的法律环境，培育积极进取的企业家精神等都有助于强化数字经济提升经济韧性的程度。最后，发展数字经济有利于提高投资活力、推动消费升级，逐步形成以国内大循环为主体的新发展格局，投资活力的提升为新型基础设施建设提供保障，并连同消费升级、产业结构转型升级一起协调区域经济发展，最大限度发挥数字经济对于宏观经济韧性的贡献。

8.2 政策建议

本书不仅证明了数字经济强化经济韧性的直接效应与空间效应，探索出了数字经济影响经济韧性的传导路径，而且分析了数字经济强化经济韧性的过程中创新创业与制度环境所起到的重要作用，这些都充分证明中国需要牢牢把握发展数字经济的历史性机遇，利用多种传导路径，助力中国经济高质量发展并强化经济韧性水平。

虽然近年来中国在发展和推广数字经济及相关领域等方面取得了一定的成绩，但仍然存在一些问题，例如：发展数字经济的技术基础还有待加强，制度环境仍需进一步优化，互联网领域的新兴业务需严格审批等。此外，投资活力的不足，消费升级滞后和产业结构转型升级能力不足等问题限制着数字经济强化经济韧性的传导路径作用的有效发挥。党的十九届五中全会提出推动经济体系优化升级，加快数字化发展的要求，国家在推进数字经济发展的同时，城市与城市之间的空间联系和经济联系均得到有效提高，有助于打造城市群协同发展的新局面。因此，本节重点从强化经济转型能力、夯实数字经济技术、激发社会投资活力、重视人才保障创新、持续优化制度环境、助力城市群协同发展等方面提出政策建议。

8.2.1 强化经济转型能力

针对中国当前经济发展的地域差异，在数字经济强化经济韧性的作用上也体现出一定的异质性，因此各地区在制定数字经济发展规划时要充分考虑地区特征，要在助力数字经济高水平发展的同时，力争经济韧性水平的提升效果得到加强。而数字经济强化经济韧性的优势和目前中国经济韧性的短板均集中在经济发展的转型能力不强，过去的经济韧性基本体现在原有经济运行模式遭遇冲击后恢复发展路径和经济增长方式上，体现出较强的抵御能力和恢复能力。经济韧性转型能力表现为经济发展路径的转变，使经济运行模式超越原有的增长方式，并且数字经济的兴起也为经济转型发展提供了方向和技术支撑。数字化产品和服务的出现促进了企业层面的数字化转型，而数字产业化和产业数字化的发展推动了更高层面的经济韧性转型能力的提升。强化经济转型能力要着眼于市场需求，并根据自身技术基础向新兴产业和高端创新产业靠拢，逐步实现产业结构转型升级，通过产业结构路径提升经济韧性。对于经济韧性整体水平较差的地区，更要重视经济转型发展能力的培育，经济韧性整体水平较差的城市大部分处于中西部地区，或者属于传统资源型城市，并以传统制造业或采掘业为经济增长的支柱产业，这种发展路径所受到的冲击影响更大，且难以实现长期可持续发展，通常都会形成“高消耗、高污染、低效率”的经济增长方式。要打破这种局面需要转型经济发展方式，依托自身技术基础逐步转型数字化发展，利用大数据更准确地把握市场信息，建立新的数字化产业体系，通过产业数字化发展为中西部地区和资源枯竭地区提供新的发展方向，避免了基于原有产业的经济增长路径依赖而陷入衰退的泥潭。数字经济的蓬勃发展必将使“高消耗、高污染和低效率”的产业得到全面的改善，其中部分产业需要退出当前的产业体系，而大部分产业需要依附数字经济的发展寻求转型升级。同时，数字经济的发展还可以通过技术优化资源配置进而缓解资源不足对经济发展的影响，经济转型能力提升将带动高附加值产业的形成，高附加值产业不仅可以填补传统资源开采的经济增量，还可以避免未来发展路径被锁定而产生的高昂代价，而且探索新的市场机遇可以推翻原有的封闭式发展路径，全面接受新事物、新产业、新技术，由外延式发展向内涵式发展转型。

8.2.2 夯实数字经济技术

数字技术的应用和推广促进了经济发展模式由传统经济向数字经济的转变，尤其是移动通信技术的普及，极大地拓展了数字经济相关产品和服务的适用范围和影响深度，以大数据、云计算和人工智能等为代表的数字技术迅猛发展，也带动了数字经济相关产品和服务的更新效率，但随着数字经济的深入发展，也出现了值得关注的问题。其一，完善新型基础设施建设，助力乡村振兴发展。健全数字经济相关基础设施是让数字经济更好地服务大众和企业的前提，互联网技术是数字技术的代表和数字经济的重要支撑，然而当前中国宽带网络和移动互联网络的平均建设水平与发达国家相比还有差距，而且地区发展不平衡和城乡发展不平衡的现象比较普遍，易于数字鸿沟的形成。目前东部地区和中心城市的新型基础设施建设基本完成，相关部门要积极推进中西部地区和乡村地区的新型基础设施建设工作，确保宽带网络和移动数据可以覆盖乡村地区并延伸至中国的中西部，保障4G和5G网络的畅通，实现真正贯通全国的信息高速公路。其二，提高数字技术服务水平和风险控制能力。数字技术与实体经济的融合提升了消费者的消费体验，有利于推进消费升级，构建国内国际双循环新发展格局，中国拥有巨大的消费潜力和市场需求，以国内大循环为主体的双循环新发展格局可以有效缓解世界性经济波动对中国经济的影响，通过消费升级路径提升经济韧性。数字经济与实体经济的融合发展在创造大量新数据的同时，还需要依靠数字技术提升更精确的分析模型，并以此把控市场风险，提高风险控制能力。这就需要大数据、云计算和人工智能等数字技术结合宏观和微观信息跟踪监测经济运行、优化风险控制模型、提高风险预警能力。

8.2.3 激发社会投资活力

本书研究表明，发展数字经济可以通过投资活力、消费升级和产业结构转型升级路径影响经济韧性，并且在空间溢出效应的影响路径中只有投资活力路径依然成立，由此可见，投资活力对于数字经济与经济韧性之间关系所起到的重要传导作用。社会资本投资是中国投资活力的重要组成部分，并且社会资本在数字经济领域的投资方式主要是以创业投资、风险投资等股权投资形式进行的。而中国正式引进风险投资至今尚不足四十年，还没有步入成熟、稳定的发展阶段，目前所形成的北上深等风险投资集聚地域与世界闻名的硅谷（Silicon Valley）等地域相比还存在一定的发展空间，在经济新常态与创新驱动发展战略的指引下，促进中国风险投资的发展将有利于寻找经济发展新动能并达成经济提质增效发展要求，构建具备强劲韧性的经济体系。

从国家层面来看，首先，风险投资作为社会资本投资的具体形式，也是数字经济强化经济韧性的重要传导路径，国家应进一步出台能够帮助风险投资领域发展的有关政策与法律法规，营造能够帮助风险投资领域发展的内外部大环境，以此激发投资活力。根据2017年财政部和国家税务总局共同颁布的相关规定，风险投资行业可以在满足相关要求的前提下减免或抵扣部分企业所得税，但根据发达国家的风险投资行业惯例，制约其发展的主要问题在于高昂的个人所得税，若出台相应法规标明在满足特定条件的前提下可以减免或抵扣部分个人所得税，将有利于社会资金和个人投资者融入风险投资领域之中，加速该行业的繁荣发展。其次，中国目前的风险投资机构中有很多属于政府引导基金，地方政府在出资的同时对其未来投资地域的要求也很明确，而专注于当地发展的引导基金基于非营利性与政府背景的加持，将更容易产生寻租行为和专业人才流失的情况。因此，国家有必要对政府引导基金加强监管，引领其回归资助新兴科技领域发展的风险投资轨道。最后，风险投资领域一直以来都非常重视退出问题，必须为其解决后顾之忧方才可以推动风险投资领域的长久发展。目前中国的资本市场结构还有待改善，虽然拥有创业板、新三板和科创板等路径服务于创新型企业上市，但相较于风险投资资助的大量创新型中小企业，上市机会依旧渺茫。为了使风险投资可以在中国发挥更大的效力，服务于构建有韧性的经济系统，应进一步完善资本市场结构，稳步扩大科创板注册制试点应用范围，着力扶持创业活跃地区的区域性股权交易中心建设，深化金融体系内部改革，提升中国整体风险投资活跃度和成功率。

从地方层面来看，东部地区的风险投资要起到“火车头”的带动作用，为相对滞后的中部和西部地区的风险投资发展提质增效。首先，风险投资因涉及诸多新兴领域必须对专业人才资质严格把关，风险投资家必须兼具资深的从业经历与扎实的专业技能，善于以发展的眼光挑选具备高度不确定性的优质投资项目。因此，促进风险投资领域专业人才的培养和积累对于筛除劣质投资项目并提升投资成功率至关重要，以北上深为代表的中国风险投资发达地区要加强与世界知名风险投资中心的人才交流与经验学习，而中部和西部地区应优化人才政策，吸引国内外优秀人才，为构建新的风险投资集聚地服务。其次，为了带动内陆地区的风险投资发展，中国各级地方政府之间应积极配合构建协调机制与合作范式，在一定程度上分散北上深等风险投资中心的资本，营造多核心的风险投资网络布局，改善创新产出不均衡的困局。最后，中国各地方政府应立足当地构建风险投资服务体系，基于风险投资地区异质性特点，政府调控和引导风险投资不应一概而论，要因地制宜切实解决风险投资运营时期出现的实际困难，尤其是目前风险投资发展滞后的中西部大多数城市，若要投资活力传导路径在构建有韧性的经济系统时发挥重要的中介作用，就要为风险投资的发展构建全面的帮扶体系，致力于未来中国多核心风险投资网络布局的形成。

8.2.4 重视人才保障创新

数字经济的发展有赖于数字技术的进步，数字技术使信息获取成本大幅下降，市场的反馈能力增强，在更具透明性的市场环境中可以强化创新活动的竞争意识，提高创新效果的同时还能够降低创新成本，而持续的技术创新也产生了许多新的经济增长点，持续发展新动能代表了经济体强劲的转型能力，可以有效化解经济内生冲击中的新旧动能转换问题，并在发生严重的外生冲击时依据经济发展新路径高效复苏、持续发展，体现出高水平的经济韧性。但是保障创新实际上更需要保障人才，因为创新驱动是由人才来具体实施的。在市场经济环境下，自然条件和薪酬待遇优渥的地区必然聚集更多的人才，而地区竞争力取决于产业竞争的综合实力，产业竞争综合实力是其内部企业竞争实力的具体体现，企业竞争实力实质上是由人才决定的，这说明地区竞争力归根结底是由在该地区工作的人才的竞争力汇聚而成的。在数字经济时代，各类型人才的具体信息能够得到更为充分的挖掘，因此有条件施行更具特色的因才施政战略计划，根据创新人才、技术人才、管理人才和储备人才等的具体特点提供精准服务和事业支持，并且盘活人才储量和扩大人才增量要做到齐头并进，吸引人才在态度和优惠政策的制定上要体现出真诚和善意，具体可在工资待遇、科研启动资金、职称职级和医疗保障等方面提供配套政策。重视人才的同时，激发科学研究和技术创新的奖惩机制应进一步优化，着力改善科技创新体制、加强产学研协作解决实际问题的能力、给予高新技术企业优惠的税收并增加科教投入。如此，将在国家层面形成集中力量在数字经济发展的核心技术领域争当先行者的发展态势，由技术追随者向技术引领者转变。同时，地区竞争力的改善会步入良性循环，高水平人才将不断涌入，创新能力从而得到了保障。对于人才，既要重视也要让其发挥应有的作用，推动创新成果的转化，地方政府应支持地方高校和科研院所围绕数字经济相关领域开展科研攻关，集中力量突破尚未掌握的“卡脖子”技术，助力数字经济发展，并提高其强化经济韧性的效果。

8.2.5　持续优化制度环境

由于数字经济的发展时间尚短，规范性政策和强有力的监管体系还不太健全，故数字经济领域的运行有时不太规范，阻碍了良性发展道路，也影响了强化经济韧性的效果。因此，政府部门应加强顶层设计，制定规范性政策措施，加强相关行业监管，为数字经济的发展提供良好的制度环境。首先，构建数字经济相关领域的监管体系和法律体系，制定规范性政策框架。发展数字经济是一项系统工作，涉及经济生活的诸多领域，因此需要全面统筹数字经济的发展程度，依据中国的国情加强顶层设计，包括出台有助于数字经济发展的指导意见，根据数字经济信息化程度高、人们参与程度高和市场反应快等特点制定相关法律法规，为数字经济的发展打好制度基础。其次，促进社会信用体系建设，提高社会信任水平。数字经济时代，数字金融市场较为发达和便捷，在依法依规的前提下借贷双方的信用信息极具价值，这也是数字金融良性发展和可持续发展的重要依据和基础，社会信任水平的提高对于数字金融的发展至关重要，也是良好的非正式制度环境的重要代表，而提高社会信任水平与社会信用体系建设密切相关。建设社会信用体系可以通过数字技术搜集个人和企业的相关数据，使数字金融企业准确掌握个人和企业的信用状况，从而准确研判借贷风险并为金融产品提供参考价格，信用数据不仅要应用于数字金融领域，还要扩大使用范围，通过适当途径拓展至地区范围内的个人生活和企业经营的过程中，鼓励守信的同时严惩失信行为，以此营造良好的社会信任水平。再次，严惩不法经营等行为，打造公平公正的制度环境。近年来中国移动互联网覆盖率的提高推动了移动互联网用户数量的激增，为数字经济的发展提供了更多的消费者，但是一些不法经营行为却阻碍了数字经济的发展势头，甚至形成很多新的商业乱象，对数字经济的发展和经济韧性的提升都产生很严重的负面影响。因此，国家必须规范行业行为，严惩不法经营活动。其可以通过数字技术发现并制止网络诈骗行为，及时冻结赃款以保障人民群众的财产安全，还可以通过政府审计等方式加强事前和事中的监管，严惩并取缔违法从事数字金融业务的行为。最后，还要提高市场化水平。市场是通过价格机制来配置社会资源的，无论是新产品还是新技术只有符合市场的需求才能盈利，不符合市场需求则会导致亏损甚至破产，这是市场竞争的自然过程。政府作为第三方要对自己进行正确的定位，政府主导性过强则导致资源浪费和投资失误的概率上升，政府的主要工作在于保护知识产权不受侵犯和维护市场的正常秩序，营造出尊重知识产权和创新的良好制度环境，以此促进数字经济的发展并提高经济韧性。

8.2.6 助力城市群协同发展

数字经济与经济韧性之间存在显著的空间溢出效应表明，在数字经济时代城市与城市之间的经济联系更为密切，而在中国内地城市范围内中心城市的数字经济发展水平普遍高于外围城市，东部地区城市整体水平高于中西部地区城市，并且已经初步形成了一些较为典型的数字经济发展中心，它们在地区经济发展的过程中起到重要的带动作用，可以说是地区经济的增长极。同时，城市作为重要的要素集聚区和经济辐射原点，也代表着人类社会发展的先进性。中国应积极探索新型城市化发展道路，以中心城市或数字经济发展中心为核心地区积极推动城市群建设。城市群是中国新型城市化建设的主体形态和重点方向，其不但可以支撑全国宏观经济的发展，还有利于促进区域协调发展，强化我国中心城市在全球范围内的竞争力。在经济韧性方面，城市群建设使城市间的发展协同联动，经济要素与经济活动的流通更为顺畅，有利于增强发展数字经济的空间溢出效应，并且中心城市所起到的增长极作用进一步扩散。此外，当经济冲击来临之时，每个城市单独应对冲击所需的经济韧性要求较高、风险也比较大，但城市群建设所形成的合力可以形成风险共担的局面，使城市群内部城市之间的要素充分流动，实现资源配置的优化，形成更强的集聚效应和溢出效应，从而缓解经济韧性较差城市由于自身原因所需面对的困难，有助于整体经济韧性水平的提高。因此，积极推动城市群建设与合理定位，改善城市群内部城市之间的定位冲突与矛盾，营造出合理竞争、并肩前行的良好氛围，将有利于中国城市层面经济韧性的整体提升。具体而言，可在发展数字经济和推进新型基础设施建设的同时重新规划产业布局，根据城市层次和比较优势选择新兴产业定位和城市功能定位，合理延伸产业链条的同时在城市群内部形成产业链闭环，积极打造数字化产业集群和现代化产业体系，形成城市群协同发展的新局面。

8.3 研究不足与展望

本书尚存在如下不足之处，需要在未来的研究中继续探讨与改进：

第一，中国的数字经济近年来发展迅猛，但相关的统计工作尚处于起步阶段，可以用来表示数字经济发展程度的产业数字化与数字产业化的有关数据较为匮乏，在城市层面展开论文的研究工作时，鉴于数据的可得性以及统计口径的一致性，无法将中国内地的全部地级及以上城市纳入本书的研究范畴之中，最终选定 285 个地级及以上城市为研究样本，并在数字经济的测算过程中参考现有的主流数字经济指标体系，最终选用了互联网用户数及相关从业人员数、移动电话数、电信业务总量等可获取的公开数据，其中还包括北京大学数字金融研究中心所编制的中国数字普惠金融发展指数，其所提供数据的最初年份为 2011 年，所以本书在指数测算以及后续实证分析过程中所选用的回归数据的起始年份均设定为 2011 年，尽管本研究测算的数字经济发展指数可以在一定程度上体现部分城市的数字经济发展水平，但受限于起始年份较晚和并非全样本分析等原因无法全面客观地反映中国数字经济发展水平。随着相关研究的深入和数据资料的充实，未来还可构建更为客观合理的数字经济测算指标体系。

第二，经济韧性在中国学术界尚属于新兴概念，相关研究也大多处于起步阶段，甚至其定义、内涵、特征和形成机理等内容都尚处于讨论阶段并没有权威的界定。在本书的实证研究中，受制于现有的分析方法与数据，在对中国城市层面的经济韧性构建指标体系时仍不够全面，城市层面数据的样本量相对较大，新近年份的数据部分缺失便可能导致难以做到研究样本的同步更新，在指标权重问题的处理上，虽然借鉴现有文献的通常做法采用客观赋值权重的熵值法进行，但指标权重的确立依然存在一定局限，经济韧性指标体系仍需改进。

第三，政府治理是制度环境的重要组成部分，在面临自然灾害、公共卫生和暴力恐怖袭击事件等突发状况时，政府治理能力将在很大程度上影响最终经济损失和经济恢复能力，本书在制度环境指标的选取中，虽包括政府主导性和信息透明度等涉及政府部门的正式制度环境，但无法体现政府部门在制度环境中应急管理能力的作用。地方行政系统的应急管理能力对于本地的经济体系起到重要的保护作用，但也受到执政人员能力、性格特征以及突发事件随机性的干扰而不具备稳定性，因故未将其纳入制度环境的指标体系之中，随着相关研究的深入，未来在研究制度环境相关内容时可考虑合理量化地方行政系统的应急管理能力，进一步丰富经济韧性的外部环境因素研究。

附　　录

附表 A1　　　35 个中心城市 2011—2019 年经济韧性指数

城市	2011 年	2012 年	2013 年	2014 年	2015 年	2016 年	2017 年	2018 年	2019 年	平均值
北京市	0.580	0.594	0.605	0.603	0.602	0.598	0.584	0.603	0.612	0.598
天津市	0.507	0.504	0.520	0.521	0.518	0.512	0.512	0.525	0.520	0.516
上海市	0.533	0.542	0.540	0.536	0.545	0.555	0.551	0.555	0.557	0.546
重庆市	0.458	0.470	0.473	0.480	0.481	0.479	0.477	0.475	0.480	0.475
成都市	0.512	0.514	0.518	0.524	0.528	0.522	0.519	0.513	0.526	0.520
大连市	0.503	0.507	0.506	0.503	0.512	0.524	0.522	0.529	0.535	0.516
福州市	0.521	0.528	0.533	0.535	0.530	0.529	0.528	0.537	0.535	0.531
广州市	0.559	0.567	0.582	0.575	0.583	0.583	0.587	0.583	0.586	0.578
贵阳市	0.501	0.519	0.526	0.524	0.536	0.526	0.514	0.529	0.528	0.523
哈尔滨市	0.500	0.498	0.505	0.502	0.508	0.507	0.491	0.503	0.505	0.502
海口市	0.543	0.543	0.556	0.576	0.587	0.590	0.597	0.568	0.563	0.569
杭州市	0.540	0.547	0.555	0.553	0.558	0.559	0.560	0.565	0.571	0.556
合肥市	0.502	0.509	0.513	0.520	0.526	0.525	0.529	0.536	0.544	0.523
呼和浩特市	0.498	0.508	0.508	0.513	0.516	0.517	0.502	0.514	0.514	0.510
济南市	0.531	0.541	0.557	0.564	0.568	0.570	0.554	0.552	0.546	0.554
昆明市	0.487	0.513	0.506	0.509	0.511	0.516	0.516	0.523	0.530	0.512
兰州市	0.516	0.530	0.541	0.545	0.556	0.560	0.555	0.551	0.551	0.545
南昌市	0.507	0.511	0.517	0.532	0.529	0.529	0.524	0.531	0.538	0.524
南京市	0.546	0.545	0.559	0.562	0.568	0.570	0.571	0.573	0.582	0.564
南宁市	0.513	0.513	0.531	0.522	0.525	0.525	0.525	0.541	0.540	0.526
宁波市	0.517	0.529	0.535	0.533	0.534	0.537	0.542	0.543	0.552	0.536
青岛市	0.515	0.520	0.522	0.524	0.528	0.530	0.534	0.543	0.547	0.529
厦门市	0.559	0.566	0.577	0.576	0.573	0.569	0.578	0.581	0.580	0.573

续表

城市	2011 年	2012 年	2013 年	2014 年	2015 年	2016 年	2017 年	2018 年	2019 年	平均值
深圳市	0.601	0.604	0.644	0.611	0.612	0.590	0.603	0.606	0.599	0.608
沈阳市	0.507	0.510	0.511	0.515	0.513	0.512	0.518	0.516	0.516	0.513
石家庄市	0.487	0.483	0.507	0.507	0.513	0.513	0.506	0.517	0.521	0.506
太原市	0.507	0.516	0.517	0.527	0.526	0.533	0.528	0.541	0.541	0.526
乌鲁木齐市	0.525	0.532	0.538	0.548	0.558	0.560	0.565	0.566	0.576	0.552
武汉市	0.525	0.534	0.563	0.547	0.550	0.549	0.548	0.554	0.553	0.547
西安市	0.517	0.524	0.531	0.531	0.537	0.539	0.531	0.516	0.533	0.529
西宁市	0.490	0.513	0.488	0.498	0.497	0.501	0.495	0.504	0.512	0.500
银川市	0.485	0.491	0.501	0.505	0.504	0.513	0.489	0.485	0.490	0.496
长春市	0.499	0.494	0.500	0.497	0.494	0.499	0.499	0.510	0.515	0.501
长沙市	0.520	0.522	0.524	0.529	0.535	0.538	0.526	0.540	0.537	0.530
郑州市	0.499	0.504	0.519	0.533	0.539	0.541	0.548	0.542	0.548	0.530

资料来源：国家统计局发布的《中国城市统计年鉴》，WIND、EPS、CNRDS 和中经网数据库等，作者对其进行了整理和分析。

附表 A2　　外围城市 2011—2019 年经济韧性指数

城市	2011 年	2012 年	2013 年	2014 年	2015 年	2016 年	2017 年	2018 年	2019 年	平均值
安庆市	0.470	0.474	0.472	0.479	0.488	0.494	0.494	0.488	0.495	0.484
蚌埠市	0.482	0.487	0.489	0.499	0.496	0.498	0.492	0.498	0.505	0.494
亳州市	0.467	0.471	0.474	0.471	0.476	0.485	0.481	0.486	0.494	0.478
池州市	0.466	0.473	0.482	0.476	0.494	0.486	0.486	0.490	0.495	0.483
滁州市	0.471	0.476	0.479	0.480	0.484	0.485	0.487	0.486	0.496	0.483
阜阳市	0.478	0.488	0.489	0.490	0.499	0.497	0.498	0.488	0.495	0.491
合肥市	0.502	0.509	0.513	0.520	0.526	0.525	0.529	0.536	0.544	0.523
淮北市	0.422	0.429	0.439	0.445	0.438	0.444	0.457	0.470	0.480	0.447
淮南市	0.449	0.447	0.456	0.455	0.465	0.466	0.469	0.467	0.477	0.461
黄山市	0.468	0.472	0.477	0.477	0.485	0.490	0.496	0.506	0.508	0.486
六安市	0.469	0.469	0.473	0.471	0.474	0.465	0.492	0.495	0.498	0.478
马鞍山市	0.465	0.473	0.475	0.463	0.488	0.480	0.484	0.489	0.495	0.479
宿州市	0.442	0.445	0.453	0.462	0.475	0.485	0.485	0.485	0.489	0.469
铜陵市	0.475	0.488	0.495	0.503	0.506	0.498	0.501	0.492	0.499	0.495
芜湖市	0.475	0.486	0.498	0.500	0.500	0.511	0.505	0.507	0.510	0.499

续附表

城市	2011 年	2012 年	2013 年	2014 年	2015 年	2016 年	2017 年	2018 年	2019 年	平均值
宣城市	0.480	0.472	0.480	0.479	0.486	0.484	0.489	0.485	0.491	0.483
北京市	0.580	0.594	0.605	0.603	0.602	0.598	0.584	0.603	0.612	0.598
福州市	0.521	0.528	0.533	0.535	0.530	0.529	0.528	0.537	0.535	0.531
龙岩市	0.488	0.488	0.491	0.502	0.502	0.505	0.505	0.512	0.510	0.500
南平市	0.474	0.485	0.484	0.482	0.475	0.490	0.489	0.499	0.500	0.486
宁德市	0.482	0.497	0.503	0.506	0.490	0.488	0.481	0.487	0.486	0.491
莆田市	0.494	0.503	0.506	0.512	0.500	0.500	0.498	0.508	0.507	0.503
泉州市	0.500	0.508	0.518	0.520	0.516	0.518	0.520	0.530	0.524	0.517
三明市	0.471	0.488	0.496	0.503	0.496	0.500	0.497	0.502	0.498	0.495
厦门市	0.559	0.566	0.577	0.576	0.573	0.569	0.578	0.581	0.580	0.573
漳州市	0.491	0.496	0.501	0.510	0.505	0.507	0.507	0.512	0.508	0.504
白银市	0.404	0.426	0.453	0.449	0.456	0.469	0.471	0.472	0.475	0.453
定西市	0.472	0.483	0.478	0.483	0.487	0.498	0.484	0.495	0.498	0.486
嘉峪关市	0.437	0.444	0.441	0.439	0.462	0.454	0.487	0.474	0.472	0.457
金昌市	0.406	0.420	0.422	0.417	0.408	0.448	0.436	0.442	0.454	0.428
酒泉市	0.460	0.469	0.465	0.467	0.488	0.478	0.472	0.477	0.465	0.471
兰州市	0.516	0.530	0.541	0.545	0.556	0.560	0.555	0.551	0.551	0.545
陇南市	0.469	0.471	0.476	0.475	0.471	0.477	0.455	0.458	0.441	0.466
平凉市	0.423	0.438	0.452	0.469	0.475	0.482	0.474	0.478	0.475	0.463
庆阳市	0.477	0.450	0.477	0.478	0.480	0.485	0.475	0.476	0.472	0.474
天水市	0.476	0.480	0.484	0.486	0.488	0.485	0.482	0.482	0.483	0.483
武威市	0.466	0.473	0.468	0.466	0.478	0.511	0.472	0.479	0.488	0.478
张掖市	0.451	0.467	0.472	0.475	0.478	0.489	0.487	0.493	0.495	0.479
潮州市	0.489	0.492	0.494	0.490	0.503	0.496	0.497	0.494	0.495	0.494
东莞市	0.558	0.563	0.590	0.570	0.583	0.591	0.606	0.609	0.601	0.586
佛山市	0.515	0.516	0.528	0.527	0.519	0.531	0.543	0.549	0.550	0.531
广州市	0.559	0.567	0.582	0.575	0.583	0.583	0.587	0.583	0.586	0.578
河源市	0.465	0.452	0.466	0.471	0.498	0.513	0.491	0.491	0.498	0.483
惠州市	0.502	0.516	0.525	0.528	0.528	0.533	0.531	0.519	0.524	0.523
江门市	0.494	0.496	0.504	0.504	0.507	0.515	0.518	0.517	0.517	0.508
揭阳市	0.482	0.483	0.490	0.490	0.490	0.470	0.469	0.471	0.473	0.480

续附表

城市	2011 年	2012 年	2013 年	2014 年	2015 年	2016 年	2017 年	2018 年	2019 年	平均值
茂名市	0.488	0.486	0.498	0.504	0.504	0.506	0.504	0.506	0.509	0.501
梅州市	0.486	0.495	0.495	0.496	0.506	0.510	0.502	0.503	0.502	0.499
清远市	0.482	0.488	0.501	0.499	0.498	0.520	0.505	0.505	0.506	0.500
汕头市	0.487	0.494	0.499	0.529	0.498	0.502	0.501	0.499	0.502	0.501
汕尾市	0.488	0.490	0.506	0.500	0.496	0.495	0.492	0.496	0.500	0.496
韶关市	0.483	0.475	0.486	0.493	0.500	0.503	0.487	0.494	0.494	0.491
深圳市	0.601	0.604	0.644	0.611	0.612	0.590	0.603	0.606	0.599	0.608
阳江市	0.496	0.490	0.501	0.501	0.507	0.495	0.488	0.495	0.503	0.497
云浮市	0.478	0.476	0.488	0.496	0.490	0.486	0.490	0.498	0.502	0.489
湛江市	0.495	0.494	0.499	0.498	0.495	0.500	0.504	0.508	0.507	0.500
肇庆市	0.490	0.495	0.478	0.487	0.490	0.483	0.483	0.507	0.504	0.491
中山市	0.540	0.538	0.542	0.540	0.554	0.556	0.566	0.568	0.565	0.552
珠海市	0.574	0.578	0.589	0.586	0.583	0.587	0.594	0.593	0.601	0.587
百色市	0.437	0.450	0.456	0.451	0.453	0.459	0.443	0.451	0.455	0.451
北海市	0.464	0.479	0.484	0.486	0.471	0.463	0.510	0.523	0.519	0.489
崇左市	0.478	0.486	0.496	0.501	0.507	0.492	0.486	0.496	0.514	0.495
防城港市	0.494	0.503	0.506	0.507	0.509	0.508	0.512	0.516	0.515	0.508
贵港市	0.463	0.472	0.492	0.498	0.503	0.500	0.490	0.500	0.496	0.490
桂林市	0.480	0.486	0.491	0.496	0.493	0.498	0.495	0.511	0.512	0.496
河池市	0.429	0.431	0.451	0.465	0.474	0.485	0.459	0.471	0.480	0.461
贺州市	0.449	0.461	0.472	0.487	0.486	0.489	0.483	0.492	0.484	0.478
来宾市	0.448	0.446	0.466	0.472	0.463	0.473	0.476	0.478	0.479	0.467
柳州市	0.473	0.473	0.484	0.496	0.496	0.498	0.500	0.501	0.500	0.491
南宁市	0.513	0.513	0.531	0.522	0.525	0.525	0.525	0.541	0.540	0.526
钦州市	0.514	0.483	0.491	0.488	0.498	0.496	0.492	0.501	0.499	0.496
梧州市	0.459	0.473	0.486	0.493	0.484	0.488	0.477	0.488	0.495	0.482
玉林市	0.458	0.480	0.491	0.484	0.492	0.491	0.501	0.479	0.502	0.487
安顺市	0.452	0.458	0.465	0.484	0.508	0.499	0.488	0.495	0.487	0.482
贵阳市	0.501	0.519	0.526	0.524	0.536	0.526	0.514	0.529	0.528	0.523
六盘水市	0.394	0.412	0.416	0.428	0.439	0.453	0.453	0.466	0.466	0.436
遵义市	0.480	0.479	0.487	0.493	0.481	0.482	0.481	0.485	0.488	0.484

续附表

城市	2011 年	2012 年	2013 年	2014 年	2015 年	2016 年	2017 年	2018 年	2019 年	平均值
海口市	0. 543	0. 543	0. 556	0. 576	0. 587	0. 590	0. 597	0. 568	0. 563	0. 569
三亚市	0. 539	0. 544	0. 553	0. 553	0. 572	0. 566	0. 568	0. 565	0. 574	0. 559
保定市	0. 454	0. 461	0. 481	0. 481	0. 485	0. 491	0. 458	0. 479	0. 490	0. 475
沧州市	0. 466	0. 466	0. 488	0. 498	0. 492	0. 480	0. 486	0. 500	0. 505	0. 487
承德市	0. 435	0. 440	0. 443	0. 449	0. 457	0. 456	0. 448	0. 461	0. 466	0. 450
邯郸市	0. 459	0. 456	0. 478	0. 480	0. 482	0. 474	0. 471	0. 475	0. 478	0. 473
衡水市	0. 462	0. 459	0. 485	0. 496	0. 480	0. 485	0. 483	0. 485	0. 492	0. 481
廊坊市	0. 487	0. 490	0. 507	0. 522	0. 520	0. 520	0. 509	0. 519	0. 520	0. 510
秦皇岛市	0. 468	0. 479	0. 484	0. 494	0. 495	0. 508	0. 514	0. 506	0. 500	0. 494
石家庄市	0. 487	0. 483	0. 507	0. 507	0. 513	0. 513	0. 506	0. 517	0. 521	0. 506
唐山市	0. 460	0. 471	0. 468	0. 469	0. 468	0. 473	0. 473	0. 487	0. 484	0. 473
邢台市	0. 461	0. 455	0. 477	0. 478	0. 489	0. 480	0. 477	0. 486	0. 488	0. 477
张家口市	0. 433	0. 441	0. 445	0. 452	0. 463	0. 467	0. 460	0. 467	0. 470	0. 455
安阳市	0. 475	0. 462	0. 475	0. 479	0. 483	0. 492	0. 469	0. 483	0. 481	0. 478
鹤壁市	0. 431	0. 445	0. 459	0. 460	0. 463	0. 467	0. 468	0. 472	0. 474	0. 460
焦作市	0. 444	0. 446	0. 454	0. 462	0. 468	0. 473	0. 474	0. 479	0. 481	0. 465
开封市	0. 480	0. 482	0. 503	0. 504	0. 494	0. 501	0. 489	0. 495	0. 496	0. 494
洛阳市	0. 450	0. 455	0. 467	0. 475	0. 475	0. 473	0. 480	0. 487	0. 491	0. 473
漯河市	0. 454	0. 462	0. 466	0. 474	0. 477	0. 476	0. 479	0. 487	0. 494	0. 474
南阳市	0. 466	0. 461	0. 464	0. 469	0. 478	0. 475	0. 486	0. 484	0. 485	0. 474
平顶山市	0. 450	0. 456	0. 466	0. 470	0. 470	0. 477	0. 471	0. 470	0. 467	0. 466
濮阳市	0. 451	0. 453	0. 466	0. 469	0. 476	0. 480	0. 475	0. 481	0. 480	0. 470
三门峡市	0. 419	0. 420	0. 423	0. 429	0. 430	0. 438	0. 440	0. 451	0. 462	0. 435
商丘市	0. 463	0. 470	0. 471	0. 476	0. 478	0. 478	0. 482	0. 486	0. 493	0. 477
新乡市	0. 473	0. 476	0. 480	0. 483	0. 487	0. 481	0. 484	0. 450	0. 485	0. 478
信阳市	0. 477	0. 473	0. 490	0. 484	0. 496	0. 483	0. 487	0. 472	0. 474	0. 482
许昌市	0. 469	0. 471	0. 477	0. 488	0. 490	0. 488	0. 479	0. 487	0. 488	0. 482
郑州市	0. 499	0. 504	0. 519	0. 533	0. 539	0. 541	0. 548	0. 542	0. 548	0. 530
周口市	0. 467	0. 472	0. 477	0. 477	0. 484	0. 480	0. 476	0. 480	0. 477	0. 477
驻马店市	0. 468	0. 477	0. 482	0. 486	0. 486	0. 489	0. 479	0. 484	0. 485	0. 482
大庆市	0. 474	0. 476	0. 480	0. 496	0. 496	0. 471	0. 455	0. 464	0. 479	0. 477

续附表

城市	2011 年	2012 年	2013 年	2014 年	2015 年	2016 年	2017 年	2018 年	2019 年	平均值
哈尔滨市	0.500	0.498	0.505	0.502	0.508	0.507	0.491	0.503	0.505	0.502
鹤岗市	0.439	0.443	0.440	0.444	0.451	0.448	0.443	0.448	0.448	0.445
黑河市	0.499	0.492	0.493	0.491	0.492	0.443	0.432	0.443	0.448	0.470
鸡西市	0.458	0.463	0.450	0.464	0.465	0.459	0.436	0.441	0.443	0.453
佳木斯市	0.478	0.481	0.482	0.482	0.465	0.468	0.464	0.470	0.476	0.474
牡丹江市	0.489	0.491	0.498	0.473	0.485	0.490	0.469	0.472	0.493	0.484
七台河市	0.412	0.418	0.412	0.421	0.422	0.427	0.426	0.437	0.429	0.422
齐齐哈尔市	0.477	0.466	0.469	0.472	0.472	0.461	0.459	0.477	0.474	0.470
双鸭山市	0.441	0.419	0.437	0.455	0.477	0.472	0.446	0.431	0.462	0.449
绥化市	0.479	0.480	0.471	0.472	0.471	0.479	0.459	0.467	0.482	0.473
伊春市	0.443	0.452	0.449	0.452	0.446	0.448	0.416	0.422	0.431	0.440
鄂州市	0.466	0.465	0.471	0.473	0.490	0.492	0.493	0.493	0.495	0.482
黄冈市	0.477	0.480	0.494	0.501	0.492	0.485	0.489	0.495	0.492	0.490
黄石市	0.453	0.462	0.478	0.488	0.490	0.492	0.492	0.486	0.483	0.481
荆门市	0.458	0.464	0.468	0.471	0.482	0.471	0.463	0.457	0.456	0.466
荆州市	0.458	0.466	0.446	0.457	0.463	0.478	0.469	0.473	0.470	0.464
十堰市	0.472	0.457	0.461	0.462	0.475	0.478	0.477	0.486	0.490	0.473
随州市	0.486	0.486	0.492	0.496	0.498	0.497	0.484	0.496	0.497	0.492
武汉市	0.525	0.534	0.563	0.547	0.550	0.549	0.548	0.554	0.553	0.547
咸宁市	0.472	0.461	0.472	0.480	0.474	0.506	0.495	0.493	0.496	0.483
襄阳市	0.472	0.474	0.477	0.487	0.493	0.472	0.468	0.476	0.484	0.478
孝感市	0.466	0.468	0.460	0.466	0.474	0.471	0.467	0.473	0.480	0.469
宜昌市	0.453	0.460	0.467	0.482	0.471	0.472	0.465	0.475	0.485	0.470
常德市	0.476	0.486	0.488	0.478	0.486	0.486	0.483	0.494	0.493	0.486
郴州市	0.450	0.448	0.448	0.458	0.461	0.471	0.466	0.470	0.470	0.460
衡阳市	0.472	0.470	0.469	0.486	0.485	0.488	0.473	0.487	0.486	0.479
怀化市	0.442	0.457	0.455	0.476	0.462	0.469	0.480	0.491	0.500	0.470
娄底市	0.450	0.463	0.458	0.460	0.464	0.467	0.462	0.478	0.485	0.465
邵阳市	0.479	0.473	0.470	0.476	0.485	0.481	0.472	0.494	0.493	0.480
湘潭市	0.480	0.487	0.482	0.503	0.497	0.504	0.499	0.505	0.493	0.494
益阳市	0.464	0.478	0.474	0.476	0.480	0.482	0.473	0.487	0.487	0.478

续附表

城市	2011 年	2012 年	2013 年	2014 年	2015 年	2016 年	2017 年	2018 年	2019 年	平均值
永州市	0.503	0.472	0.470	0.482	0.474	0.476	0.470	0.471	0.476	0.477
岳阳市	0.468	0.474	0.474	0.476	0.501	0.494	0.485	0.481	0.488	0.482
张家界市	0.478	0.490	0.486	0.488	0.489	0.496	0.491	0.501	0.500	0.491
长沙市	0.520	0.522	0.524	0.529	0.535	0.538	0.526	0.540	0.537	0.530
株洲市	0.484	0.493	0.490	0.497	0.508	0.509	0.493	0.505	0.505	0.498
白城市	0.464	0.465	0.474	0.467	0.459	0.474	0.421	0.469	0.484	0.464
白山市	0.430	0.430	0.441	0.437	0.434	0.456	0.433	0.449	0.458	0.441
吉林市	0.453	0.459	0.475	0.477	0.466	0.463	0.447	0.470	0.468	0.464
辽源市	0.431	0.446	0.455	0.449	0.449	0.460	0.442	0.463	0.472	0.452
四平市	0.467	0.474	0.475	0.472	0.472	0.479	0.454	0.460	0.489	0.471
松原市	0.459	0.463	0.456	0.455	0.453	0.447	0.440	0.465	0.466	0.456
通化市	0.455	0.460	0.471	0.473	0.470	0.470	0.454	0.473	0.478	0.467
长春市	0.499	0.494	0.500	0.497	0.494	0.499	0.499	0.510	0.515	0.501
常州市	0.511	0.519	0.530	0.536	0.539	0.540	0.541	0.545	0.546	0.534
淮安市	0.491	0.497	0.509	0.513	0.512	0.505	0.496	0.506	0.508	0.504
连云港市	0.493	0.504	0.509	0.508	0.512	0.508	0.507	0.512	0.511	0.507
南京市	0.546	0.545	0.559	0.562	0.568	0.570	0.571	0.573	0.582	0.564
南通市	0.502	0.507	0.516	0.520	0.523	0.523	0.520	0.519	0.513	0.516
苏州市	0.544	0.553	0.568	0.558	0.559	0.557	0.563	0.567	0.567	0.560
宿迁市	0.499	0.506	0.513	0.513	0.513	0.508	0.497	0.493	0.502	0.505
泰州市	0.494	0.496	0.501	0.507	0.511	0.514	0.510	0.510	0.509	0.506
无锡市	0.523	0.533	0.539	0.539	0.541	0.545	0.544	0.546	0.553	0.540
徐州市	0.481	0.495	0.507	0.512	0.510	0.514	0.507	0.512	0.511	0.505
盐城市	0.492	0.490	0.494	0.507	0.511	0.510	0.502	0.507	0.507	0.502
扬州市	0.490	0.495	0.505	0.510	0.516	0.516	0.514	0.515	0.513	0.508
镇江市	0.505	0.510	0.513	0.528	0.529	0.528	0.524	0.529	0.528	0.522
抚州市	0.473	0.485	0.492	0.500	0.496	0.500	0.493	0.495	0.492	0.492
赣州市	0.466	0.477	0.475	0.498	0.489	0.488	0.488	0.498	0.501	0.487
吉安市	0.474	0.479	0.489	0.512	0.492	0.490	0.482	0.494	0.493	0.489
景德镇市	0.484	0.482	0.475	0.477	0.484	0.492	0.485	0.498	0.491	0.485
九江市	0.465	0.455	0.460	0.474	0.473	0.478	0.472	0.479	0.497	0.473

续附表

城市	2011 年	2012 年	2013 年	2014 年	2015 年	2016 年	2017 年	2018 年	2019 年	平均值
南昌市	0.507	0.511	0.517	0.532	0.529	0.529	0.524	0.531	0.538	0.524
萍乡市	0.447	0.458	0.470	0.483	0.476	0.470	0.455	0.495	0.493	0.472
上饶市	0.443	0.449	0.452	0.467	0.454	0.453	0.449	0.454	0.492	0.457
新余市	0.472	0.480	0.487	0.491	0.494	0.502	0.495	0.496	0.499	0.491
宜春市	0.470	0.473	0.479	0.496	0.489	0.478	0.488	0.498	0.495	0.485
鹰潭市	0.489	0.492	0.488	0.498	0.495	0.498	0.491	0.503	0.505	0.496
鞍山市	0.463	0.458	0.458	0.454	0.451	0.459	0.467	0.457	0.458	0.458
本溪市	0.434	0.434	0.441	0.448	0.437	0.451	0.454	0.458	0.457	0.446
朝阳市	0.432	0.458	0.462	0.467	0.470	0.479	0.472	0.462	0.471	0.464
大连市	0.503	0.507	0.506	0.503	0.512	0.524	0.522	0.529	0.535	0.516
丹东市	0.438	0.443	0.481	0.484	0.471	0.489	0.476	0.479	0.451	0.468
抚顺市	0.443	0.444	0.450	0.457	0.460	0.445	0.439	0.446	0.451	0.449
阜新市	0.444	0.446	0.442	0.442	0.443	0.456	0.449	0.446	0.466	0.448
葫芦岛市	0.441	0.450	0.452	0.456	0.458	0.463	0.458	0.464	0.460	0.456
锦州市	0.474	0.477	0.483	0.483	0.481	0.490	0.475	0.485	0.456	0.478
辽阳市	0.478	0.469	0.469	0.450	0.441	0.442	0.452	0.458	0.456	0.457
盘锦市	0.446	0.468	0.463	0.473	0.475	0.466	0.473	0.477	0.474	0.468
沈阳市	0.507	0.510	0.511	0.515	0.513	0.512	0.518	0.516	0.516	0.513
铁岭市	0.449	0.454	0.453	0.452	0.445	0.452	0.436	0.430	0.433	0.445
营口市	0.473	0.485	0.485	0.484	0.491	0.488	0.486	0.495	0.490	0.486
巴彦淖尔市	0.417	0.417	0.453	0.460	0.453	0.450	0.445	0.461	0.461	0.446
包头市	0.493	0.478	0.481	0.498	0.495	0.488	0.471	0.478	0.482	0.485
赤峰市	0.423	0.429	0.440	0.439	0.447	0.453	0.442	0.460	0.465	0.444
鄂尔多斯市	0.482	0.481	0.476	0.472	0.495	0.484	0.467	0.479	0.481	0.480
呼和浩特市	0.498	0.508	0.508	0.513	0.516	0.517	0.502	0.514	0.514	0.510
呼伦贝尔市	0.464	0.457	0.450	0.456	0.458	0.459	0.452	0.446	0.445	0.454
通辽市	0.457	0.459	0.462	0.463	0.471	0.482	0.444	0.466	0.482	0.465
乌海市	0.410	0.423	0.437	0.445	0.477	0.483	0.476	0.470	0.463	0.454
乌兰察布市	0.415	0.428	0.429	0.464	0.456	0.456	0.425	0.450	0.424	0.439
固原市	0.464	0.474	0.489	0.482	0.474	0.484	0.482	0.474	0.474	0.477
石嘴山市	0.425	0.436	0.452	0.452	0.451	0.447	0.433	0.436	0.445	0.442

续附表

城市	2011 年	2012 年	2013 年	2014 年	2015 年	2016 年	2017 年	2018 年	2019 年	平均值
吴忠市	0.430	0.443	0.451	0.452	0.449	0.456	0.455	0.454	0.457	0.450
银川市	0.485	0.491	0.501	0.505	0.504	0.513	0.489	0.485	0.490	0.496
中卫市	0.426	0.446	0.444	0.450	0.462	0.458	0.446	0.434	0.451	0.446
西宁市	0.490	0.513	0.488	0.498	0.497	0.501	0.495	0.504	0.512	0.500
滨州市	0.490	0.456	0.500	0.507	0.500	0.492	0.497	0.496	0.502	0.493
德州市	0.484	0.483	0.497	0.505	0.499	0.501	0.499	0.501	0.504	0.497
东营市	0.482	0.484	0.493	0.501	0.497	0.505	0.508	0.508	0.509	0.499
菏泽市	0.478	0.483	0.488	0.510	0.491	0.494	0.488	0.484	0.492	0.490
济南市	0.531	0.541	0.557	0.564	0.568	0.570	0.554	0.552	0.546	0.554
济宁市	0.468	0.477	0.487	0.496	0.490	0.494	0.495	0.496	0.500	0.489
莱芜市①	0.479	0.470	0.479	0.487	0.487	0.494	0.501	0.496	0.496	0.487
聊城市	0.481	0.484	0.491	0.506	0.501	0.496	0.487	0.482	0.489	0.491
临沂市	0.486	0.487	0.494	0.511	0.504	0.507	0.506	0.507	0.506	0.501
青岛市	0.515	0.520	0.522	0.524	0.528	0.530	0.534	0.543	0.547	0.529
日照市	0.498	0.502	0.514	0.524	0.510	0.508	0.503	0.512	0.524	0.510
泰安市	0.483	0.484	0.494	0.498	0.500	0.503	0.499	0.503	0.507	0.497
威海市	0.501	0.507	0.517	0.524	0.524	0.532	0.528	0.537	0.537	0.523
潍坊市	0.492	0.499	0.513	0.492	0.516	0.519	0.521	0.520	0.524	0.511
烟台市	0.491	0.495	0.504	0.509	0.506	0.512	0.500	0.508	0.517	0.505
枣庄市	0.460	0.467	0.475	0.485	0.487	0.494	0.495	0.499	0.504	0.485
淄博市	0.489	0.498	0.504	0.510	0.511	0.516	0.514	0.513	0.514	0.508
大同市	0.433	0.450	0.453	0.461	0.457	0.467	0.438	0.440	0.449	0.450
晋城市	0.438	0.450	0.451	0.460	0.460	0.454	0.451	0.448	0.454	0.452
晋中市	0.471	0.468	0.471	0.477	0.481	0.491	0.488	0.493	0.489	0.481
临汾市	0.461	0.460	0.461	0.463	0.460	0.464	0.459	0.462	0.470	0.462
吕梁市	0.454	0.470	0.458	0.457	0.448	0.455	0.455	0.435	0.452	0.454
朔州市	0.447	0.466	0.463	0.468	0.469	0.463	0.465	0.465	0.458	0.463
太原市	0.507	0.516	0.517	0.527	0.526	0.533	0.528	0.541	0.541	0.526
忻州市	0.461	0.466	0.473	0.469	0.461	0.458	0.463	0.461	0.449	0.462
阳泉市	0.403	0.412	0.407	0.414	0.406	0.415	0.425	0.429	0.440	0.417
运城市	0.468	0.468	0.478	0.460	0.460	0.462	0.459	0.465	0.470	0.466

续附表

城市	2011 年	2012 年	2013 年	2014 年	2015 年	2016 年	2017 年	2018 年	2019 年	平均值
长治市	0.453	0.457	0.451	0.455	0.449	0.463	0.451	0.455	0.452	0.454
安康市	0.475	0.479	0.480	0.471	0.475	0.472	0.475	0.457	0.474	0.473
宝鸡市	0.453	0.460	0.456	0.452	0.456	0.458	0.463	0.465	0.460	0.458
汉中市	0.449	0.460	0.465	0.460	0.465	0.470	0.450	0.464	0.467	0.461
商洛市	0.436	0.446	0.448	0.442	0.447	0.462	0.432	0.431	0.432	0.442
铜川市	0.439	0.444	0.451	0.453	0.458	0.466	0.459	0.452	0.473	0.455
渭南市	0.440	0.462	0.461	0.462	0.465	0.468	0.469	0.472	0.479	0.464
西安市	0.517	0.524	0.531	0.531	0.537	0.539	0.531	0.516	0.533	0.529
咸阳市	0.478	0.483	0.484	0.477	0.480	0.470	0.466	0.459	0.482	0.476
延安市	0.453	0.442	0.451	0.462	0.466	0.470	0.461	0.451	0.453	0.457
榆林市	0.463	0.478	0.474	0.479	0.468	0.472	0.442	0.458	0.458	0.466
上海市	0.533	0.542	0.540	0.536	0.545	0.555	0.551	0.555	0.557	0.546
巴中市	0.460	0.474	0.468	0.470	0.466	0.469	0.469	0.465	0.476	0.469
成都市	0.512	0.514	0.518	0.524	0.528	0.522	0.519	0.513	0.526	0.520
达州市	0.457	0.465	0.464	0.463	0.467	0.471	0.467	0.469	0.476	0.467
德阳市	0.467	0.478	0.477	0.481	0.478	0.472	0.469	0.473	0.484	0.476
广安市	0.458	0.459	0.454	0.443	0.463	0.469	0.470	0.467	0.477	0.462
广元市	0.458	0.468	0.464	0.468	0.463	0.466	0.473	0.475	0.475	0.468
乐山市	0.458	0.467	0.462	0.471	0.470	0.474	0.470	0.473	0.482	0.470
泸州市	0.471	0.475	0.484	0.485	0.489	0.492	0.493	0.495	0.501	0.487
眉山市	0.456	0.458	0.466	0.472	0.469	0.477	0.469	0.484	0.472	0.469
绵阳市	0.473	0.481	0.481	0.486	0.487	0.485	0.494	0.509	0.504	0.489
南充市	0.466	0.473	0.464	0.469	0.466	0.470	0.481	0.468	0.469	0.470
内江市	0.449	0.448	0.457	0.453	0.457	0.465	0.468	0.474	0.476	0.461
攀枝花市	0.433	0.434	0.438	0.442	0.445	0.446	0.451	0.449	0.454	0.444
遂宁市	0.471	0.466	0.472	0.473	0.476	0.475	0.462	0.473	0.470	0.471
雅安市	0.464	0.487	0.430	0.452	0.456	0.466	0.462	0.469	0.486	0.463
宜宾市	0.453	0.459	0.462	0.459	0.473	0.472	0.472	0.488	0.489	0.470
资阳市	0.466	0.471	0.471	0.471	0.470	0.471	0.465	0.477	0.481	0.472
自贡市	0.466	0.466	0.466	0.463	0.468	0.471	0.467	0.485	0.490	0.471
天津市	0.507	0.504	0.520	0.521	0.518	0.512	0.512	0.525	0.520	0.516

续附表

城市	2011 年	2012 年	2013 年	2014 年	2015 年	2016 年	2017 年	2018 年	2019 年	平均值
克拉玛依市	0.463	0.474	0.483	0.483	0.524	0.510	0.535	0.522	0.527	0.502
乌鲁木齐市	0.525	0.532	0.538	0.548	0.558	0.560	0.565	0.566	0.576	0.552
保山市	0.465	0.467	0.478	0.473	0.477	0.485	0.481	0.485	0.489	0.478
昆明市	0.487	0.513	0.506	0.509	0.511	0.516	0.516	0.523	0.530	0.512
丽江市	0.467	0.466	0.487	0.484	0.482	0.478	0.473	0.483	0.499	0.480
临沧市	0.458	0.462	0.468	0.464	0.472	0.479	0.488	0.484	0.491	0.474
普洱市	0.468	0.457	0.457	0.452	0.457	0.461	0.464	0.464	0.477	0.462
曲靖市	0.436	0.444	0.448	0.445	0.462	0.464	0.471	0.478	0.486	0.459
玉溪市	0.461	0.455	0.451	0.458	0.466	0.480	0.482	0.484	0.495	0.470
昭通市	0.445	0.437	0.438	0.443	0.482	0.476	0.486	0.485	0.473	0.463
杭州市	0.540	0.547	0.555	0.553	0.558	0.559	0.560	0.565	0.571	0.556
湖州市	0.495	0.499	0.509	0.511	0.513	0.518	0.520	0.525	0.522	0.512
嘉兴市	0.501	0.513	0.516	0.518	0.515	0.521	0.527	0.529	0.529	0.519
金华市	0.511	0.517	0.526	0.527	0.527	0.528	0.535	0.541	0.544	0.528
丽水市	0.487	0.494	0.497	0.499	0.504	0.504	0.505	0.517	0.518	0.503
宁波市	0.517	0.529	0.535	0.533	0.534	0.537	0.542	0.543	0.552	0.536
衢州市	0.482	0.488	0.493	0.495	0.501	0.504	0.507	0.511	0.515	0.500
绍兴市	0.508	0.513	0.517	0.521	0.525	0.529	0.531	0.536	0.538	0.524
台州市	0.498	0.506	0.508	0.514	0.520	0.520	0.521	0.523	0.521	0.515
温州市	0.511	0.510	0.520	0.520	0.525	0.517	0.527	0.529	0.526	0.521
舟山市	0.512	0.523	0.520	0.525	0.524	0.536	0.527	0.537	0.542	0.527
重庆市	0.458	0.470	0.473	0.480	0.481	0.479	0.477	0.475	0.480	0.475

资料来源：国家统计局发布的《中国城市统计年鉴》，WIND、EPS、CNRDS 和中经网数据库等，作者对其进行了整理和分析。

① 山东省于 2019 年根据国务院批复调整济南市、莱芜市行政区划，撤销地级莱芜市，其所辖区域划归济南市管辖。

附表 B1　　35 个中心城市 2011—2019 年数字经济指数

城市	2011 年	2012 年	2013 年	2014 年	2015 年	2016 年	2017 年	2018 年	2019 年	平均值
北京市	0.286	0.341	0.385	0.414	0.457	0.496	0.498	0.515	0.539	0.437
天津市	0.107	0.145	0.168	0.252	0.316	0.250	0.270	0.290	0.300	0.233
上海市	0.171	0.220	0.368	0.314	0.334	0.349	0.389	0.433	0.454	0.337

续附表

城市	2011 年	2012 年	2013 年	2014 年	2015 年	2016 年	2017 年	2018 年	2019 年	平均值
重庆市	0.105	0.106	0.142	0.155	0.181	0.192	0.216	0.237	0.249	0.176
成都市	0.117	0.148	0.218	0.254	0.287	0.333	0.354	0.365	0.351	0.270
大连市	0.151	0.185	0.238	0.257	0.281	0.312	0.352	0.361	0.383	0.280
福州市	0.119	0.155	0.192	0.201	0.232	0.244	0.288	0.320	0.323	0.231
广州市	0.244	0.281	0.363	0.353	0.348	0.375	0.421	0.474	0.464	0.369
贵阳市	0.112	0.142	0.185	0.202	0.228	0.240	0.273	0.290	0.304	0.220
哈尔滨市	0.146	0.134	0.266	0.192	0.219	0.236	0.269	0.278	0.310	0.228
海口市	0.162	0.198	0.233	0.255	0.270	0.283	0.327	0.335	0.340	0.267
杭州市	0.185	0.242	0.292	0.292	0.326	0.367	0.420	0.434	0.456	0.335
合肥市	0.091	0.120	0.158	0.185	0.223	0.244	0.276	0.298	0.318	0.213
呼和浩特市	0.137	0.176	0.230	0.213	0.240	0.269	0.282	0.392	0.428	0.263
济南市	0.125	0.164	0.281	0.288	0.322	0.332	0.361	0.381	0.349	0.289
昆明市	0.118	0.158	0.211	0.212	0.226	0.252	0.279	0.299	0.317	0.230
兰州市	0.093	0.129	0.166	0.175	0.205	0.232	0.270	0.290	0.332	0.210
南昌市	0.083	0.132	0.182	0.205	0.215	0.236	0.296	0.288	0.300	0.215
南京市	0.165	0.203	0.313	0.316	0.347	0.388	0.421	0.462	0.483	0.344
南宁市	0.141	0.179	0.171	0.180	0.202	0.218	0.243	0.274	0.273	0.209
宁波市	0.145	0.181	0.216	0.236	0.257	0.274	0.311	0.318	0.333	0.253
青岛市	0.104	0.141	0.182	0.271	0.216	0.239	0.265	0.279	0.288	0.221
厦门市	0.196	0.254	0.294	0.320	0.356	0.397	0.412	0.498	0.556	0.365
深圳市	0.467	0.542	0.574	0.634	0.618	0.601	0.550	0.606	0.575	0.574
沈阳市	0.122	0.155	0.182	0.193	0.224	0.239	0.258	0.273	0.284	0.215
石家庄市	0.084	0.117	0.165	0.170	0.197	0.221	0.264	0.297	0.313	0.203
太原市	0.145	0.180	0.223	0.228	0.246	0.260	0.279	0.301	0.317	0.242
乌鲁木齐市	0.207	0.171	0.206	0.206	0.231	0.254	0.304	0.352	0.381	0.257
武汉市	0.133	0.184	0.226	0.239	0.268	0.287	0.317	0.371	0.379	0.267
西安市	0.173	0.248	0.350	0.273	0.288	0.315	0.333	0.351	0.365	0.300
西宁市	0.098	0.139	0.171	0.163	0.215	0.241	0.272	0.317	0.367	0.220
银川市	0.109	0.147	0.182	0.280	0.249	0.242	0.266	0.278	0.297	0.228

续附表

城市	2011 年	2012 年	2013 年	2014 年	2015 年	2016 年	2017 年	2018 年	2019 年	平均值
长春市	0.102	0.136	0.178	0.190	0.214	0.240	0.254	0.264	0.267	0.205
长沙市	0.123	0.159	0.192	0.202	0.227	0.251	0.275	0.294	0.321	0.227
郑州市	0.091	0.123	0.173	0.190	0.239	0.256	0.290	0.324	0.474	0.240

资料来源：国家统计局发布的《中国城市统计年鉴》，WIND、EPS、CNRDS 和中经网数据库等，作者对其进行了整理和分析。

附表 B2　　外围城市 2011—2019 年数字经济指数

城市	2011 年	2012 年	2013 年	2014 年	2015 年	2016 年	2017 年	2018 年	2019 年	平均值
安庆市	0.059	0.091	0.114	0.139	0.154	0.175	0.196	0.207	0.212	0.150
蚌埠市	0.071	0.083	0.125	0.128	0.149	0.169	0.188	0.201	0.213	0.148
亳州市	0.042	0.071	0.101	0.108	0.126	0.146	0.173	0.185	0.191	0.127
池州市	0.074	0.102	0.125	0.131	0.159	0.179	0.202	0.215	0.229	0.157
滁州市	0.065	0.110	0.132	0.155	0.163	0.176	0.196	0.221	0.214	0.159
阜阳市	0.038	0.071	0.106	0.104	0.125	0.150	0.170	0.181	0.193	0.126
合肥市	0.091	0.120	0.158	0.185	0.223	0.244	0.276	0.298	0.318	0.213
淮北市	0.051	0.081	0.113	0.135	0.151	0.193	0.198	0.207	0.223	0.150
淮南市	0.050	0.088	0.112	0.128	0.149	0.155	0.179	0.192	0.202	0.139
黄山市	0.095	0.126	0.160	0.157	0.173	0.187	0.215	0.231	0.244	0.176
六安市	0.027	0.059	0.087	0.125	0.132	0.154	0.183	0.196	0.204	0.130
马鞍山市	0.066	0.105	0.141	0.158	0.170	0.194	0.220	0.238	0.252	0.171
宿州市	0.043	0.072	0.100	0.131	0.156	0.167	0.160	0.195	0.201	0.136
铜陵市	0.075	0.117	0.144	0.163	0.183	0.166	0.215	0.202	0.216	0.165
芜湖市	0.061	0.098	0.129	0.146	0.170	0.187	0.214	0.234	0.254	0.166
宣城市	0.066	0.093	0.127	0.152	0.171	0.186	0.209	0.221	0.232	0.162
北京市	0.286	0.341	0.385	0.414	0.457	0.496	0.498	0.515	0.539	0.437
福州市	0.119	0.155	0.192	0.201	0.232	0.244	0.288	0.320	0.323	0.231
龙岩市	0.080	0.112	0.145	0.159	0.180	0.203	0.226	0.229	0.244	0.175
南平市	0.088	0.117	0.168	0.171	0.196	0.207	0.213	0.223	0.233	0.179
宁德市	0.106	0.118	0.199	0.158	0.179	0.198	0.222	0.234	0.243	0.184
莆田市	0.076	0.138	0.154	0.179	0.224	0.243	0.265	0.226	0.289	0.199
泉州市	0.102	0.135	0.177	0.171	0.199	0.217	0.242	0.259	0.273	0.197

续附表

城市	2011 年	2012 年	2013 年	2014 年	2015 年	2016 年	2017 年	2018 年	2019 年	平均值
三明市	0.087	0.118	0.150	0.155	0.178	0.203	0.221	0.234	0.240	0.176
厦门市	0.196	0.254	0.294	0.320	0.356	0.397	0.412	0.498	0.556	0.365
漳州市	0.076	0.107	0.164	0.148	0.163	0.183	0.210	0.232	0.240	0.169
白银市	0.045	0.077	0.101	0.122	0.138	0.154	0.181	0.210	0.241	0.141
定西市	0.023	0.054	0.090	0.093	0.112	0.136	0.160	0.172	0.182	0.114
嘉峪关市	0.097	0.142	0.196	0.229	0.206	0.222	0.277	0.294	0.326	0.221
金昌市	0.072	0.097	0.125	0.165	0.174	0.202	0.229	0.236	0.309	0.179
酒泉市	0.079	0.110	0.131	0.135	0.163	0.184	0.230	0.247	0.258	0.171
兰州市	0.093	0.129	0.166	0.175	0.205	0.232	0.270	0.290	0.332	0.210
陇南市	0.018	0.037	0.084	0.095	0.131	0.142	0.164	0.124	0.192	0.110
平凉市	0.029	0.064	0.094	0.120	0.136	0.157	0.205	0.221	0.256	0.142
庆阳市	0.058	0.071	0.091	0.124	0.135	0.142	0.173	0.189	0.209	0.132
天水市	0.047	0.074	0.097	0.124	0.140	0.160	0.178	0.186	0.202	0.134
武威市	0.032	0.061	0.086	0.121	0.131	0.153	0.177	0.186	0.198	0.127
张掖市	0.059	0.092	0.115	0.132	0.165	0.173	0.206	0.220	0.246	0.156
潮州市	0.105	0.138	0.156	0.213	0.175	0.194	0.206	0.231	0.242	0.184
东莞市	0.422	0.461	0.491	0.475	0.480	0.465	0.489	0.485	0.466	0.470
佛山市	0.210	0.260	0.276	0.290	0.300	0.296	0.321	0.341	0.343	0.293
广州市	0.244	0.281	0.363	0.353	0.348	0.375	0.421	0.474	0.464	0.369
河源市	0.057	0.080	0.108	0.123	0.149	0.164	0.184	0.199	0.210	0.141
惠州市	0.104	0.146	0.184	0.199	0.220	0.238	0.267	0.280	0.294	0.215
江门市	0.090	0.133	0.159	0.193	0.206	0.249	0.244	0.254	0.259	0.199
揭阳市	0.072	0.104	0.127	0.131	0.148	0.160	0.199	0.236	0.268	0.160
茂名市	0.047	0.075	0.100	0.112	0.139	0.146	0.170	0.184	0.201	0.131
梅州市	0.064	0.090	0.125	0.136	0.153	0.167	0.190	0.222	0.238	0.154
清远市	0.061	0.096	0.124	0.141	0.152	0.169	0.193	0.206	0.211	0.150
汕头市	0.105	0.124	0.159	0.154	0.176	0.189	0.215	0.226	0.244	0.177
汕尾市	0.066	0.095	0.115	0.130	0.153	0.165	0.197	0.211	0.220	0.150
韶关市	0.065	0.099	0.125	0.171	0.191	0.212	0.235	0.250	0.212	0.173
深圳市	0.467	0.542	0.574	0.634	0.618	0.601	0.550	0.606	0.575	0.574
阳江市	0.078	0.108	0.124	0.134	0.161	0.172	0.197	0.221	0.225	0.158

续附表

城市	2011 年	2012 年	2013 年	2014 年	2015 年	2016 年	2017 年	2018 年	2019 年	平均值
云浮市	0.070	0.103	0.129	0.139	0.172	0.198	0.194	0.216	0.239	0.162
湛江市	0.070	0.099	0.125	0.137	0.160	0.184	0.192	0.201	0.209	0.153
肇庆市	0.064	0.119	0.173	0.190	0.181	0.170	0.266	0.295	0.298	0.195
中山市	0.220	0.255	0.295	0.320	0.357	0.359	0.384	0.396	0.403	0.332
珠海市	0.198	0.240	0.301	0.323	0.355	0.371	0.442	0.503	0.588	0.369
百色市	0.066	0.082	0.094	0.105	0.126	0.146	0.175	0.179	0.201	0.130
北海市	0.081	0.108	0.140	0.150	0.177	0.197	0.294	0.239	0.256	0.182
崇左市	0.044	0.075	0.102	0.112	0.133	0.151	0.175	0.196	0.203	0.132
防城港市	0.074	0.101	0.140	0.160	0.166	0.185	0.212	0.217	0.245	0.167
贵港市	0.031	0.061	0.171	0.110	0.124	0.141	0.171	0.176	0.188	0.130
桂林市	0.076	0.098	0.125	0.134	0.159	0.175	0.199	0.214	0.284	0.163
河池市	0.041	0.074	0.103	0.122	0.140	0.152	0.172	0.177	0.189	0.130
贺州市	0.054	0.084	0.108	0.129	0.138	0.156	0.179	0.199	0.205	0.139
来宾市	0.040	0.077	0.120	0.111	0.134	0.149	0.172	0.189	0.199	0.132
柳州市	0.090	0.144	0.129	0.141	0.165	0.184	0.206	0.221	0.234	0.168
南宁市	0.141	0.179	0.171	0.180	0.202	0.218	0.243	0.274	0.273	0.209
钦州市	0.046	0.072	0.093	0.100	0.124	0.139	0.161	0.176	0.186	0.122
梧州市	0.058	0.083	0.115	0.117	0.140	0.151	0.169	0.189	0.200	0.136
玉林市	0.055	0.079	0.098	0.103	0.126	0.146	0.169	0.219	0.194	0.132
安顺市	0.037	0.068	0.098	0.116	0.133	0.154	0.174	0.186	0.193	0.129
贵阳市	0.112	0.142	0.185	0.202	0.228	0.240	0.273	0.290	0.304	0.220
六盘水市	0.031	0.064	0.097	0.108	0.138	0.148	0.173	0.182	0.193	0.126
遵义市	0.050	0.074	0.098	0.112	0.131	0.152	0.172	0.184	0.196	0.130
海口市	0.162	0.198	0.233	0.255	0.270	0.283	0.327	0.335	0.340	0.267
三亚市	0.116	0.140	0.168	0.204	0.216	0.282	0.301	0.321	0.333	0.231
保定市	0.059	0.088	0.119	0.125	0.147	0.167	0.195	0.200	0.221	0.147
沧州市	0.060	0.085	0.114	0.122	0.140	0.160	0.190	0.198	0.208	0.142
承德市	0.068	0.096	0.136	0.133	0.152	0.176	0.208	0.222	0.233	0.158
邯郸市	0.056	0.079	0.104	0.115	0.132	0.155	0.180	0.184	0.199	0.134
衡水市	0.064	0.089	0.121	0.125	0.152	0.174	0.200	0.213	0.222	0.151
廊坊市	0.091	0.121	0.188	0.200	0.220	0.238	0.315	0.252	0.262	0.209

续附表

城市	2011 年	2012 年	2013 年	2014 年	2015 年	2016 年	2017 年	2018 年	2019 年	平均值
秦皇岛市	0.094	0.118	0.158	0.168	0.190	0.212	0.234	0.245	0.257	0.186
石家庄市	0.084	0.117	0.165	0.170	0.197	0.221	0.264	0.297	0.313	0.203
唐山市	0.083	0.112	0.138	0.142	0.163	0.185	0.203	0.217	0.230	0.164
邢台市	0.054	0.079	0.106	0.107	0.136	0.159	0.180	0.190	0.200	0.135
张家口市	0.068	0.099	0.121	0.134	0.154	0.175	0.203	0.206	0.229	0.154
安阳市	0.056	0.079	0.113	0.122	0.146	0.162	0.187	0.199	0.208	0.141
鹤壁市	0.050	0.077	0.107	0.125	0.141	0.162	0.185	0.203	0.222	0.141
焦作市	0.062	0.087	0.120	0.132	0.154	0.191	0.201	0.220	0.228	0.155
开封市	0.044	0.071	0.109	0.121	0.146	0.157	0.180	0.196	0.210	0.137
洛阳市	0.065	0.093	0.132	0.146	0.162	0.186	0.227	0.249	0.264	0.169
漯河市	0.043	0.069	0.107	0.112	0.115	0.130	0.156	0.167	0.213	0.123
南阳市	0.037	0.068	0.095	0.105	0.124	0.147	0.169	0.196	0.222	0.129
平顶山市	0.039	0.069	0.099	0.115	0.128	0.151	0.169	0.178	0.194	0.127
濮阳市	0.036	0.070	0.109	0.121	0.147	0.199	0.186	0.194	0.208	0.141
三门峡市	0.059	0.087	0.151	0.182	0.199	0.228	0.210	0.221	0.277	0.179
商丘市	0.041	0.068	0.098	0.105	0.131	0.159	0.180	0.187	0.199	0.130
新乡市	0.054	0.085	0.115	0.128	0.153	0.176	0.198	0.219	0.224	0.150
信阳市	0.044	0.071	0.111	0.122	0.138	0.169	0.183	0.194	0.211	0.138
许昌市	0.041	0.070	0.106	0.115	0.140	0.172	0.193	0.200	0.251	0.143
郑州市	0.091	0.123	0.173	0.190	0.239	0.256	0.290	0.324	0.474	0.240
周口市	0.030	0.070	0.094	0.102	0.124	0.143	0.163	0.172	0.192	0.121
驻马店市	0.031	0.055	0.088	0.102	0.119	0.148	0.168	0.186	0.191	0.121
大庆市	0.098	0.125	0.163	0.173	0.192	0.208	0.219	0.236	0.238	0.184
哈尔滨市	0.146	0.134	0.266	0.192	0.219	0.236	0.269	0.278	0.310	0.228
鹤岗市	0.060	0.092	0.169	0.123	0.149	0.165	0.189	0.204	0.215	0.152
黑河市	0.034	0.076	0.102	0.126	0.144	0.222	0.199	0.188	0.204	0.144
鸡西市	0.066	0.095	0.119	0.142	0.167	0.175	0.188	0.255	0.268	0.164
佳木斯市	0.070	0.098	0.127	0.153	0.170	0.189	0.252	0.195	0.219	0.164
牡丹江市	0.077	0.109	0.136	0.146	0.167	0.180	0.212	0.233	0.249	0.168
七台河市	0.064	0.103	0.112	0.133	0.143	0.173	0.202	0.202	0.208	0.149
齐齐哈尔市	0.052	0.080	0.117	0.123	0.145	0.171	0.186	0.188	0.197	0.140

续附表

城市	2011 年	2012 年	2013 年	2014 年	2015 年	2016 年	2017 年	2018 年	2019 年	平均值
双鸭山市	0. 072	0. 107	0. 129	0. 147	0. 162	0. 183	0. 217	0. 190	0. 205	0. 157
绥化市	0. 038	0. 054	0. 094	0. 108	0. 129	0. 148	0. 165	0. 236	0. 183	0. 128
伊春市	0. 083	0. 129	0. 153	0. 145	0. 156	0. 173	0. 192	0. 208	0. 221	0. 162
鄂州市	0. 055	0. 093	0. 131	0. 140	0. 160	0. 206	0. 210	0. 223	0. 236	0. 162
黄冈市	0. 042	0. 075	0. 110	0. 116	0. 136	0. 155	0. 172	0. 184	0. 204	0. 133
黄石市	0. 060	0. 088	0. 125	0. 136	0. 153	0. 170	0. 194	0. 214	0. 236	0. 153
荆门市	0. 061	0. 096	0. 125	0. 139	0. 158	0. 179	0. 198	0. 219	0. 227	0. 156
荆州市	0. 059	0. 100	0. 128	0. 135	0. 158	0. 176	0. 195	0. 204	0. 217	0. 153
十堰市	0. 078	0. 119	0. 135	0. 144	0. 160	0. 181	0. 204	0. 221	0. 240	0. 165
随州市	0. 041	0. 075	0. 122	0. 133	0. 141	0. 162	0. 181	0. 195	0. 207	0. 140
武汉市	0. 133	0. 184	0. 226	0. 239	0. 268	0. 287	0. 317	0. 371	0. 379	0. 267
咸宁市	0. 053	0. 081	0. 121	0. 141	0. 162	0. 187	0. 194	0. 240	0. 247	0. 159
襄阳市	0. 054	0. 082	0. 115	0. 125	0. 151	0. 171	0. 200	0. 215	0. 228	0. 149
孝感市	0. 045	0. 079	0. 106	0. 135	0. 135	0. 156	0. 176	0. 189	0. 204	0. 136
宜昌市	0. 074	0. 100	0. 135	0. 151	0. 169	0. 199	0. 208	0. 224	0. 237	0. 166
常德市	0. 060	0. 089	0. 112	0. 129	0. 148	0. 166	0. 190	0. 198	0. 209	0. 145
郴州市	0. 054	0. 085	0. 113	0. 119	0. 146	0. 160	0. 184	0. 199	0. 206	0. 141
衡阳市	0. 048	0. 072	0. 104	0. 115	0. 138	0. 151	0. 174	0. 192	0. 199	0. 133
怀化市	0. 054	0. 087	0. 113	0. 127	0. 147	0. 168	0. 183	0. 195	0. 208	0. 143
娄底市	0. 043	0. 081	0. 111	0. 118	0. 133	0. 150	0. 174	0. 185	0. 201	0. 133
邵阳市	0. 051	0. 078	0. 103	0. 112	0. 128	0. 149	0. 165	0. 171	0. 183	0. 127
湘潭市	0. 068	0. 095	0. 122	0. 167	0. 161	0. 188	0. 196	0. 210	0. 224	0. 159
益阳市	0. 050	0. 080	0. 106	0. 117	0. 137	0. 148	0. 175	0. 191	0. 201	0. 134
永州市	0. 047	0. 081	0. 106	0. 114	0. 130	0. 152	0. 174	0. 186	0. 190	0. 131
岳阳市	0. 057	0. 090	0. 115	0. 128	0. 156	0. 169	0. 193	0. 203	0. 215	0. 147
张家界市	0. 085	0. 117	0. 138	0. 145	0. 168	0. 184	0. 212	0. 225	0. 232	0. 167
长沙市	0. 123	0. 159	0. 192	0. 202	0. 227	0. 251	0. 275	0. 294	0. 321	0. 227
株洲市	0. 067	0. 101	0. 130	0. 141	0. 160	0. 174	0. 199	0. 216	0. 232	0. 158
白城市	0. 058	0. 087	0. 109	0. 127	0. 150	0. 164	0. 195	0. 188	0. 200	0. 142
白山市	0. 192	0. 106	0. 127	0. 138	0. 159	0. 176	0. 197	0. 209	0. 219	0. 169
吉林市	0. 071	0. 099	0. 132	0. 148	0. 170	0. 184	0. 204	0. 218	0. 220	0. 161

续附表

城市	2011 年	2012 年	2013 年	2014 年	2015 年	2016 年	2017 年	2018 年	2019 年	平均值
辽源市	0. 074	0. 100	0. 114	0. 134	0. 155	0. 170	0. 183	0. 201	0. 211	0. 149
四平市	0. 063	0. 095	0. 143	0. 157	0. 171	0. 188	0. 204	0. 203	0. 212	0. 159
松原市	0. 060	0. 081	0. 096	0. 127	0. 143	0. 162	0. 179	0. 182	0. 190	0. 136
通化市	0. 079	0. 115	0. 126	0. 145	0. 162	0. 175	0. 206	0. 215	0. 221	0. 160
长春市	0. 102	0. 136	0. 178	0. 190	0. 214	0. 240	0. 254	0. 264	0. 267	0. 205
常州市	0. 124	0. 154	0. 188	0. 194	0. 219	0. 257	0. 287	0. 309	0. 327	0. 229
淮安市	0. 063	0. 089	0. 115	0. 127	0. 147	0. 178	0. 207	0. 226	0. 244	0. 155
连云港市	0. 075	0. 106	0. 207	0. 139	0. 159	0. 190	0. 215	0. 219	0. 238	0. 172
南京市	0. 165	0. 203	0. 313	0. 316	0. 347	0. 388	0. 421	0. 462	0. 483	0. 344
南通市	0. 092	0. 119	0. 138	0. 146	0. 164	0. 194	0. 225	0. 238	0. 263	0. 176
苏州市	0. 160	0. 202	0. 241	0. 251	0. 270	0. 311	0. 357	0. 366	0. 392	0. 283
宿迁市	0. 062	0. 093	0. 112	0. 119	0. 141	0. 176	0. 203	0. 213	0. 233	0. 150
泰州市	0. 082	0. 118	0. 126	0. 142	0. 159	0. 194	0. 222	0. 232	0. 253	0. 170
无锡市	0. 144	0. 169	0. 212	0. 228	0. 253	0. 292	0. 321	0. 344	0. 365	0. 259
徐州市	0. 069	0. 101	0. 123	0. 134	0. 150	0. 181	0. 206	0. 223	0. 244	0. 159
盐城市	0. 072	0. 097	0. 121	0. 126	0. 149	0. 181	0. 211	0. 226	0. 252	0. 159
扬州市	0. 101	0. 129	0. 148	0. 157	0. 180	0. 215	0. 242	0. 252	0. 268	0. 188
镇江市	0. 095	0. 126	0. 160	0. 170	0. 191	0. 223	0. 259	0. 269	0. 290	0. 198
抚州市	0. 050	0. 079	0. 102	0. 113	0. 132	0. 152	0. 174	0. 185	0. 193	0. 131
赣州市	0. 058	0. 099	0. 116	0. 128	0. 154	0. 167	0. 188	0. 205	0. 215	0. 148
吉安市	0. 057	0. 092	0. 109	0. 117	0. 135	0. 157	0. 178	0. 187	0. 196	0. 136
景德镇市	0. 057	0. 140	0. 136	0. 144	0. 163	0. 177	0. 190	0. 197	0. 225	0. 159
九江市	0. 059	0. 081	0. 119	0. 133	0. 155	0. 171	0. 194	0. 207	0. 217	0. 148
南昌市	0. 083	0. 132	0. 182	0. 205	0. 215	0. 236	0. 296	0. 288	0. 300	0. 215
萍乡市	0. 071	0. 097	0. 120	0. 125	0. 146	0. 169	0. 193	0. 211	0. 215	0. 150
上饶市	0. 052	0. 083	0. 106	0. 118	0. 143	0. 152	0. 175	0. 192	0. 203	0. 136
新余市	0. 065	0. 101	0. 127	0. 146	0. 164	0. 188	0. 209	0. 241	0. 278	0. 169
宜春市	0. 039	0. 077	0. 111	0. 112	0. 134	0. 151	0. 172	0. 193	0. 197	0. 132
鹰潭市	0. 047	0. 083	0. 121	0. 140	0. 151	0. 184	0. 190	0. 203	0. 214	0. 148
鞍山市	0. 077	0. 107	0. 136	0. 144	0. 162	0. 177	0. 198	0. 216	0. 227	0. 161
本溪市	0. 078	0. 107	0. 142	0. 168	0. 182	0. 207	0. 209	0. 216	0. 224	0. 170

续附表

城市	2011 年	2012 年	2013 年	2014 年	2015 年	2016 年	2017 年	2018 年	2019 年	平均值
朝阳市	0.048	0.081	0.103	0.117	0.141	0.156	0.183	0.185	0.194	0.134
大连市	0.151	0.185	0.238	0.257	0.281	0.312	0.352	0.361	0.383	0.280
丹东市	0.109	0.119	0.135	0.149	0.173	0.192	0.213	0.225	0.236	0.172
抚顺市	0.074	0.102	0.131	0.143	0.169	0.187	0.203	0.212	0.219	0.160
阜新市	0.075	0.110	0.134	0.159	0.184	0.187	0.220	0.218	0.215	0.167
葫芦岛市	0.059	0.099	0.128	0.137	0.154	0.169	0.191	0.202	0.211	0.150
锦州市	0.072	0.106	0.134	0.161	0.180	0.197	0.221	0.207	0.254	0.170
辽阳市	0.073	0.104	0.136	0.154	0.171	0.191	0.202	0.210	0.222	0.163
盘锦市	0.081	0.110	0.135	0.147	0.167	0.190	0.207	0.220	0.226	0.165
沈阳市	0.122	0.155	0.182	0.193	0.224	0.239	0.258	0.273	0.284	0.215
铁岭市	0.056	0.086	0.109	0.127	0.145	0.163	0.184	0.189	0.194	0.139
营口市	0.075	0.112	0.146	0.160	0.179	0.192	0.214	0.224	0.235	0.171
巴彦淖尔市	0.077	0.106	0.130	0.153	0.164	0.196	0.222	0.216	0.215	0.164
包头市	0.106	0.133	0.174	0.172	0.186	0.212	0.234	0.241	0.252	0.190
赤峰市	0.085	0.083	0.125	0.135	0.156	0.170	0.199	0.201	0.204	0.151
鄂尔多斯市	0.111	0.139	0.167	0.178	0.169	0.193	0.228	0.235	0.248	0.185
呼和浩特市	0.137	0.176	0.230	0.213	0.240	0.269	0.282	0.392	0.428	0.263
呼伦贝尔市	0.070	0.101	0.135	0.152	0.175	0.180	0.201	0.206	0.220	0.160
通辽市	0.076	0.104	0.143	0.156	0.163	0.170	0.200	0.202	0.209	0.158
乌海市	0.109	0.149	0.191	0.190	0.216	0.228	0.263	0.277	0.284	0.212
乌兰察布市	0.055	0.091	0.129	0.139	0.159	0.170	0.189	0.193	0.191	0.146
固原市	0.031	0.118	0.152	0.107	0.134	0.136	0.164	0.174	0.181	0.133
石嘴山市	0.085	0.120	0.131	0.141	0.165	0.179	0.211	0.228	0.229	0.165
吴忠市	0.052	0.082	0.104	0.116	0.149	0.149	0.167	0.194	0.201	0.135
银川市	0.109	0.147	0.182	0.280	0.249	0.242	0.266	0.278	0.297	0.228
中卫市	0.029	0.063	0.111	0.129	0.135	0.160	0.182	0.191	0.198	0.133
西宁市	0.098	0.139	0.171	0.163	0.215	0.241	0.272	0.317	0.367	0.220
滨州市	0.060	0.090	0.124	0.130	0.147	0.183	0.205	0.217	0.228	0.154
德州市	0.057	0.087	0.111	0.117	0.136	0.165	0.184	0.193	0.206	0.140
东营市	0.120	0.156	0.172	0.187	0.195	0.214	0.232	0.254	0.269	0.200
菏泽市	0.037	0.069	0.101	0.106	0.126	0.147	0.167	0.179	0.194	0.125

续附表

城市	2011 年	2012 年	2013 年	2014 年	2015 年	2016 年	2017 年	2018 年	2019 年	平均值
济南市	0.125	0.164	0.281	0.288	0.322	0.332	0.361	0.381	0.349	0.289
济宁市	0.046	0.077	0.107	0.120	0.140	0.162	0.184	0.197	0.210	0.138
莱芜市①	0.058	0.126	0.165	0.126	0.150	0.173	0.197	0.254	0.263	0.168
聊城市	0.050	0.078	0.108	0.113	0.135	0.163	0.174	0.190	0.201	0.135
临沂市	0.076	0.110	0.125	0.128	0.150	0.174	0.196	0.208	0.215	0.153
青岛市	0.104	0.141	0.182	0.271	0.216	0.239	0.265	0.279	0.288	0.221
日照市	0.074	0.097	0.124	0.138	0.160	0.185	0.206	0.211	0.226	0.158
泰安市	0.057	0.087	0.120	0.132	0.175	0.172	0.192	0.207	0.217	0.151
威海市	0.084	0.124	0.155	0.169	0.188	0.208	0.231	0.245	0.263	0.185
潍坊市	0.069	0.137	0.182	0.196	0.238	0.196	0.216	0.226	0.236	0.189
烟台市	0.084	0.116	0.149	0.161	0.191	0.209	0.226	0.238	0.256	0.181
枣庄市	0.064	0.094	0.123	0.126	0.145	0.163	0.187	0.201	0.219	0.147
淄博市	0.074	0.116	0.145	0.154	0.173	0.208	0.235	0.230	0.271	0.178
大同市	0.075	0.112	0.134	0.140	0.160	0.165	0.188	0.213	0.227	0.157
晋城市	0.070	0.098	0.127	0.139	0.165	0.193	0.209	0.232	0.275	0.168
晋中市	0.069	0.098	0.132	0.136	0.162	0.219	0.195	0.204	0.242	0.162
临汾市	0.067	0.094	0.129	0.141	0.164	0.190	0.204	0.212	0.222	0.158
吕梁市	0.056	0.078	0.135	0.127	0.149	0.166	0.191	0.216	0.250	0.152
朔州市	0.058	0.091	0.118	0.133	0.150	0.180	0.198	0.209	0.210	0.150
太原市	0.145	0.180	0.223	0.228	0.246	0.260	0.279	0.301	0.317	0.242
忻州市	0.073	0.102	0.121	0.135	0.155	0.177	0.190	0.192	0.211	0.151
阳泉市	0.073	0.106	0.138	0.151	0.170	0.194	0.209	0.235	0.276	0.172
运城市	0.058	0.085	0.140	0.134	0.162	0.187	0.212	0.186	0.223	0.154
长治市	0.060	0.086	0.116	0.127	0.150	0.167	0.194	0.201	0.214	0.146
安康市	0.060	0.091	0.113	0.124	0.145	0.164	0.185	0.195	0.205	0.142
宝鸡市	0.063	0.093	0.121	0.132	0.154	0.169	0.189	0.204	0.218	0.149
汉中市	0.066	0.097	0.111	0.122	0.140	0.163	0.188	0.194	0.204	0.143
商洛市	0.049	0.071	0.093	0.105	0.127	0.142	0.160	0.198	0.223	0.130
铜川市	0.076	0.095	0.113	0.126	0.149	0.170	0.188	0.204	0.219	0.149
渭南市	0.047	0.073	0.100	0.115	0.134	0.157	0.174	0.183	0.192	0.131
西安市	0.173	0.248	0.350	0.273	0.288	0.315	0.333	0.351	0.365	0.300

续附表

城市	2011 年	2012 年	2013 年	2014 年	2015 年	2016 年	2017 年	2018 年	2019 年	平均值
咸阳市	0.062	0.094	0.115	0.124	0.146	0.172	0.194	0.208	0.223	0.149
延安市	0.063	0.090	0.099	0.122	0.150	0.172	0.256	0.262	0.212	0.158
榆林市	0.068	0.097	0.187	0.151	0.144	0.173	0.177	0.202	0.212	0.157
上海市	0.171	0.220	0.368	0.314	0.334	0.349	0.389	0.433	0.454	0.337
巴中市	0.029	0.066	0.099	0.114	0.142	0.167	0.175	0.185	0.180	0.129
成都市	0.117	0.148	0.218	0.254	0.287	0.333	0.354	0.365	0.351	0.270
达州市	0.057	0.068	0.092	0.112	0.133	0.153	0.183	0.182	0.176	0.129
德阳市	0.068	0.165	0.151	0.154	0.171	0.181	0.224	0.217	0.225	0.173
广安市	0.060	0.087	0.107	0.117	0.137	0.158	0.164	0.172	0.195	0.133
广元市	0.092	0.113	0.129	0.145	0.165	0.184	0.196	0.211	0.205	0.160
乐山市	0.071	0.093	0.120	0.130	0.152	0.170	0.200	0.216	0.222	0.153
泸州市	0.053	0.077	0.104	0.120	0.136	0.161	0.183	0.195	0.200	0.137
眉山市	0.063	0.084	0.107	0.122	0.144	0.172	0.202	0.216	0.215	0.147
绵阳市	0.072	0.100	0.132	0.145	0.170	0.192	0.224	0.234	0.228	0.166
南充市	0.050	0.079	0.105	0.119	0.134	0.159	0.182	0.192	0.205	0.136
内江市	0.044	0.098	0.136	0.106	0.129	0.148	0.225	0.240	0.269	0.155
攀枝花市	0.075	0.143	0.122	0.158	0.173	0.184	0.227	0.255	0.238	0.175
遂宁市	0.043	0.103	0.098	0.112	0.138	0.171	0.179	0.197	0.191	0.137
雅安市	0.083	0.122	0.136	0.155	0.177	0.196	0.219	0.241	0.260	0.176
宜宾市	0.054	0.076	0.098	0.110	0.135	0.154	0.178	0.188	0.197	0.132
资阳市	0.047	0.071	0.094	0.107	0.132	0.159	0.180	0.191	0.186	0.130
自贡市	0.061	0.155	0.118	0.134	0.156	0.173	0.199	0.200	0.206	0.156
天津市	0.107	0.145	0.168	0.252	0.316	0.250	0.270	0.290	0.300	0.233
克拉玛依市	0.120	0.145	0.175	0.184	0.236	0.326	0.290	0.310	0.322	0.234
乌鲁木齐市	0.207	0.171	0.206	0.206	0.231	0.254	0.304	0.352	0.381	0.257
保山市	0.043	0.059	0.090	0.109	0.121	0.141	0.167	0.178	0.203	0.123
昆明市	0.118	0.158	0.211	0.212	0.226	0.252	0.279	0.299	0.317	0.230
丽江市	0.061	0.101	0.124	0.139	0.154	0.171	0.201	0.210	0.214	0.153
临沧市	0.038	0.073	0.092	0.113	0.133	0.152	0.167	0.189	0.203	0.129
普洱市	0.049	0.074	0.096	0.120	0.129	0.145	0.174	0.221	0.212	0.136
曲靖市	0.040	0.056	0.093	0.108	0.131	0.156	0.162	0.170	0.188	0.123

续附表

城市	2011 年	2012 年	2013 年	2014 年	2015 年	2016 年	2017 年	2018 年	2019 年	平均值
玉溪市	0.064	0.100	0.122	0.133	0.160	0.183	0.175	0.203	0.216	0.151
昭通市	0.032	0.054	0.083	0.097	0.112	0.131	0.151	0.160	0.170	0.110
杭州市	0.185	0.242	0.292	0.292	0.326	0.367	0.420	0.434	0.456	0.335
湖州市	0.105	0.140	0.198	0.208	0.221	0.239	0.276	0.308	0.320	0.224
嘉兴市	0.130	0.168	0.202	0.213	0.233	0.250	0.275	0.293	0.304	0.230
金华市	0.126	0.166	0.206	0.217	0.235	0.248	0.286	0.319	0.318	0.236
丽水市	0.107	0.133	0.165	0.173	0.193	0.209	0.233	0.248	0.261	0.191
宁波市	0.145	0.181	0.216	0.236	0.257	0.274	0.311	0.318	0.333	0.253
衢州市	0.094	0.117	0.171	0.167	0.192	0.198	0.233	0.249	0.272	0.188
绍兴市	0.105	0.142	0.170	0.187	0.209	0.227	0.254	0.263	0.272	0.203
台州市	0.106	0.141	0.166	0.175	0.197	0.214	0.237	0.256	0.270	0.196
温州市	0.112	0.150	0.183	0.190	0.215	0.232	0.258	0.275	0.284	0.211
舟山市	0.137	0.168	0.199	0.335	0.367	0.273	0.281	0.294	0.306	0.262
重庆市	0.105	0.106	0.142	0.155	0.181	0.192	0.216	0.237	0.249	0.176

资料来源：国家统计局发布的《中国城市统计年鉴》，WIND、EPS、CNRDS 和中经网数据库等，作者对其进行了整理和分析。

① 山东省于 2019 年根据国务院批复调整济南市、莱芜市行政区划，撤销地级莱芜市，其所辖区域划归济南市管辖。

参考文献

[1] 陈梦远．国际区域经济韧性研究进展：基于演化论的理论分析框架介绍［J］．地理科学进展，2017，36（11）：1435－1444.

[2] 陈小辉，张红伟，吴永超．数字经济如何影响产业结构水平？［J］．证券市场导报，2020（07）：20－29.

[3] 陈晓东，杨晓霞．数字经济发展对产业结构升级的影响：基于灰关联熵与耗散结构理论的研究［J］．改革，2021（03）：26－39.

[4] 陈晓红．数字经济时代的技术融合与应用创新趋势分析［J］．中南大学学报（社会科学版），2018，24（05）：1－8.

[5] 陈作任，李郇．经济韧性视角下城镇产业演化的路径依赖与路径创造：基于东莞市樟木头、常平镇的对比分析［J］．人文地理，2018，33（04）：113－120.

[6] 崔胜辉，李方一，黄静，等．全球变化背景下的敏感性研究综述［J］．地理科学进展，2009，24（9）：1033－1041.

[7] 丁志帆．数字经济驱动经济高质量发展的机制研究：一个理论分析框架［J］．现代经济探讨，2020（01）：85－92.

[8] 董有德，米筱筱．互联网成熟度、数字经济与中国对外直接投资：基于2009年—2016年面板数据的实证研究［J］．上海经济研究，2019（03）：65－74.

[9] 杜维明，衣俊卿．儒家精神资源与现代性的相关性：关于启蒙反思的学术对话［J］．求是学刊，2009，36（01）：5－18.

[10] 杜维明．中国传统文化的当代价值［J］．江海学刊，2011（03）：5－7.

[11] 杜志威，金利霞，刘秋华．产业多样化、创新与经济韧性：基于

后危机时期珠三角的实证 [J]. 热带地理, 2019, 39 (02): 170-179.

[12] 樊纲, 王小鲁, 马光荣. 中国市场化进程对经济增长的贡献 [J]. 经济研究, 2011 (9): 4-16.

[13] 冯苑, 聂长飞, 张东. 中国城市群经济韧性的测度与分析: 基于经济韧性的 shift-share 分解 [J]. 上海经济研究, 2020 (05): 60-72.

[14] 干春晖, 郑若谷, 余典范. 中国产业结构变迁对经济增长和波动的影响 [J]. 经济研究, 2011, 46 (05): 4-16+31.

[15] 郭晗, 廉玉妍. 数字经济与中国未来经济新动能培育 [J]. 西北大学学报 (哲学社会科学版), 2020, 50 (01): 65-72.

[16] 郭将, 许泽庆. 产业相关多样性对区域经济韧性的影响: 地区创新水平的门槛效应 [J]. 科技进步与对策, 2019, 36 (13): 39-47.

[17] 韩克勇, 孟维福. 包容性金融发展、消费升级与产业结构优化 [J]. 现代经济探讨, 2021 (07): 93-104.

[18] 韩文龙. 数字经济中的消费新内涵与消费力培育 [J]. 福建师范大学学报 (哲学社会科学版), 2020 (05): 98-106+170.

[19] 韩永辉, 黄亮雄, 王贤彬. 产业政策推动地方产业结构升级了吗? [J]. 经济研究, 2017, 52 (08): 33-48.

[20] 郝承尧, 丁立会, 郑盼文. 数字经济环境下我国农村消费结构变迁分析 [J]. 电子商务, 2020 (03): 9-10+45.

[21] 何剑, 张梦婷. 资本约束下的经济韧性重塑: 基于全球价值链嵌入视角 [J]. 世界经济研究, 2017 (8): 109-121+137.

[22] 贺灿飞, 陈韬. 外部需求冲击、相关多样化与出口韧性 [J]. 中国工业经济, 2019 (07): 61-80.

[23] 贺灿飞, 夏昕鸣, 黎明. 中国出口贸易韧性空间差异性研究 [J]. 地理科学进展, 2019, 38 (10): 1558-1570.

[24] 洪俊杰, 石丽静. 自主研发、地区制度差异与企业创新绩效: 来自 371 家创新型企业的经验证据 [J]. 科学学研究, 2017, (2): 310-320.

[25] 侯俊东, 肖人彬, 吕军. 地质灾害系统的经济弹性及其结构研究 [J]. 灾害学, 2013, 28 (03): 11-15+190.

[26] 胡晓辉, 张文忠. 制度演化与区域经济弹性: 两个资源枯竭型

城市的比较［J］. 地理研究，2018，37（07）：1308－1319.

［27］胡晓辉. 区域经济弹性研究述评及未来展望［J］. 外国经济与管理，2012，34（08）：64－72.

［28］荆文君，孙宝文. 数字经济促进经济高质量发展：一个理论分析框架［J］. 经济学家，2019（02）：66－73.

［29］科斯. 企业的性质［M］. 姚海鑫，邢源源，译. 北京：商务印书馆，1937.

［30］兰虹，赵佳伟，义旭东. 以新基建引领中国经济高质量发展：潜力、挑战与建议［J］. 西南金融，2020（10）：3－13.

［31］李春发，李冬冬，周驰. 数字经济驱动制造业转型升级的作用机理：基于产业链视角的分析［J］. 商业研究，2020（02）：73－82.

［32］李连刚，张平宇，谭俊涛，等. 韧性概念演变与区域经济韧性研究进展［J］. 人文地理，2019，34（02）：1－7＋151.

［33］李梦雅，严太华. 风险投资、引致研发投入与企业创新产出：地区制度环境的调节作用［J］. 研究与发展管理，2019，（6）：61－69.

［34］廖敬文，张可云. 东北老工业基地经济复原力：一个四维分析框架与实证研究［J］. 改革，2019（01）：64－76.

［35］廖敬文，张可云. 区域经济复原力：国外研究及对中国老工业基地振兴的启示［J］. 经济学家，2019（08）：48－61.

［36］刘江艳，曾忠平. 弹性城市评价指标体系构建及其实证研究［J］. 电子政务，2014（3）：82－88.

［37］刘淑春. 中国数字经济高质量发展的靶向路径与政策供给［J］. 经济学家，2019（06）：52－61.

［38］刘慧龙，吴联生. 制度环境、所有权性质与企业实际税率［J］. 管理世界，2014（4）：42－52.

［39］刘伟，张辉，黄泽华. 中国产业结构高度与工业化进程和地区差异的考察［J］. 经济学动态，2008（11）：4－8.

［40］刘晓星，张旭，李守伟. 中国宏观经济韧性测度：基于系统性风险的视角［J］. 中国社会科学，2021（01）：12－32＋204.

［41］吕明元，苗效东. 大数据能促进中国制造业结构优化吗？［J］.

云南财经大学学报，2020，36（03）：31－42.

［42］马香品．数字经济时代的居民消费变革：趋势、特征、机理与模式［J］．财经科学，2020（01）：120－132.

［43］庞明川，张翀，焦伟伟．风险投资、制度情境与产业结构转型升级：基于中国省级面板数据的实证研究［J］．科技进步与对策，2021，38（08）：50－59.

［44］彭翀，袁敏航，顾朝林，等．区域弹性的理论与实践研究进展［J］．城市规划学刊，2015（01）：84－92.

［45］皮亚杰．结构主义［M］．倪连生，王琳，译．北京：商务印书馆，2009.

［46］戚聿东，褚席．数字经济发展、经济结构转型与跨越中等收入陷阱［J］．财经研究，2021（7）：18－32＋168.

［47］戚聿东，褚席．数字生活的就业效应：内在机制与微观证据［J］．财贸经济，2021（4）：98－114.

［48］齐俊妍，任奕达．东道国数字经济发展水平与中国对外直接投资：基于“一带一路”沿线43国的考察［J］．国际经贸探索，2020，36（09）：55－71.

［49］青木昌彦．比较制度分析［M］．周黎安，译．上海：上海人民出版社，2001.

［50］任崇强．中国区域经济脆弱性综合评价及其空间分析［D］．南京大学博士学位论文，2017.

［51］莎拉·凯斯勒．零工经济：传统职业的终结和工作的未来［M］．刘雁，译．北京：机械工业出版社，2019.

［52］邵帅，李欣，曹建华，等．中国雾霾污染治理的经济政策选择：基于空间溢出效应的视角［J］．经济研究，2016，51（09）：73－88.

［53］宋洋．经济发展质量理论视角下的数字经济与高质量发展［J］．贵州社会科学，2019（11）：102－108.

［54］裴长洪，倪江飞，李越．数字经济的政治经济学分析［J］．财贸经济，2018，39（09）：5－22.

［55］苏杭．经济韧性问题研究进展［J］．经济学动态，2015（08）：

144－151.

［56］孙久文，孙翔宇．区域经济韧性研究进展和在中国应用的探索［J］．经济地理，2017，37（10）：1－9.

［57］田珍，葛顺奇．全球价值链背景下的数字经济与投资政策［J］．国际经济合作，2017（06）：13－17.

［58］王琛，郭一琼．地方产业抵御经济危机的弹性影响因素：以电子信息产业为例［J］．地理研究，2018，37（07）：1297－1307.

［59］王立国，赵婉妤．我国金融发展与产业结构升级研究［J］．财经问题研究，2015（01）：22－29.

［60］王梦菲，张昕蔚．数字经济时代技术变革对生产过程的影响机制研究［J］．经济学家，2020（01）：52－58.

［61］王永贵，高佳．新冠疫情冲击、经济韧性与中国高质量发展［J］．经济管理，2020，42（05）：5－17.

［62］温珺，阎志军，程愚．数字经济与区域创新能力的提升［J］．经济问题探索，2019（11）：112－124.

［63］徐浩，冯涛．制度环境优化有助于推动技术创新吗？［J］．财经研究，2018（4）：47－61.

［64］徐圆，邓胡艳．多样化、创新能力与城市经济韧性［J］．经济学动态，2020（08）：88－104.

［65］徐圆，张林玲．中国城市的经济韧性及由来：产业结构多样化视角［J］．财贸经济，2019，40（07）：110－126.

［66］徐媛媛，王琛．金融危机背景下区域经济弹性的影响因素：以浙江省和江苏省为例［J］．地理科学进展，2017，36（08）：986－994.

［67］向书坚，吴文君．中国数字经济卫星账户框架设计研究［J］．统计研究，2019，36（10）：3－16.

［68］向书坚，吴文君．OECD 数字经济核算研究最新动态及其启示［J］．统计研究，2018，35（12）：3－15.

［69］杨佩卿．数字经济的价值、发展重点及政策供给［J］．西安交通大学学报（社会科学版），2020，40（02）：57－65＋144.

［70］杨仲山，张美慧．数字经济卫星账户：国际经验及中国编制方

案的设计［J］．统计研究，2019，36（05）：16－30.

［71］姚战琪．数字贸易、产业结构升级与出口技术复杂度：基于结构方程模型的多重中介效应［J］．改革，2021（01）：50－64.

［72］殷为华．长三角城市群工业韧性综合评价及其空间演化研究［J］．学术论坛，2019，42（05）：124－132.

［73］余文涛，吴士炜．互联网平台经济与正在缓解的市场扭曲［J］．财贸经济，2020，41（05）：146－160.

［74］俞国军，贺灿飞，朱晟君．产业集群韧性：技术创新、关系治理与市场多元化［J］．地理研究，2020，39（06）：1343－1356.

［75］詹晓宁，欧阳永福．数字经济下全球投资的新趋势与中国利用外资的新战略［J］．管理世界，2018，34（03）：78－86.

［76］曾冰，张艳．区域经济韧性概念内涵及其研究进展评述［J］．经济问题探索，2018（01）：176－182.

［77］张翀．城市商业银行竞争力指标体系研究［J］．河北企业，2018，（10）：94－95.

［78］张翀．乡村振兴背景下的“利润保险＋期货”精准扶贫模式研究［J］．河北金融，2020，（01）：13－18.

［79］张翀，焦伟伟．风险投资与经济韧性：基于空间杜宾模型的实证研究［J］．投资研究，2021，40（06）：23－39.

［80］张翀，焦伟伟．风险投资、地区制度环境与区域创新绩效［J］．财经问题研究，2022（04）：75－82.

［81］张峰，刘璐璐．数字经济时代对数字化消费的辩证思考［J］．经济纵横，2020（02）：45－54.

［82］张鸿，刘中，王舒萱．数字经济背景下我国经济高质量发展路径探析［J］．商业经济研究，2019（23）：183－186.

［83］张乐．演化经济地理视角下城市经济弹性提升路径研究［D］．浙江师范大学，2014.

［84］张明斗，李维露．东北地区城市韧性水平的空间差异与收敛性研究［J］．工业技术经济，2020，39（05）：3－12.

［85］张帅，王成新，李博．东北三省城市经济弹性空间分异及其影

响因素研究［J］. 人文地理，2019，34（04）：73－80.

［86］张昕蔚. 数字经济条件下的创新模式演化研究［J］. 经济学家，2019（07）：32－39.

［87］张秀艳，白雯，郑雪. 我国区域经济韧性的关联识别与演化特征分析［J］. 吉林大学社会科学学报，2021，61（01）：90－101＋237.

［88］张于喆. 数字经济驱动产业结构向中高端迈进的发展思路与主要任务［J］. 经济纵横，2018（09）：85－91.

［89］张昭昭. 数字普惠金融助力我国居民消费扩容提质的影响机制［J］. 商业经济研究，2020（19）：163－166.

［90］张振，赵儒煜，杨守云. 东北地区产业结构对区域经济韧性的空间溢出效应研究［J］. 科技进步与对策，2020，37（05）：37－46.

［91］张勋，谭莹. 数字经济背景下大国的经济增长机制研究［J］. 湖南师范大学社会科学学报，2019（6）：27－36.

［92］赵涛，张智，梁上坤. 数字经济、创业活跃度与高质量发展：来自中国城市的经验证据［J］. 管理世界，2020，36（10）：65－76.

［93］周黎安. 中国地方官员的晋升锦标赛模式研究［J］. 经济研究，2007（7）：36－50.

［94］钟琪，戚巍. 基于态势管理的区域弹性评估模型［J］. 经济管理，2010，32（08）：32－37.

［95］祝合良，王春娟. 数字经济引领产业高质量发展：理论、机理与路径［J］. 财经理论与实践，2020，41（05）：2－10.

［96］Acemoglu D，Restrepo P. The Race between Man and Machine：Implications of Technology for Growth，Factor Shares，and Employment［J］. The American Economic Review，2018，108（6）：1488－1542.

［97］Adger W N. Social capital，collective action and adaptation to climate change［J］. Economic Geography，2009，79（4）：387－404.

［98］Adler，Kwon. Social capital：Prospects for a new concept［J］. Academy of management review，2002，27（11）：17－40.

［99］Angulo，A，Mur，J，Trívez，F. Measuring resilience to economic shocks：an application to Spain［J］. The Annals of Regional Science，2018，

60, 349 -373.

[100] Ashmore, Fiona H, John H. Farrington, Sarah Skerratt. Community - led broadband inrural digital infrastructure development: Implications for resilience [J]. Journal of Rural Studies, 2017 (54): 408 -425.

[101] Barefoot K, Curtis D, Jolliff W A, et al. Research Spotlight Measuring the Digital Economy [J]. Survey of Current Business, 2019, 99 (5): 1 -13.

[102] Baldwin R, Forslid R, Martin P, et al. Economic Geography and Public Policy [J]. Université Parisl Panthéon - Sorbonne (Post - Print and Working Papers), 2003.

[103] Berkes F, Colding J, Carl F. Navigating Social - ecological Systems: Building Resilience for Complexity and Change [M]. Cambridge: Cambridge University Press, 2003: 416.

[104] Bernard Fingleton, Harry Garretsen, Ron Martin. Recessionary shocks and regional employment: Evidence on the resilience of U. K. regions [J]. Journal of Regional Science, 2012, 52 (1): 109 -133.

[105] Billington, Mary Genevieve, Jame Karlsen, et al. Unfolding the relationship between resilient firms and the region [J]. European Planning Studies, 2017, 25 (3): 425 -442.

[106] Bondonio D, Greenbaum R T. Natural Disasters and Relief Assistance: Empirical Evidence on the Resilience of U. S. Counties Using Dynamic Propensity Score Matching [J]. Journal of Regional Science, 2018, 58 (2): 659 -680.

[107] Boschma R. Towards an evolutionary perspective on regional resilience [J]. Regional Studies, 2015, 49 (5): 733 -751.

[108] Brakman S, Garretsen H, Van Marrewijk C. Regional resilience across Europe: on urbanization and the initial impact of the Great Recession [J]. Cambridge Journal of Regions, Economy and Society, 2015, 8 (2): 309 -312.

[109] Briguglio L, Cordina G, Farrugia N, et al. Conceptualizing and

measuring economic resilience [J]. Building the Economic Resilience of Small States, 2006: 265 -288.

[110] Bristow G, Healy A. Innovation and Regional Economic Resilience: An Exploratory Analysis [J]. Annals of Regional Science, 2017, 60 (5): 1 -20.

[111] Brown L, Greenbaum R T. The role of industrial diversity in economic resilience: An empirical examination across 35 years [J]. Urban Studies, 2017, 54 (6): 1347 -1366.

[112] Brynjolfsson E, Hitt L M. Beyond Computation: Information Technology, Organizational Transformation and Business Performance [J]. Journal of Economic Perspectives, 2000, 14 (4): 23 -48.

[113] Campbell F C. Elements of Metallurgy and Engineering Alloys [J]. ASM International, 2008.

[114] Carl F. Resilience: The emergence of a perspective for social - ecological systems analyses [J]. Global Environmental Change, 2006 (16): 253 -267.

[115] Caro P D. Recessions Recoveries and Regional Resilience: an econometric perspective [J]. Universit Di Catania, 2014: 1 -116.

[116] Caro, Paolo Di. Testing and explaining economic resilience with an application to Italian regions [J]. Papers in Regional Science, 2014, 96 (1): 93 -113.

[117] Carpenter S R, Westley F, Turner M G. Surrogates for Resilience of Social - Ecological Systems [J]. Ecosystems, 2005, 8 (8): 941 -944.

[118] Cellini R, Torrisi G. Regional Resilience in Italy: A Very Long Run Analysis [J]. Regional Studies, 2014, 48 (11): 1779 -1796.

[119] Chapple K, Lester T W. The resilient regional labour market? The US case [J]. Cambridge Journal of Regions, Economy and Society, 2010, 3 (1): 85 -104.

[120] Christoph Hauser, Gottfried Tappeiner, Janette Walde. The Learning Region: The Impact of Social Capital and Weak Ties on Innovation [J]. Regional Studies, 2007, 41 (1): 75 -88.

[121] Christopherson S, Michie J, Tyler P. Regional resilience: Theoretical and empirical perspectives [J]. Cambridge Journal of Regions, Economy and Society, 2010, 3 (1): 3 - 10.

[122] Clark, Jennifer, Hsini Huang, et al. A typology of innovation districts: what it means for regional resilience [J]. Cambrige Journal of Region Economy and Society, 2010, 3 (1): 121 - 137.

[123] Crespo J, Suire R, Vicente J. Lock - in or lock - out: How structural properties of knowledge networks affect regional resilience [J]. Journal of Economic Geography, 2014, 14 (1): 199 - 219.

[124] Crespo J, Suire R, Vicente J. Lock - in or lock - out? How structural properties of knowledge networks affect regional resilience [J]. Papers in Evolutionary Economic Geography, 2012, 14 (1): 199 - 219.

[125] Cuadradoroura J R, Maroto A. Unbalanced regional resilience to the economic crisis in Spain: a tale of specialisation and productivity [J]. Cambridge Journal of Regions, Economy and Society, 2016, 9 (1): 153 - 178.

[126] Cutter SL, Burton C G, Emrich C T. Disaster resilience indicators for bench marking baseline conditions [J]. Journal of homeland security and emergency management, 2010, 7 (1): 1 - 24.

[127] Davies S. Regional resilience in the 2008 - 2010 downturn: comparative evidence from European countries [J]. Cambridge Journal of Regions, 2011, 4 (3): 369 - 382.

[128] Davoudi S, Shaw K, Haider L J. Resilience: A Bridging Concept or a Dead End? [J]. Planning Theory & Practice, 2012, 13 (2): 299 - 333.

[129] Desrochers, Perre, Samuli Leppala. Opening up the Jacobs spillovers black box: local diversity, creativity and the processes underlying new combination [J]. Journal of Economic Geography, 2011, 11 (5): 843 - 863.

[130] Doran J, Fingleton B. Employment resilience in Europe and the 2008 economic crisis: Insights from micro - level data [J]. Regional Studies, 2016, 50 (4): 644 - 656.

[131] Efraim Sitinjak, Bevita Meidityawati, Ronny Ichwan, et al. En-

hancing Urban Resilience through Technology and Social Media: Case Study of Urban Jakarta [J]. Procedia Engineering, 2018, 212: 222-229.

[132] Elhorst J P. Matlab Software for Spatial Panels [J]. International Regional Science Review, 2014, 68 (2): 401-420.

[133] Elisabeth Roberts, David Beel, Lorna Philip, et al. Rural resilience in a digital society: Editorial [J]. Journal of Rural Studies, 2017, 54: 355-359.

[134] Eraydin A. Attributes and characteristics of regional resilience: defining and measuring the resilience of Turkish regions [J]. Regional Studies, 2016, 50 (4): 600-614.

[135] Ernstson H, Leeuw S, Redman C L. Urban Transitions: On Urban Resilience and Human-Dominated Ecosystems [J]. Ambio, 2010, 39 (8): 531-545.

[136] Faggian A, Gemmiti R, Jaquet T, et al. Regional economic resilience: the experience of the Italian local labor systems [J]. The Annals of Regional Science, 2018, 60 (47): 1-18.

[137] Fingleton B, Garretsen H, Martin R. Recessionary shocks and regional employment: Evidence on the resilience of U. K. regions [J]. Journal of Regional Science, 2012 (1): 109-133.

[138] Fingleton, Bernard, Silvia Palombi. Spatial panel data estimation, counterfactual predictions, and local economic resilience among British towns in the Victorian era [J]. Regional Science and Urban Economics, 2013, 43 (4): 649-660.

[139] Foster K A. A Case Study Approach to Understanding Regional Resilience [J]. university of California, 2007.

[140] Goodman J C, Edward Glaeser. Triumph of the City: How Our Greatest Invention Makes Us Richer, Smarter, Greener, Healthier, and Happier [J]. Business Economics, 2011, 46 (3): 185-186.

[141] Graham A, Tobin. Sustainability and community resilience: the holy grail of hazards planning? [J]. Global Environmental Change Part B: Environ-

mental Hazards, 1999, 1 (01): 13 -25.

[142] Graham, Bryan, Jonathan Temple. Rich Nations, Poor Nations: How much can multiple equilibria explain? [J]. Journal of Economic Growth, 2006, 11 (1): 5 -41.

[143] Graziano P, Rizzi P. Vulnerability and resilience in the local systems: The case of Italian provinces [J]. Science of the Total Environment, 2016, 553: 211 -222.

[144] Hansen B E. Threshold Effects in Non - dynamic Panels: Estimation, Testing, and Inference [J]. Journal of Econometrics, 1999, 93 (2): 345 -368.

[145] Hassink R. Limits to Locking - out through Restructuring: The Textile Industry in Daegu, Republic of Korea [J]. Regional Studies, 2009, 43 (9): 1183 -1198.

[146] Hill E W, Wial H, Wolman H. Exploring regional economic resilience [R]. Working Paper, 2008 (04).

[147] Holling, et al. Engineering within Ecological Constraints [M]. Washington D. C.: National Academy Press, 1996.

[148] Holling. Resilience and stability of ecological systems [J]. Annual Review of Ecological Systematics, 1973, 4 (1): 1 -23.

[149] Hu X, Hassink R. Exploring adaptation and adaptability in uneven economic resilience: A tale of two Chinese mining regions [J]. Cambridge Journal of Regions, Economy and Society, 2017, 10 (3): 527 -541.

[150] Hudson R. Resilient regions in an uncertain word: Wishful thinking or practical reality? [J]. Cambridge Journal of Regions, 2010, 3 (1): 11 -26.

[151] Huggins Thompson. Local entrepreneurial resilience and culture: the role of social values in fostering economic recovery [J]. Cambridge Journal of Regions, 2015, 8 (2): 313 -330.

[152] James S, Ron M. The economic resilience of regions: towards an evolutionary approach [J]. Cambridge Journal of Regions, Economy and Society, 2009 (1): 27 -43.

[153] Lagravinese R. Economic crisis and rising gaps North – South: evidence from the Italian regions [J]. Cambridge Journal of Regions, Economy and Society, 2015, 8 (2): 331 –342.

[154] Luthar S S, Cicchetti D, Becker B. The construct of resilience: a critical evaluation and guidelines for future work [J]. Child Dev, 2010, 71 (3): 543 –562.

[155] Marcos J, Macaulay S. Organisational resilience: the key to anticipation, adaptation and recovery [R]. Cranfield school of Management, 2008.

[156] Martin R, Sunley P. Path dependence and regional economic evolution [J]. Journal of Economic Geography, 2006, 6 (4): 395 –437.

[157] Martin R, Sunley P. Complexity thinking and evolutionary economic geography [J]. Journal of Economic Geography, 2007, 7 (5): 573 –601.

[158] Martin R, Sunley P. On the notion of regional economic resilience: conceptualization and explanation [J]. Journal of Economic Geography, 2015, 15 (1): 1 –42.

[159] Martin R, Sunley P. The place of path dependence in an evolutionary perspective on the economic landscape [J]. Handbook of Evolutionary Economic Geography, 2010: 62 –92.

[160] Martin R. Regional economic resilience, hysteresis and recessionary shocks [J]. Journal of Economic Geography, 2012, 12 (1): 1 –32.

[161] Martin R, Sunley P, Gardiner B, et al. How Regions React to Recessions: Resilience and the Role of Economic Structure [J]. Regional Studies, 2016, 50 (5): 561 –585.

[162] Masten A S, Best K M, Norman G. Resilience and development: Contributions from the study of children who overcome adversity [J]. Development & Psychopathology, 1990, 2 (4): 425 –444.

[163] Mccarthy I P, Collard M, Johnson M. Adaptive organizational resilience: an evolutionary perspective [J]. Current Opinion in Environmental Sustainability, 2017 (28): 33 –40.

[164] Melissa Demartini, Steve Evans, Flavio Tonelli. Digitalization

Technologies for Industrial Sustainability [J]. Procedia Manufacturing, 2019, 33: 264-271.

[165] Millar J, Grant H. Valuing New Zealand's Digital Economy [J]. Asia-Pacific Sustainable Development Journal, 2019, 26 (1): 1-19.

[166] Navarro Espigares J L, Martín Segura J A, Hernández Torres E. The role of the service sector in regional economic resilience [J]. The Service Industries Journal, 2012, 32 (4): 571-590.

[167] Neffke F, Henning M, Boschma R. How do regions diversify over time: Industry relatedness and the development of new growth paths in regions [J]. Economic Geography, 2011, 87 (3): 237-265.

[168] North D C, Thomas R P. The Rise of Western Word: A New Economic History [M]. London: Cambridge University Press, 1973.

[169] Nystrom K. Regional Resilience to Displacements [J]. Regional Studies, 2017, 52 (1): 1-19.

[170] O'Farrell R, Montagnier P. Measuring Digital Platform-mediated Workers [J]. New Technology, Work and Employment, 2019, 35 (1): 130-144.

[171] Pappas I O, Mikalef P, Giannakos M N, et al. Big Data and Business Analytics Ecosystems: Paving the Way Towards Digital Transformation and Sustainable Societies [J]. Information Systems and E-Business Management, 2018, 16 (3): 479-491.

[172] Paton T R. The formation of soil material [J]. Geography, 1979, 64 (3): 239-240.

[173] Pendall R, Foster K A, Cowell M. Resilience and regions: Building understanding of the metaphor [J]. Cambridge Journal of Regions, Economy and Society, 2009 (1): 71-84.

[174] Pendall R, Foster K A, Cowell M. Resilience and regions: Building understanding of the metaphor [J]. Cambridge Journal of Regions, Economy and Society, 2008, 3 (1): 71-84.

[175] Perrings C. Resilience and sustainable development [J]. Environ-

ment & Development Economics, 2006, 11: 417 -427.

[176] Pike A, Dawley S, Tomaney J. Resilience, adaptation and adaptability [J]. Cambridge Journal of Regions, Economy and Society, 2010, 3 (1): 59 -70.

[177] Polese M. The resilience city: On the determinants of successful urban economics [J]. Cities and Economic Change, 2015, 4: 1 -23.

[178] Polèse M. The resilient city: On the determinants of successful urban economies [M]. London: Forthcoming Press, 2010.

[179] Ramlogan, et al. Restless Capitalism: A Complexity Perspective on Modern Capitalist Economies [J]. Chapters, 2006, 115 -146.

[180] Reggiani A, Graaff T D, Nijkamp P. Resilience: An Evolutionary Approach to Spatial Economic Systems [J]. Networks and Spatial Economics, 2002, 2 (2): 211 -229.

[181] Rose A. Defining and measuring economic resilience to disasters [J]. Disaster Prevention and Management, 2004, 13 (5): 307 -314.

[182] Shaw K, Maythorne L. Managing for local resilience: Towards a strategic approach [J]. Public Policy and Administration, 2013, 28 (1): 43 -65.

[183] Simmie J, Martin R. The economic resilience of regions: Towards an evolutionary approach [J]. Cambridge Journal of Regions, Economy and Society, 2010, 3 (1): 27 -43.

[184] Smit B, Burton I, Klein R J T, et al. An Anatomy of Adaptation to Climate Change and Variability [J]. Climatic Change, 2000, 45 (1): 223 -251.

[185] Stuart Dawley, Andy Pike, John Tomaney. Towards the Resilient Region? [J]. Local Economy: The Journal of the Local Economy Policy Unit, 2010, 25 (8): 650 -667.

[186] Swanstrom T. Regional resilience: a critical examination of the ecological frame work [J]. Institute of Urban & Regional Development, 2008: 1 -33.

[187] Tan J, Lo K, Qiu F, et al. Regional Economic Resilience: Resistance and Recover ability of Resource - Based Cities during Economic Crises in

Northeast China [J]. Sustainability, 2017, 9 (12): 1 - 15.

[188] Tan J, Zhang P, Lo K, et al. Conceptualizing and Measuring Economic Resilience of Resource - based Cities: Case Study of Northeast China [J]. Chinese Geographical Science, 2017, 27 (3): 471 - 481.

[189] Van Bergeijk PAG, Brakman S, Marrewijk C. Heterogeneous economic resilience and the great recession's world trade collapse [J]. Papers in Regional Science, 2017, 96 (1): 3 - 12.

[190] Webber D J, Healy A, Bristow G. Regional growth paths and resilience: a European analysis [J]. Journal of Economic Geography, 2018, 94 (4): 355 - 375.

[191] Whitley. The Institutional Structuring of Innovation Strategies: Business Systems, Firm Types and Patterns of Technical Change in Different Market Economies [J]. Organization Studies, 2000, 21 (5): 855 - 886.

[192] Williams N, Vorley T, Ketikidis P H. Economic resilience and entrepreneurship: A case study of the Thessaloniki City Region [J]. Local Economy, 2013, 28 (4): 399 - 415.

[193] Wolfe, David A. The Strategic Management of Core Cities: Path Dependence and economic adjustment in resilient regions [J]. Cambridge Journal of Regions Economy and Society, 2010, 3 (1): 139 - 152.

[194] Wright M O, Masten A S, Narayan A J. Resilience Processes in Development: Four Waves of Research on Positive Adaptation in the Context of Adversity [J]. Handbook of resilience in children, 2013.

[195] Xu Yuanshuo, Mildred E, Warner. Understanding employment growth in the recession: the geographic diversity of state rescaling [J]. Cambridge Journal of Regions, Economy and Society, 2015, 8 (2): 359 - 377.

[196] Yu H, Liu Y, Liu C, et al. Spatiotemporal variation and inequality in China's economic resilience across cities and urban agglomerations [J]. Sustainability, 2018, 10 (12): 47 - 54.

[197] Yu Martínez, I Ga rcía - Lautre, Iraizoz B, et al. Why are some Spanish regions more resilient than others? [J]. Papers in Regional Science,

2019, 98 (6): 2211 -2231.

[198] Zhang C, Zhou C B. Does green credit affect enterprises' energy efficiency? [J]. Frontiers in Energy Research, 2023, 11: 1 -11.

[199] Zhang C, Zhang M L, Zhan Y Q, et al. Political Risk and Sustainable Development: Digitization and Environmental Policy Stringency [J]. Politickǎ ekonomie, 2025, 73 (2): 366 -396.

[200] Zhang C, Lu H X, Zhou C B, et al. Role of digital innovation's moderating effect on the relationship between organizational resilience and corporate risk -taking [J]. Finance Research Letters, 2025.

[201] Zaffiro G, Mourgis I. How Digital Life Changes Our Personal Economy -A Market Analysis [J]. Journal of Innovation Management, 2018, 6 (1): 13 -31.

[202] Zhou K, Liu B, Fan J. Post -Earthquake Economic Resilience and Recovery Efficiency in the Border Areas of the Tibetan Plateau: A Case Study of Areas Affected by the Wenchuan Ms 8.0 Earthquake in Sichuan, China in 2008 [J]. Journal of Geographical Sciences, 2020, 30 (8): 1363 -1381.

[203] Zhang Y F, Ma S Y, Yang H D, et al. A Big Data Driven Analytical Framework for Energy -Intensive Manufacturing Industries [J]. Journal of Cleaner Production, 2018, 197: 57 -72.